HISTOIRE
DE NAPOLÉON
BONAPARTE.

HISTOIRE
DE NAPOLÉON
BONAPARTE,

DEPUIS

SES PREMIÈRES CAMPAGNES

JUSQU'A

SON EXIL A L'ISLE DE SAINTE-HÉLÈNE.

PAR M.***

EX-LÉGISLATEUR, ANCIEN SECRÉTAIRE-GÉNÉRAL DU MINISTÈRE DES RELATIONS EXTÉRIEURES, etc., DES SOCIÉTÉS PHILOTECHNIQUE, DES ANTIQUAIRES DE FRANCE, DES SCIENCES ET ARTS D'AGEN.

Decora ingenia, gliscente adulatione, deteruntur. TAC.

PARIS,
C. L. F. PANCKOUCKE,

ÉDITEUR DU DICTIONAIRE DES SCIENCES MÉDICALES,

Rue et Hôtel Serpente, n° 16.

1815.

IMPRIMERIE DE C. L. F. PANCKOUCKE.

AVANT-PROPOS.

« Donnons à l'ordre politique de les (les princes) souf-
» frir patiemment indignes de celer leurs vices, d'ai-
» der de notre recommandation leurs actions indif-
» férentes, pendant que leur autorité a besoin de
» notre appui. Mais, notre commerce fini, ce n'est
» pas raison de refuser à la justice et à notre liberté
» l'expression de nos vrais ressentimens ».

MONTAIGNE, *liv.* I, *ch.* III.

LE plan de l'*Essai historique et critique
sur la révolution de la France*, tel qu'il fut
imprimé en 1810, embrasse une période
de quinze années. Je considérai la journée
du 18 brumaire comme la solution de ce
grand problème politique, et comme une
barrière qu'il étoit dangereux de franchir.
Mon respect pour la vérité me prescrivoit
cette réserve. On ne la dit ni utilement ni
impunément sous le règne d'un prince qui
la craint et qui la hait. Si la louange est une

justice, l'adulation est une bassesse. Quel salaire un historien peut-il préférer à son honneur, à l'indépendance de sa pensée? Celui qui a sacrifié sa propre estime, n'éprouve-t-il pas le cruel tourment d'éviter sa conscience, et la crainte de se reconnoître sous les traits odieux qui sortent de son pinceau?

Je savois, en 1810, et qui ne savoit pas, s'il observoit avec attention la marche du gouvernement et le choix des hommes que Bonaparte admettoit à son intime confiance, qu'il falloit ou le louer ou se taire. Mais j'étois encore loin de croire que le droit de penser et de manifester sa pensée fût à tel point méconnu, qu'on ne pût rappeler, sans offenser le chef de l'état, des principes sur lesquels le peuple français fondoit ses droits; principes adoptés par toutes les constitutions, depuis 1789, et dont toutes les nations de l'Europe réclamoient pour elles l'adoption. Je ne présumois pas qu'en présentant, dans un tableau historique, les causes, les progrès et les résultats de notre révolution, j'armerois le monarque d'un peuple représenté, c'est-à-dire libre, contre l'ouvrage et contre l'auteur.

Mon livre fut saisi et consigné dans les magasins de l'imprimeur, en vertu d'un ordre écrit et signé de la main de l'empereur; c'étoit bien évidemment un oubli de la dignité impériale. Après tant de guerres, et menacée de guerres nouvelles, la France attendoit de lui des soins plus importans. L'ordre fut exécuté sans nul examen préalable; l'ouvrage, après avoir subi l'épreuve de la censure, avoit été imprimé avec l'autorisation du ministre de la police. A cette époque, la direction de la librairie fut établie. Pour justifier la confiance de l'empereur, le chef de cette inquisition littéraire évoqua à son tribunal une affaire jugée; et, par une précaution aussi délicate que judicieuse, il fit enlever l'édition et la transférer dans une espèce d'écurie de son hôtel, où j'ai acquis la certitude que les scellés avoient été brisés. D'autres que moi furent les victimes de ce zèle fervent d'un admi-

**

nistrateur novice, plus courtisan qu'administrateur.

Les abus d'autorité sont des conséquences naturelles, inévitables, de toute institution tyrannique. L'ordre et la justice supposent au contraire des droits reconnus, la liberté civile respectée, le dévoûment à la patrie honoré.

J'avais fait présenter à l'empereur un exemplaire de mon livre. Ce fut de ma part un simple hommage, non une précaution inspirée par de fâcheux pressentimens. J'étois bien loin de craindre que mon livre eût allumé son courroux, quand j'appris que ce redoutable courroux menaçoit ma personne. Il éclata dans un conseil où le ministre de la police fut pris à partie. J'ai su, et je le dis avec un profond sentiment de reconnoissance, qu'en justifiant l'emploi légal qu'il avoit de son autorité, relativement à mon ouvrage, il avoit détourné le coup dont j'allois être frappé.

Et pourquoi cette colère ? L'empereur ouvre le livre, les mots de *souveraineté du peuple*, de *représentation nationale* frappent ses regards ; il le referme avec humeur ; la proscription en est signée, et sur-le-champ adressée à M. le préfet de police.

Un jugement, si précipitamment prononcé dans son intérieur, et quand il peut se livrer sans contrainte à la fougue de son caractère, révèle l'ame toute entière de Bonaparte. A peine assis sur le trône, il fut impatient de s'isoler, comme s'isolent les despotes asiatiques. Ni dans la représentation, ni dans l'exercice du pouvoir, il ne souffroit pas de partage ; l'éclat, la prééminence, les prérogatives qui décorent la monarchie, ne remplissoient pas l'ambition de cet homme, que sa naissance et le régime sous lequel il étoit né classoient naguère parmi les officiers subalternes d'un régiment d'artillerie ou de canonniers.

Récemment allié au souverain d'une monarchie absolue, Bonaparte brusquoit le passage dangereux d'un gouvernement républicain au système de la concentration des pouvoirs dans une seule main, du prin-

cipe de la souveraineté du peuple, comme
source de tout droit politique et de toute
autorité, à l'exercice de la souveraineté acquise par la conquête et par l'épée. Son mariage avec une archiduchesse exalta son orgueil jusqu'au délire; et tel en fut l'effet prévu,
que lui seul, parmi les souverains, ne pénétra-
tra pas le véritable motif de l'abaissement auquel la prévoyance du cabinet autrichien fit
résoudre la fierté du monarque. Si des ministres ou des conseillers de Napoléon pen-
sèrent que la maison d'Autriche ne pouvoit
autrement sortir de la condition humiliante et précaire où l'avoient précipitée
de nombreuses défaites, aucun du moins
n'osa soulever le voile qui couvroit un avenir bien contraire à la situation respective
où se voyoient alors les deux empereurs.

Le gendre de François se proposoit de
régner sur nous, comme règnent des princes
héritiers d'une monarchie absolue. Il ne
songeoit pas que, sans lui, nous avions conquis notre liberté; que, malgré lui, nous sau-
rions la reconquérir encore. Aux lois géné-

rales il substituoit les réglemens arbitraires de la discipline militaire ; il changeoit la France agricole, industrieuse, savante, en un vaste camp de réserve, tous les Français en soldats, ses innombrables armées en instrumens d'usurpations et de vengeances royales. Ce régime s'avançoit sur nous et sur l'Europe, comme ces tempêtes d'été, qui, tout-à-coup, s'étendent, enveloppent l'atmosphère, et surprennent, loin de tout asile, le voyageur et l'homme des champs. Les Français ne devoient désormais livrer des batailles que pour assouvir son ambition, verser leur sang que pour ses querelles, que pour mettre aux pieds de Napoléon de riches dépouilles et des couronnes. Toutes les voix, toutes les plumes s'interdisoient de traiter les matières politiques. Le silence et le mystère chez les rois présagent le despotisme et son cortége, comme le silence des airs présage la foudre et ses ravages. Je rompis ce silence ; et, sous l'emblème de l'histoire, je réclamai nos droits, qui sont aussi les droits des nations. C'est pourquoi l'*Essai historique et critique sur la révolution française* fut frappé d'une subite proscription ; et, si elle n'atteignit pas l'auteur lui-même, ce ne fut ni par un sentiment de justice ni par indulgence, mais parce qu'elle eût rejailli sur d'autres que *le coupable.*

Bonaparte n'étoit pas même nommé dans cette première édition. Vers le mois de juin 1813, je fus prévenu par M. le directeur de la librairie qu'un arrêt de mort venoit d'être lancé contre mon livre par le ministre de l'intérieur qui, disoit son excellence, avoit elle-même reçu l'ordre de détruire, parmi les ouvrages saisis, ceux qui pouvoient causer de l'inquiétude à sa majesté, pendant la campagne de cette même année 1813. Ainsi me furent attribués le mérite et l'honneur d'avoir jeté l'épouvante dans l'ame du plus redoutable despote.

Cette violation de la propriété étoit d'autant plus arbitraire, que j'étois pleinement acquitté à l'égard du gouvernement ; j'avois plus fait que n'exigeoit la loi. Non-seulement mon livre fut détruit sans que j'eusse été entendu, sans indication d'un seul passage blâmable, mais après ma demande réitérée d'en être le gardien responsable. Il avoit été fait au ministre plusieurs rapports qui, tous, concluoient ou à la restitution, ou à une indemnité, réglée d'après les mémoires des frais d'impression.

En 1814, sans être arrêté par les restrictions qui gênoient l'exercice du plus précieux de nos droits, je fis réimprimer l'*Essai historique*. A ce tableau de la révolution j'ajoutai celui des gouvernemens consulaire et impérial. Je pouvois profiter de la faveur de la loi, et me soustraire à la censure. Je voulus m'y soumettre, et constater par son approbation que la presse étoit plus libre sous le gouvernement du roi, qu'elle ne l'avoit été sous Bonaparte, empereur ou consul. Est-il en effet de tyrannie à la fois plus oppressive et plus dérisoire que celle qui se fait un jeu de reconnoître, de proclamer une charte de droits, et d'en entraver, même d'en punir la jouissance ? De lui à nous, l'unique intermé-

diaire c'étoit la force ; de nous à lui , tout
étoit devoir , aveugle soumission. Dans sa
main , le sceptre de Charlemagne s'étoit
changé en sceptre de fer. Il n'y a plus de refuge pour l'opprimé quand l'oppresseur dispose , à son gré , et pour son propre intérêt ,
de la force publique. Instituée pour garantir l'exécution de la loi , elle en assure au
contraire la violation : dès-lors tout ordre
est renversé et le lien social dissous. Tel
fut le despotisme de Bonaparte , dégagé
des prestiges de fausse grandeur et de vaine
gloire qui en formoient le cadre ; et quel
homme sensé , quel véritable ami de la patrie s'en laissa éblouir ! En désertant , pour
la première fois son armée , en abandonnant la savante et dispendieuse colonisation égyptienne , ne révéla-t-il pas , malgré
lui , le mystère d'une ambition trompée et
d'une ambition nouvelle ? Fit-il autre chose
que manœuvrer avec d'autres moyens et
pour un but plus noble ? Sur la brûlante
arène de l'Egypte, comme tout récemment
sur le rocher de l'île d'Elbe , il avoit , sous

ses yeux vigilans, le thermomètre de la situation de la France. Étranger aux fautes du gouvernement, observant, avec une joie secrète, la décadence rapide du pouvoir directorial, surtout n'oubliant pas qu'il avoit laissé la république forte et florissante, il parut tout-à-coup, et s'offrit à elle comme le seul homme qui eût le pouvoir et le droit de lui rendre sa considération, sa splendeur, sa prospérité. Par cette heureuse audace, Bonaparte prévint les rivalités et le juste reproche d'avoir, sans ordre, déserté l'armée d'Égypte au jour de ses plus grands dangers.

De beaux et d'utiles monumens ont imprimé un grand éclat sur sa magistrature consulaire. Cet éclat s'est répandu sur son règne impérial. Les magnifiques ouvrages dont Bonaparte a enrichi la capitale et l'empire fixeront les regards de la postérité. Mais elle remarquera qu'ils ont été conçus et élevés pour un autre but que l'utilité publique et la gloire des arts, et qu'ils ont, en quelque sorte, servi à jalonner la route qu'il se frayoit au despotisme. Il l'atteignoit ce terme des calamités publiques, et déjà les arts perdóient leur charme, les chefs-d'œuvres leur poétique langage. Eh! oui, une apathie contagieuse est l'effet et le signe d'une servile terreur; elle émousse ou suspend en nous l'activité de l'intelligence et le ressort de la sensibilité; les couleurs se confondent, la beauté des proportions, l'élégance des formes s'effacent, et toutes choses passent sans harmonie, soit les ouvrages de l'homme, soit les créations de la nature, sous l'œil inanimé de l'esclave.

Le général Schérer venoit de ruiner, en Italie, les affaires de la république, quand Bonaparte, par une faveur d'autant plus distinguée qu'elle étoit plus périlleuse, fut appelé à les rétablir. Il étoit poussé aux premiers honneurs militaires par ce même directoire dont il fut, dans un court intervalle, là créature et le persécuteur. J'observerai ici qu'à une époque postérieure, il a éloigné de lui deux hommes qui l'avoient élevé à la dignité consulaire. L'histoire les

accusera peut-être de n'avoir pas, avec
précision, déterminé les droits et les limites
de ce nouveau pouvoir, pour laisser une
plus large voie à son ambition. On n'a pas
oublié que, destitué par le comité de salut
public après le 9 thermidor, le titre d'anarchiste pesoit sur sa tête; qu'il avoit traîné
long-temps, dans Paris, une oisive et misérable existence, implorant des bienfaits
urgens dont il perdit le souvenir, aussitôt
qu'un directeur, le couvrant de sa puissante
protection, peut-être pour en être dans un
autre temps, protégé lui-même, lui eut donné
une épouse qui partagea avec lui sa fortune et sa considération, et qu'il l'eut appelé
au commandement de l'armée qui convenoit le plus à l'activité de son génie et à l'impatience de son ambition. Ainsi le début
de Bonaparte est marqué par de coupables
ingratitudes envers ses bienfaiteurs et ses
amis; et sa vie entière est souillée d'une ingratitude plus monstrueuse encore envers
cette grande nation, qui lui commettoit si
généreusement, mais plus imprudemment

encore, le soin de sa gloire, de son bonheur, de ses futures destinées.

J'ai exposé, dans la sixième époque de l'*Essai historique*, l'état de dissolution et de vétusté prématurées dans lequel le gouvernement directorial étoit tombé, lorsqu'encore au-dehors la république étoit puissante et redoutée, lorsqu'encore, dans l'intérieur, l'agriculture, le commerce, les arts s'avançoient d'un pas égal vers un état florissant et prospère. Qu'eût-ce été, si l'administration eût secondé les efforts de l'industrie et les bienfaits de la nature, si elle eût su féconder ces germes de talent et d'émulation qui naissent de l'amour de la patrie, sur le sol de la liberté, partout où l'homme leur a dressé des autels ? Ce prodige de la liberté et de l'amour de la patrie est uniforme et constant ; il est attesté par les anciennes, par les modernes républiques, et par les états de nos jours où ces sentimens s'allument et se conservent sous les auspices et par l'exemple d'un monarque.

Mobile par la forme du gouvernement, tourmenté par des partis divers, tourmentant lui-même l'opinion publique par un système alternatif de persécution ou de faveur envers deux anarchies dominantes, le directoire se vit à tel point dépouillé de son autorité, qu'il expira sans convulsions et sans agonie. Presque dès sa naissance, les directeurs se divisèrent en deux partis, tendant également l'un à exclure l'autre. Des révolutions s'étoient opérées dans son sein, dont ils avoient été les auteurs ou les instigateurs ; et, quand il auroit fallu renforcer son organisation intérieure, donner à la présidence plus d'éclat et de relief, la faire prédominer dans les délibérations par une ampliation de pouvoir, par des prérogatives plus effi- caces et plus imposantes ; quand il falloit centraliser la démocratie ; et presque tou- cher à la dictature, on acheva d'énerver ce faible gouvernement, en y appelant des hommes, les uns inhabiles ; les autres re- muans, novateurs et moroses ; personnages d'autant plus dangereux, que leur esprit étoit plus subtil, leur talent plus exercé, leur marche plus ténébreuse.

Les rênes du gouvernement échappoient des mains du directoire, quand on vit s'y introduire un homme plus connu par sa pusillanimité que par son cynisme philosophique. Dans la situation critique où nous étions alors, tout fut tenté ; et, n'ayant plus à choisir parmi des candidats désignés par une opinion unanime, on se 'rejeta sur ceux d'une réputation équivoque. Jamais élection n'a été plus raisonnée et plus débattue. L'élu s'étoit enveloppé de son manteau dans ces crises où la patrie avoit plus hautement réclamé l'emploi du courage et des lumières. Cependant il fut donné à la république, comme la planche du salut, au moment de son naufrage. Sa présence ne tarda pas à dissiper cette illusion ; elle fit pressentir les symptômes d'une révolution prochaine. Le plan en avoit été tracé d'avance. Pour les couduire à la fin, il falloit renverser le directoire lui-même. Cinq hommes alors y formoient trois partis. Un autre vouloit Bonaparte et la république ; le moins puissant, la république sans Bonaparte. Le second dissimula et joua les deux autres; les dieux abandonnèrent la bonne cause. Il est certain que si le premier de ces trois partis eût triomphé, le gouvernement monar- chique et la constitution de 1791 pur- gée de ses défauts, auroient été rendus à la France ; et si, dans ces circonstances, le prince désigné pour la gouverner se fût trouvé parmi nous, il est probable que sa pré- sence eût rapproché les partis, éteint le feu des discordes et concilié toutes les opinions. Sous ce rapport, l'entreprise étoit patrio- tique et nationale. Mais ceux qui la diri- geoient avoient à lutter contre la renom- mée, les intrigues, la fortune de Bona- parte ; et la première condition du succès étoit que chacun d'eux fût fidèle à son propre parti. Au jour décisif, 18 brumaire de l'an VIII, presque tous le désertèrent. Cette fameuse journée fut diversement jugée, mais sans aucune apparence de trouble, par les ha- bitans de Paris. Ici on la qualifioit de réforme

**

nécessaire, là de crime d'état et d'attentat aux droits de la nation. Le peuple français la considéra comme un abus de la force armée, comme une répétition du 18 fructidor.

La plus sacrée, la plus précieuse propriété d'un peuple, c'est la charte qui le constitue libre. La main qui s'y porte, l'altère ou viole. Une seule de ses dispositions est sacrilége et coupable au premier chef : elle usurpe un droit, indivisible, de la nation et du prince. Si aucun droit n'existe sans eux, hors d'eux n'existe aucune puissance ; l'idée de puissance embrasse les gouvernans et les gouvernés.

Parmi les cinq directeurs, trois furent donc les auteurs de la révolution, et deux les victimes. On croiroit aujourd'hui, en rapprochant les temps et les faits, que l'un des premiers étoit un holocauste que Bonaparte s'étoit réservé ; il sentoit la nécessité d'effacer d'humilians souvenirs en brisant l'instrument de sa haute fortune. N'est-ce pas ce directeur qui dressa, en quelque sorte, l'échafaudage d'où Bonaparte put

saillir au suprême pouvoir? Il est naturel
que la tyrannie craigne que celui qui a pu
la servir, puisse et veuille, dans un autre
temps, la détruire.

Les directeurs dupés n'eurent pas la ma-
ladresse de s'en plaindre ; ils cédèrent à la
nécessité et se conformèrent aux circonstances pour n'être pas entièrement désap-
pointés ; et, jetant un regard, où se pei-
gnoient la résignation et l'espérance, sur
les dépouilles opimes adjugées au vainqueur, ils se firent admettre au partage ; ils
se rangèrent *provisoirement* sur les der-
rières de Bonaparte ; titulaires sans dignité,
magistrats sans fonction, ils burent la honte
attachée à ses bienfaits, et bientôt après servirent son ambition dans le sénat, l'un par
un aveugle assentiment qui caractérise la
sottise, l'autre par son méthodique silence.
C'est durant le rapide développement de la
tyrannie militaire que nous avons pu, sans
dérision, qualifier le silence de certains
hommes, de *calamité publique*. Je sais bien
ce qu'on peut objecter. Quoi qu'il en soit

***

du caractère de Bonaparte, je dirai que, lorsque les lois d'un état libre élèvent quelques hommes au-dessus de tous les autres, elles ont bien entendu que les avantages de la grandeur et de l'autorité seroient balancés, selon le temps, par des devoirs ou même par des dangers.

Personne ne se méprit sur le but de la journée du 18 brumaire, ni sur les hommes qui l'avoient plus immédiatement dirigée, lorsqu'on apprit que Bonaparte étoit investi du commandement de la garde directoriale. Pour remplir l'engagement qu'ils avoient pris de sauver la république, les trois directeurs, les ministres, les membres des conseils; la plupart entraînés plus que complices, n'eurent ni des efforts à faire, ni des dangers à courir. On voyoit bien ce qu'ils pouvoient gagner à renverser le gouvernement; la chaise curule leur étoit de loin offerte en perspective. Mais au-delà de cet horizon semé d'espérances, découvroient-ils l'écueil où l'art du nouveau pilote entraîneroit, pour s'y briser, le vaisseau de l'état,

certain de surnager seul après le naufrage ?
Ils seroient trop coupables. A Rome, une
poignée de conjurés arrachèrent le diadème
du front de César et vengèrent les lois ; et,
lorsqu'encore les Français ne se reposoient
de leurs droits et de leur liberté que sur eux-
mêmes, la France apprit qu'une conjuration moins formidable par le nombre, le
rang, l'influence des conjurés, que par le
génie et le caractère de celui qui en étoit
l'objet, avoit remis le sceptre du pouvoir
aux mains d'un chef des armées, et que de
concert avec lui, c'est-à-dire pour lui, elle
réédifioit la république sous d'autres formes
et sur d'autres bases.

Les trois directeurs révolutionnaires s'observoient entre eux ; ils observoient, avec
une égale défiance, les deux collègues qui
leur étoient opposés : ceux-ci s'étoient placés sous l'égide, alors dédaignée, de l'opinion publique. Le 18 au matin, les premiers ne s'étoient pas encore accordés sur
le choix du chef de la force armée. Ce chef
devoit aussi dissoudre les conseils et le direc-

toire lui-même. La solution de cette difficulté étoit décisive. Ce choix tomba sur Bonaparte. •

L'audace de ce guerrier convenoit sans
doute aux intrigans et aux petits ambitieux
qui, ne voyant, dans cette entreprise, qu'un
de ces violens coups d'état, qui sont toujours pour eux des coups de fortune, en
pressoient l'exécution avec tout le zèle du
patriotisme, avec l'accent de l'intérêt public. Mais son caractère, qu'avoient trop
fait connoître ses guerres d'Italie et sa romanesque colonisation africaine, jetoit la
défiance et l'épouvante parmi les citoyens,
qui n'aspiroient qu'à des réformes que la foiblesse, l'impuissance et la pernicieuse composition du directoire rendoient indispen-
sables. Ceux-ci avoient ouvertement désiré
que la conduite de la journée fût mise aux
mains d'un capitaine dont la modération et
le désintéressement nous fussent garantis
par des vertus reconnues, par un amour
éprouvé de la patrie. La voix publique le
nommoit; mais les hommes qui domi-

noient alors n'étoient pas animés tous des mêmes sentimens ; les plus cupides, qui sont aussi dans les révolutions les plus adroits, repoussèrent celui qui n'eût employé son pouvoir qu'à rétablir la nation dans le droit de recomposer son gouvernement et d'en donner la direction héréditaire au prince et à la dynastie qu'un vote libre auroit désignés. J'atteste qu'il ne nous seroit pas venu du sein d'une population récemment affranchie, et qui ne fût jamais un peuple.

Déjà, à cette époque, le malheureux essai que les Français avoient fait du régime républicain les avoit ramenés à des idées plus saines et plus justes; ils désiroient un gouvernement plus ferme dans son action, plus solide sur ses bases, et sous lequel la jouissance de la liberté fût moins troublée : c'est peut-être celle où la monarchie représentative se seroit rétablie avec moins de contradiction, où le pacte de 1791 eût pu, sans obstacle, être remis en vigueur avec les changemens que l'expérience a fait

juger nécessaires, où, en réalisant les conquêtes légitimes de la révolution, il étoit plus
possible de s'entendre sur les indemnités
qu'il eût convenu d'accorder aux individus
ou aux familles qu'elle avoit violemment
entraînées dans son cours. Il est certain, et
d'autres que moi pourroient l'attester, qu'aux
premiers jours de brumaire an VIII, ce projet de restauration constitutionnelle se rat-
tachoit, comme en étant la conséquence immédiate, à celui de dissoudre le gouvernement directorial ; que ces projets avoient
été formés dans le directoire même ; et tels
étoient les personnages qui les avoient conçus, tels étoient les moyens et la probabilité
du succès, qu'un seul homme au monde
étoit capable de dissoudre cette confédération, et de renverser un plan qu'avouoient
la raison, la sagesse et l'intérêt général. Cet
homme, c'étoit Bonaparte.

J'ai dit que, dans tous ces mouvemens
contradictoires, trois directeurs manœu-
vroient contre les deux autres, qui, de leur
côté, se faisoient considérer comme les

seuls et les derniers défenseurs du peuple et
de la liberté ; titre usé , qui ne fut que le
signal de leur détresse. J'ai dit que l'un
des trois avoit cessé de dissimuler, lorsqu'il
fallut se prononcer sur le choix du chef de
la garde directoriale. Peu de personnes ont
su peut-être qu'un général citoyen , déjà
prévenu , attendoit, dans la matinée du 18
brumaire , l'ordre de se rendre à Saint-
Cloud avec ses aides-de-camp ; lorsque déjà
l'étranger, dont le frère, Lucien Bonaparte,
présidoit les conseils , avoit consommé la
catastrophe.

Le directeur qui avoit pu , par une sorte
d'influence qu'il exerçoit depuis long-temps
et qu'il ne partageoit avec personne , mettre
aux mains de Bonaparte le bâton du commandement , n'entendoit certainement pas
l'armer contre la patrie, contre notre liberté :
inhabile , imprudent , il servoit mal l'une ;
esclave de ses propres passions , il ne défendoit pas à propos , ou défendoit mal l'autre.
Ses deux collègues, au contraire (on sait que
l'un d'eux se chargeoit de penser et de vouloir

pour son docile collégue), plus prévoyans, plus capables de conduire à sa fin une grande affaire d'état, avoient pénétré l'intention secrète de Bonaparte ; ils ne doutoient pas que, s'il disposoit de la force armée, il ne l'employât à s'emparer du pouvoir; et que „saisi du pouvoir, il n'aspirât à la tyrannie.

C'est ainsi que prévalurent les intrigues d'un magistrat qu'aucun vrai talent n'avoit distingué sur la trame qu'avoient ourdie, avec réflexion et maturité, pour un but éminemment patriotique et national, des esprits cultivés, des têtes fortes, des magistrats éprouvés par les vicissitudes diverses de la révolution. Dans tous peut-être les motifs n'étoient pas également purs ; il en étoit qui, en travaillant pour tous, se réservoient la meilleure part pour eux-mêmes. Gardons-nous, en instituant le culte des lois et de la patrie, de convertir, en dogme politique, cette doctrine imaginaire, cette idéale perfection que le vertueux archevêque de Cambray vouloit pour le culte d'adoration et d'amour que nous devons à l'Être-Suprême: exiger, dans notre ordre social le plus parfait, une vertu désintéressée, ce seroit en bannir la vertu.

Bonaparte ne s'enorgueillit pas tellement de sa victoire, qu'il dédaignât ou repoussât le parti dont il avoit triomphé; il s'appliqua au contraire à le dissoudre pour s'en approprier les débris et pour isoler ceux qu'il désespéroit d'attacher à sa cause. Ses regards pénétrans sondèrent le fond des cœurs les plus ulcérés. Les hommes qui s'arrangent de tout, après l'événement, accoururent en foule s'attacher à son char. Il gagna, par l'intervention de ses amis, ceux qui, sans courir après la fortune, accueillent ses faveurs. Alors distribuant des promesses et des bienfaits selon la nature et le degré des passions qu'il avoit observées, mais avec tous les ménagemens qu'exigent des amours-propres plus ou moins blessés, plus ou moins vains, plus ou moins revêches, il se fit des partisans dévoués, énergiques, parmi les hommes intrépides qui auroient pu, sans

déguisement, être un jour ses adversaires;
il réduisit à l'inaction et au silence ceux
qui auroient pu miner le terrain, le devancer par une route invisible, et creuser un
abîme où il se seroit précipité avant que son
œuvre fût consommée. Ces précautions
étoient superflues : tout fut corrompu. Les
hommes qui pouvoient briser le sceptre de
la tyrannie naissante, formèrent une ligue
impie, et, sous de spécieuses formules de
liberté, entraînèrent frauduleusement la nation sous le joug du plus humiliant despotisme.

Jusqu'ici Bonaparte ne s'est avancé qu'à
la faveur des circonstances et à l'aide d'un
puissant protecteur; il parviendra seul, c'est-
à-dire par des ressorts qu'il aura montés et
que sa main fera mouvoir, à la puissance dictatoriale, et par elle au pouvoir monarchique
le plus effrayant. Victime de ses propres erreurs et long-temps trompée par ses agens,
par elle-même, la nation française le sera par
ce Napoléon qu'elle nomme son chef avec
orgueil, par ce Napoléon en qui elle place

sa dernière espérance. Elle avoit long-temps souffert un régime qui s'entouroit d'échafauds, parce qu'il faisoit de grandes choses; elle a applaudi au renversement du gouvernement directorial, parce qu'il étoit foible, abject, après avoir été persécuteur et révolutionnaire. Bonaparte vient tout-à-coup s'offrir à ses regards, se dévouer pour elle; elle couvre d'un indulgent oubli la désertion qui livre l'armée d'Egypte aux vengeances des Ottomans, l'institut et l'administration à la captivité; et, ne se souvenant que des lauriers qu'il a moissonnés dans l'Italie, elle attend de Bonaparte tout ce que peut le génie uni au pouvoir; elle lui prescrit de détrôner l'anarchie; l'ingrat étouffe dans ses bras la patrie et la liberté.

~~~~~~

HISTOIRE
DE NAPOLÉON
BONAPARTE,

DEPUIS

SES PREMIÈRES CAMPAGNES

JUSQU'A

SON EXIL A L'ILE DE SAINTE-HÉLÈNE.

SOMMAIRE.

Decora ingenia, gliscente adulatione,
deteruntur. TAC.

Coup-d'œil rapide sur le caractère du général Bonaparte, et sur la situation de la France après les guerres d'Italie. Expédition d'Egypte. Motif de cette colonisation civile et militaire. Retour du général Bonaparte. Conjectures à ce sujet. — Journée du 18 brumaire; ses circonstances; ses résultats. Constitution consulaire. Le général Bonaparte premier Consul. Opinion sur ce Gouvernement et sur les hommes influens de cette époque. — Vues secrètes du Consul. Son ambition; sa politique astucieuse; ses moyens de corruption. Pacification de

3. I

la Vendée. Mesures d'indulgence en faveur des émigrés.
Lyon particulièrement protégé par le Consul. — Son
administration intérieure. Instruction publique. Fourcroy. Codes civil et criminel. Progrès de l'admiration
et de la flatterie. Consulat à vie. Concordat. — Préparatifs contre l'Angleterre. Camp de Boulogne. Considérations générales sur le gouvernement consulaire.
— Progrès de la puissance de Napoléon, et constitution impériale. Naissance et progrès du despotisme
militaire. Tribunaux spéciaux. Procès et jugement du
général Moreau. Autres attentats. Sous quel point de
vue on doit juger la conduite du Sénat et du Corps-
législatif. — Politique de Napoléon envers la cour
de Rome. Son sacre. Observations sur le rôle que le
Pape joua à Paris. Activité dans les ports inspectés par
l'Empereur. Alarmes en Angleterre. Son voyage en
Italie. Il met sur sa tête la couronne des Lombards.
— Guerre contre l'Autriche. Belle et glorieuse campagne, couronnée par le traité de Presbourg. Gouvernement militaire. Ses effets politiques et moraux.
Développement du plan de Napoléon. Conseil d'Etat.
Confédération du Rhin. — Guerre contre la Prusse.
Traité de Tilsitt. Nouvelle organisation du Corps-
législatif. Politique modérée de Napoléon à cette époque. Suppression du Tribunat. Dans l'intérieur il protége les sciences et les savans, les lettres et les beaux-
arts. — Nouveaux accès de son ambition. Invasion
de l'Espagne; captivité du Roi et de sa famille. Détails
sur ce grand événement. Joseph roi d'Espagne; le
prince Murat roi de Naples. Dernière guerre contre
l'Autriche. Illusion et décadence de Napoléon. Son
alliance avec l'Autriche. Son mariage avec l'archidu-

tion d'opposer une inflexible résistance au despotisme
de Napoléon. Organisation de l'armée; son départ.
Batailles de Fleurus et de Waterloo. Déroute de l'armée. Départ de Bonaparte.; son retour à Paris; son
abdication en faveur de son fils.; erreurs des chambres à ce sujet. Gouvernement provisoire ; sa dissolution et celle des chambres en présence des armées alliées.
Capitulation. L'armée française stationnée au-delà de
la Loire, et rentrée du Roi à Paris.

GOUVERNEMENT CONSULAIRE.

CHAPITRE PREMIER.

Coup-d'œil rapide sur le caractère du général Bonaparte, et sur la situation de la France après les guerres d'Italie ; expédition d'É-gypte ; motifs de cette colonisation civile et militaire ; retour du général Bonaparte ; conjectures à ce sujet.

NAPOLÉON, sa magistrature consulaire et son rè-gne impérial sont entrés dans le domaine de l'his-toire. Je tracerai le tableau des grands événemens qui ont rempli ces deux époques. Sa politique ré-fléchira son étonnant caractère. Mais un homme qui, entouré de souverains, a long-temps paru oc-cuper seul le théâtre des batailles, et fixer l'atten-tion des peuples ; qui, nous apparoissant comme un phénomène, a joué les grandeurs et la domi-nation, comme s'il étoit plus élevé que les trônes, ne peut être bien peint que par lui-même. Cet épisode répandra non moins d'intérêt que d'é-clat sur le tableau général de la révolution, dont il est en quelque sorte l'œuvre ; dont il a feint d'être le modérateur, et qu'il a pu, presque sans

effort, asservir à son génie. Nous le verrons maî-
triser les passions contraires qu'elle a allumées,
en concentrer, en diriger à son gré tous les mouvemens, et lui assigner pour dernier terme l'é-
lévation de sa famille sur des trônes conquis,
l'Europe courbée sous son redoutable despotisme.

Ses premières institutions auront promis un
grand homme ; ses dernières campagnes n'offri-
ront au monde que l'exemple de la témérité et de
l'orgueil punis. Il restera du général français, du
Consul, du premier potentat du monde, un héros
d'invasion, qui ignora ou connut mal l'art des
retraites, l'art des Xénophon, des Fabius, des
Turenne, des Moreau ; et, conquérant détrôné,
sans jamais avoir été vaincu, ses contemporains
même lui assigneront une place parmi ces fléaux
suscités par la Providence pour opérer dans
l'ordre politique et moral les effets que dans les
régions de l'air produisent les tempêtes (1).

_____

(1) On a mis dans la bouche de Napoléon une jactance qui lui convient, si elle est supposée : « Je ne vou-
» drois pas de Louis xiv pour aide-de-camp ». On dit
aussi qu'il ne souffrait pas d'être comparé aux capitaines
du dix-septième siècle. Combien a-t-il dû s'offenser de
l'être à Moreau, qui avait appris de ces grands hommes
à éviter des combats douteux, à ne pas verser sans né-

Cependant Bonaparte possédoit un riche fonds de science positive : son génie étoit vaste ; son caractère entreprenant, froid et résolu. Pour mériter sa haute fortune, pour attacher sa renommée à un grand siècle, que lui manquoit-il ? une ame plus sensible, une tête moins agitée, et plus d'harmonie entre ses passions et sa raison. Une seule absorboit toutes les autres, l'ambition. Elle jeta long-temps un grand éclat, soutenue par de brillans succès. Napoléon put compter de nombreux admirateurs. Il ne compta pas ou méprisa ses ennemis. Il soumit les forts ; il fût

---

cessité le sang de ses soldats. Bonaparte souffroit tout au plus le parallèle entre César et lui. Comme César, Bonaparte a passé le Rubicon ; mais avec cette différence que Rome ayant à choisir entre deux grands hommes, le vainqueur des Gaulois, en tournant à son avantage une révolution nécessaire, sauvoit la patrie, flattoit, par sa renommée, l'orgueil du peuple romain, et, par sa popularité, sembloit lui promettre tout ce qu'admet de liberté le gouvernement d'un seul ; tandis que Napoléon conspire contre la république, douée de toute sa force, au moment où elle vient de le reconnoître pour son premier magistrat et pour chef de ses armées. César, grand homme d'état et grand capitaine, réunissoit, à tous les talens que les républiques récompensent par la considération et les dignités, ces vertus généreuses, qui sont dans les monarchies, l'ornement du trône.

vaincu par les lâches, c'est-à-dire par ces marchands de prose et de vers qui subordonnoient à
sa volonté le destin, la providence, les élémens,
la nature, et qu'on a vus, dans l'intervalle d'un
jour, l'adorer comme un dieu, le condamner
comme un monstre, et le dépouiller de toutes
les qualités qu'ils lui avoient supposées, comme
de celles trop véritables qui lui soumirent long-
temps les hommes et la fortune.

Au moment où Bonaparte sortit du rang des
héros pour se placer parmi les chefs des nations,
tout annonçoit un âge nouveau, une mémorable
révolution. Nos malheurs instruisoient l'Europe,
et modéroient le mouvement qui s'étoit commu-
niqué de la France aux autres états. La plus noble
carrière s'ouvroit pour les ambitions généreuses.
Les lumières rappeloient les beaux arts, présa-
geoient les progrès rapides d'une civilisation libérale et pacifique. Toutes les épreuves étoient
faites, excepté celle du bonheur. Et telles étoient
la disposition des esprits, la lassitude des passions,
la pente générale à l'ordre, à la réconciliation,
à l'oubli des fautes, des erreurs, et même des
crimes, que le bon sens et le bon cœur suffisoient
alors au premier magistrat de la république, pour
la gouverner. Il n'avoit qu'à seconder l'action du
temps et le concours des circonstances, pour féconder les germes des grands talens et des su-

blimes vertus, résultat ordinaire des discordes civiles. Tous les biens étoient près d'éclore ; lorsqu'une intrigue promptement ourdie fit tomber la république aux mains de Bonaparte, qui la reçut comme un prix décerné à ses victoires d'Italie, et qui la gouverna comme une conquête, avec le génie de la révolution (1).

Le gouvernement de Napoléon comprendra la magistrature consulaire et le règne impérial jusqu'à la seconde abdication. Dans l'exercice de la première, on verra naître et se dérouler sur la France et sur l'Europe ce despotisme militaire qui a rempli le second de malheurs et de destructions.

Ce gouvernement, confié aux ex-Directeurs Sieyes, Roger-Ducos, et à Bonaparte, provisoire jusqu'au 13 décembre, fut marqué par une nombreuse proscription (2).

Gouvernement consulaire, 11 novembre 1799.

---

(1) Le renversement du gouvernement directorial étoit résolu dans le Directoire même, long-temps avant le retour de Bonaparte en France ; et les auteurs de ce projet étoient bien loin de penser qu'il s'exécuterait en faveur de ce général.

(2) Comment douter que les révolutions, qui se sont succédées depuis le 31 mai, ne soient pas l'œuvre des factions, lorsqu'on voit que toutes les classes des Français ont tour à tour fourni des victimes ? Marat dresse l'échafaud pour les hommes d'état ; les triumvirs y pressent les philosophes et les prêtres ; les hommes de

Le 22 frimaire an VIII, le gouvernail de l'état passa aux mains de Bonaparte; Cambacérès, ministre de la justice; Lebrun, membre du conseil des anciens, lui furent adjoints (1). Deux chambres exercèrent l'autorité législative : le tribunat qui discutoit les projets de loi et les proposoit ; le corps législatif, proprement dit, qui la délibéroit et la décrétoit sans le concours de la puissance exécutive.

———————————

bien et les femmes courageuses. Les réacteurs s'arment du poignard des vengeances contre les jacobins. La faction de Clichy, dispersée, bannie au 18 fructidor, rejette, à son tour, jusque dans la Guyanne, après le 13 vendémiaire, les accusateurs des triumvirs, les vainqueurs de Robespierre.

A cette même époque, une commission législative propose l'expatriation forcée de tous les nobles. Peu de jours s'écoulent; et trois républicains de première origine, d'incontestable célébrité, signalent le début de leur autorité par la proscription de quelques centaines d'ouvriers, qu'il étoit plus facile de ramener à leurs travaux journaliers, qu'il n'étoit barbare d'enlever à leurs femmes, à leurs enfans. Chose remarquable, l'un de ces gouvernans avoit présidé la commission qui proposa le décret contre les nobles.

Il y a une bien extrême perversité d'ame dans l'homme puissant qui généralise les délits et les châtimens pour s'épargner la peine de discerner l'innocent du coupable.

(1) Les second et troisième consuls ne figuroient là que pour approuver et comme cortége.

Le 24 décembre, la constitution de l'an viii est acceptée, et, le même jour, le sénat conservateur organisé.

Mon objet n'est pas d'écrire l'histoire de la vie privée de Bonaparte, mais seulement d'expliquer sa marche administrative, sa politique extérieure, le motif et le but de son système militaire. J'arrêterai l'attention du lecteur sur les points les plus lumineux de la rapide et funeste carrière qu'il a parcourue.

Je me propose de prouver que toutes ses institutions, les plus libérales en apparence, et les plus populaires, étoient entre elles dans de tels rapports, que de leur conflit comme de leur concours, devoit résulter l'accroissement de sa puissance, et de cet accroissement de puissance combiné avec ses succès militaires, le despotisme le plus absolu, le plus arbitraire, le plus dévastateur.

Pour bien connoître cet homme extraordinaire, il ne suffit pas d'interroger les temps qu'il a remplis de sa toute-puissance, il faut reprendre les événemens de plus haut, et le voir aux différentes phases de sa vie publique. Son gouvernement, sa politique, ses guerres, instruiront les peuples et les rois de tous les âges. Dans Tacite et dans Suétone, nous lisons d'autres choses, mais non peut-être plus de choses. Lorsqu'on com-

parera les règnes de plusieurs Césars au seul
règne de Napoléon, on trouvera que celui-ci
étoit, plus qu'aucun autre ne le fut jamais, en
opposition avec les hommes et les temps qui l'ont
vu commencer et finir.

Expédition
d'Égypte,
an vi.

Peu de personnes ont cherché à pénétrer les
desseins que couvroit l'expédition d'Égypte. C'é-
toit une nouvelle voie que le génie impatient de
Bonaparte ouvroit à son ambition. Loin de l'Europe, les campagnes d'Italie et le traité de Campo-
Formio le recommandoient à la nation, ainsi
qu'au gouvernement qu'il avoit illustré par ses
victoires et ses conquêtes. Quand sa main dirigeoit le coup mortel dont furent frappés, le
18 fructidor, la constitution de l'an III, le corps
législatif et le directoire lui-même; quand il provoquoit un coup d'état par l'intervention de son
armée; quand il interprétoit le vœu menaçant
de la force militaire, ne se proposoit-il pas de
recueillir un jour les fruits de cet abus de la force
armée? Son génie et son caractère sont profondément empreints dans le ton et le style de ses
nombreuses adresses.

Bonaparte avoit hâté la paix, espérant de profiter des discordes qu'il avoit allumées au sein
des grands corps de l'État : mais le moment de
leur dissolution n'étoit pas encore venu. Quoique
blessé au cœur, le directoire se soutenoit par sa

police, par la divergence des partis; et son agonie se prolongeoit par des moyens qui devoient
rendre sa décadence plus honteuse et sa chûte
plus éclatante.

Paris n'eût été pour Bonaparte qu'une volup-
tueuse Capoüe. De flatteuses illusions voiloient,
à tous les regards, ses véritables traits. Il se connoissoit trop bien lui - même pour ne pas sentir
tout le prix de ce talisman officieux. Il ne connoissoit pas moins l'inconstance de l'opinion, et
la fragilité de la faveur populaire. Il avait surtout à ménager la jalousie des gouvernans, et à
craindre la rivalité de ses égaux. Parmi ces derniers, il en étoit alors qui veilloient pour la patrie. La marche de son ambition ne fut pas fou-
gueuse et précipitée, comme l'a été celle de son
pouvoir. Il calcula froidement les moyens de
succès et les obstacles; et sa passion n'eut qu'elle-
même pour guide et pour conseil. Dès long-temps
il lui avoit fait le sacrifice de sa conscience, le
premier que doivent faire tout entier et sans retour les ambitieux et les usurpateurs.

Dès - lors Bonaparte conçoit et résout une entreprise romanesque, qu'approuve un ministre,
grand homme d'état; le Directoire souscrit à cette
croisade d'un ordre si nouveau, à cette colonisation, qui coûta à la France des trésors, des savans, des artistes, sa plus belle armée et tous ses

vaisseaux. Entraîné par l'ascendant qu'exerce l'audace sur la foiblesse, séduit par une perspective de conquêtes, dont la République faisoit les frais, et ne devoit pas recueillir les fruits, il ne pénétra pas le véritable dessein de celui qui avoit conseillé cet inconcevable et hasardeux armement. Déjà la Méditerranée étoit couverte des débris de notre escadre, et des cadavres de nos marins, de nos guerriers, quand le directoire rêvoit encore, et, sur la foi de son rêve, proclamoit la possession de l'Egypte, les terreurs de la Sublime - Porte, et l'humiliation de l'Angleterre, spoliée de son commerce dans les Echelles du Levant, *menacée dans son empire de l'Inde.* Il montroit à la vanité française l'étendard tricolor, flottant sur les tours de Constantinople, quand cette capitale retentissoit du canon d'alarme et du cri des vengeances; quand la mort moissonnoit dans les combats les soldats qu'épargnoient l'ardeur du jour et la fraîcheur des nuits; contraste de température, dont l'éducation, l'habitude, et un régime analogue au climat, peuvent à peine vaincre la maligne influence. Après huit siècles, cette terre d'Égypte, célèbre par d'augustes et de religieuses traditions, avant d'être fameuse par ses monumens et ses ruines, ouvrit de nouveau son sein pour dévorer des milliers de Français, l'espérance, l'honneur de la patrie.

« Beaucoup de personnes ont cru, et cette opinion n'est pas dépourvue de vraisemblance ,
que la présence de Bonaparte importunoit le
gouvernement; que des yeux observateurs avoient
pénétré dans les plus secrètes profondeurs de sa
politique (1), et que, pour s'affranchir à-la-fois
de la honte de le craindre ou du danger de le
punir, on lui avoit prodigué tous les moyens de
satisfaire son ambition sur une terre qui n'opposoit aucunes limites à son humeur guerrière, à
sa passion des conquêtes, et qui, non moins que
la Grèce, demande à renaître à la civilisation,
aux arts, au commerce dont elle avoit été, long-
temps après Alexandre, le centre et le dépôt.
Cette dernière considération étoit bien propre à
flatter l'orgueil de Bonaparte, et à stimuler l'activité de son génie. Aussi la saisit-il avec une
sorte d'emportement, sans arrêter sa pensée sur
les obstacles qu'il auroit à surmonter, sur les résistances qu'il auroit à vaincre. Toute idée de
nouveauté, de révolution, de bouleversement,
avoit pour lui des charmes. Il couvroit de son
dédain les choses faites ; et jamais on n'auroit
pu dire de Bonaparte, réformateur ou créateur,
qu'il étoit content de son ouvrage. '

(1) Cette opinion pourrait bien expliquer l'approbation donnée, par le premier homme d'état de ce temps-
là, à l'expédition d'Egypte.

Le plus inévitable de ces obstacles étoit une guerre juste dans sa cause, funeste par ses con-séquences ; et c'est celui que Bonaparte eût été désespéré de ne pas rencontrer sur cette terre, déjà trop fameuse par nos défaites. L'envahisse-ment de l'Égypte s'offroit à l'esprit de tout homme sage comme une violation de tous les droits des sujets et des souverains. L'alarme, comme l'im-probation, étoit universelle. Il est permis de dou-ter si le directoire s'enivroit de vaines illusions, ou s'il étoit de mauvaise foi ; mais Bonaparte en-visageoit avec calme, comme des choses prévues, tous les efforts que feroit la Porte, alliée à l'An-gleterre, pour faire expier à la France la subite agression dont, sous les auspices de la paix, elle se rendoit coupable envers le successeur et la religion du prophète.

Qu'il me soit permis de révéler ici un fait gravé dans ma mémoire, que j'ai consigné dans quelques notes historiques, et qui appartient essentiellement au sujet que je traite.

Douloureusement frappé des conséquences désastreuses qui pouvoient résulter d'une aussi téméraire entreprise, je communiquai mes crain-tes à un homme d'état, éminemment placé dans le conseil du gouvernement, et dont les com-munications fréquentes avec le général Bonaparte m'étoient connues. Il me répondit avec assu-

rance : « Si le grand - seigneur se fâche , la paix
» générale se fera sous les murs de Constanti-
» nople »: Cette réponse me parut plus téméraire que l'agression ; et cette fois mon extrême
confiance dans les lumières de l'homme d'état ,
fut raisonneuse et presque rebelle.

Mais quelle fut ma surprise , lorsqu'à une
autre époque , celle où Lucien Bonaparte et son
fougueux parti provoquoient dans le conseil des
cinq-cents les accusations contre le directoire
et les ministres, et changeoient le temple des
lois en une arène de scandaleux débats , j'en-
tendis ce même homme d'état , après une
longue conférence avec Joseph Bonaparte , assurer que le général , son frère , se proposoit
de conquérir l'Égypte pour son propre compte ;
qu'à tout prix il vouloit être roi ; ajoutant, à voix
basse et avec un sourire plein d'expression ,
qu'il n'avoit laissé que sa femme pour gage de
sa fidélité à la république ! J'eus la discrétion
de ne pas lui rappeler « la paix sous les murs
« de Constantinople. »

On assure que le général Bonaparte avoit soumis son armée d'Égypte à la discipline militaire la plus absolue et la plus orientale ; qu'il
a exercé sur les prisonniers turcs des cruautés
encore inouies dans un pays régi par le despotisme , gouverné par des pachas. On a souillé

3   2

son nom d'un crime inconnu chez ces hordes
sauvages, qui célèbrent la victoire par d'horribles festins. Seroit-il vrai que des soldats français, infectés d'une affreuse maladie dans l'hô-
pital de Jaffa...., auroient fatigué la pensée de
leur général ; qu'un breuvage empoisonné auroit hâté leur dernier soupir, et qu'un tableau
imposteur auroit été exposé à nos regards, pour
rendre en quelque sorte les beaux-arts complices
d'un grand attentat? Non, non : c'est une sorte
d'accusation que le plus implacable ennemi de
Bonaparte repousse comme une calomnie ; l'histoire ne recueille de tels forfaits, que saisie
de toutes les preuves.

Ce qu'il importe d'observer, c'est la marche
de son ambition, également ingénieuse à profiter des revers comme des succès. Ses affaires
sont-elles désespérées en Égypte, son audace
s'accroît ; il franchit les mers, se montre au directoire, le captive, le renverse, dissout tous
les partis, rallie à lui tous les chefs, fixe tous les
regards, comme s'il étoit notre dernière espérance.

La conquête de l'Égypte lui présentoit deux
chances heureuses. Son fatalisme repoussoit les
chances contraires ; il n'en présumoit pas : par la
première il dotoit la France de la plus importante colonie, si l'on considère, soit la situation

géographique de l'Égypte, soit sa population et ses productions. Ce titre à la main, ce titre appuyé par cent victoires, Bonaparte pourra-t-il craindre des rivaux, lorsqu'il y aura un chef à donner à la République? Par la seconde chance, il fondoit un grand empire, il relevoit le trône de Sésostris, des Ptolomée, il régnoit sur l'Égypte au même titre qu'Alexandre; et l'Asie esclave, et l'Arabe vagabond, s'offroient à son ambition. Également habile dans l'art de séduire et dans l'art de vaincre, il auroit paru dans ces contrées, où l'imagination exerce un si puissant empire, tantôt comme un homme extraordinaire, tantôt comme un nouveau prophète; et les peuples qu'il n'auroit pas soumis par les armes, se seroient pris aux piéges qu'auroit dressés autour d'eux son adroite politique. Ainsi, Bonaparte s'étoit placé dans une alternative presque certaine de grandeur et de puissance.

Pour la première fois la fortune lui fut infidèle, et déjoua même toutes ses combinaisons. Il n'y avoit qu'un parti à prendre; c'étoit de se passer de la fortune, de ne compter que sur soi-même, de recouvrer ses avantages par les moyens qui perdent les hommes ordinaires. Bonaparte abandonne aux vengeances d'un ennemi implacable, aux fureurs du climat, son armée que de nombreuses défaites ont affoiblie; il ne

fuit pas, comme Antoine, préférant son amante
à la gloire; il se dérobe aux infortunes dont il
est l'auteur, aux murmures menaçans de son
armée. Il tint à un jour, à quelques heures, peut-
être, que tout fut changé dans nos futures destinées. Il déserte cette terre qu'il a cherchée à
tant de risques, à de si grands frais pour la
France, et cette France l'accueille comme un
libérateur. Cependant, proscrit par lui-même,
il est condamné au Caire à subir la peine capitale, tandis que les muses de la Seine l'associent
à la gloire et au surnom du plus illustre des Romains. C'est ainsi que l'homme du destin se livra
lui et sa fortune à la discrétion des vents, des
flots, et même de l'ennemi ; car on assure que sa
personne et sa liberté lui avoient été garanties à
des conditions qu'il a mises ensuite sur le compte
de la nécessité, pour se refuser à les remplir.
Les stipulations les plus mystérieuses ne sont pas
toujours les plus impénétrables. Qui n'a pas dit
pourquoi et à quelles fins Bonaparte put faire
sa paisible traversée, au milieu des vaisseaux anglais qui couvroient la Méditerranée (1)?

_____

(1) A la nouvelle du retour de Bonaparte, il y eut foule
chez tous les directeurs. Un d'entre eux, devant qui plusieurs personnes s'étonnoient, ainsi que moi, que le général eût traversé, sans obstacles, une mer couverte de

9 octobre
1799.

La frégate qui porte Bonaparte entre dans le port de Fréjus ; il lui importe de prévenir les plaintes du gouvernement provisoire du Caire ; il brave la loi qui soumet à la quarantaine les vaisseaux du Levant et ceux qui partent des côtes d'Égypte ; il se montre à Paris en triomphateur. Ses frères, ses amis proclament le prodige que la Providence vient d'opérer en faveur de la République. Cependant, peu de jours après, la procédure contre Bonaparte et le jugement qui le condamne à la peine de mort, parviennent au gouvernement. Le directoire, mutilé, rampant, couvert d'opprobre, n'étoit plus qu'une foible image de lui-même ; la dépêche d'Égypte fut remise à Bonaparte en présence des directeurs, qui ne se permirent pas de demander qu'elle leur fût communiquée.

---

vaisseaux anglais, s'écria niaisement : Oh ! nous savions bien qu'il pouvoit la traverser en toute sûreté.

CHAPITRE II.

Journée du 18 brumaire; ses circonstances;
ses résultats. Constitution consulaire. Le
général Bonaparte, premier consul. Opi-
nion sur le gouvernement et sur les hommes
influens de cette époque.

24 décembre
1799.

LE directoire avoit éprouvé de nombreuses
disgrâces, toutes provoquées par les frères de
Bonaparte et par des Corses dévoués à son parti.
Un coup d'état étoit déjà monté et près d'éclater
contre cette suprême autorité. Bonaparte s'en
étoit emparé avec adresse. Il avoit traversé
toutes les intrigues, opposé sa renommée aux
titres fondés sur la naissance ou d'anciens services, gagné les uns par des promesses, intimidé
les autres par ses menaces, et, seul, il obtint la
direction de ce grand mouvement. Cependant
il laisse divaguer l'opinion sur le choix de celui
en faveur duquel il sera exécuté. Il s'accole à
S...... pour le tromper; il le trompe pour
n'avoir pas à le craindre. Il ne voit, dans ses collègues, qu'un limon grossier et inerte, privé de
sentiment, d'idées et de volonté. Enfin, toute
incertitude cesse; et Bonaparte, qui n'a été

que le général du directoire, au 18 brumaire
(13 décembre) 1799, hérite de sa puissance et
fixe le sort de chaque directeur. Il proscrit celui-
dont il s'est servi; dans un autre, la pourpre sénatoriale paye la nullité : celui qui pourroit ne-
s'y pas condamner, il le gorge de richesses et
l'abreuve de honte. Tout est soumis. Dès le
19 brumaire, les hommes, forts en expérience
révolutionnaire, et, parmi ces hommes, le plus
éminent par son esprit, ses qualités, sa réputation, rompent le lien d'une précédente confédération, se détachent de celui qui l'avoit cimentée, se réunissent à Bonaparte, sans mission,
par des motifs divers, et de leurs conceptions
sort la république consulaire, dont un chef d'armée s'étoit, à la manière du pape Sixte-Quint,
déclaré le premier magistrat.

Bonaparte fut traité comme le possesseur
légitime de la suprême puissance. Sa gloire
militaire est le titre avoué de son élévation; la
crainte et la vénalité en furent les véritables
causes. Le 18 brumaire, jour de deuil et de
terreur, glaçoit encore tous les esprits. On
sentoit ce qu'un tel magistrat pouvoit entreprendre; mais l'homme de bien ne le disoit
que par son silence; tandis que les intrigans et
les ambitieux remplissoient les airs de leurs
louangeuses clameurs, que les poètes prophéti-

soient le grand homme, le grand siècle des
règnes d'Astrée, de Marc-Aurèle et de Trajan.

C'est maintenant une toute autre agitation, un
autre mouvement. Quel concours d'intrigues et
de bassesses, de mensonges officieux, de calom-
nieuses révélations! Tous les ennemis du directoire sont les amis du nouveau gouvernement.
Et qui ne veut pas avoir été l'ennemi du directoire? A peine l'ingratitude de Bonaparte envers
B...... (qui peut-être se souvenoit trop de ses
bienfaits envers Bonaparte) est connue, que les bas
courtisans du directeur se déclarent ses bruyans
détracteurs. Tous courent aux places; les hommes
qui en sont dignes attendent d'y être appelés.
C'est le petit nombre, et dans ce petit nombre
il y aura peu d'élus. Les prétendans et les protégés circulent de la rue de la Victoire au Luxem-
bourg, de la rue Taitbout (1) aux Tuileries. Toutes les avenues sont obstruées. On se heurte, on
se croise. Les femmes, et quelles femmes! restent
en possession du crédit et de la faveur. Cela ne
peut être autrement. Le droit est fondé sur des
stipulations avouées ou secrètes, sur des échanges
et des compensations, admises dans les républiques comme dans les monarchies.

_____

(1) Le comité constituant tenoit ses assemblées dans
un petit hôtel qu'y occupoit M. de Talleyrand-Périgord.

Concevons-nous qu'il puisse exister un gouvernement si pur, qu'il ne s'y introduise aucune sorte de corruption? Il faudroit supposer que le prince et ses agens sont les plus fidèles gardiens des lois constitutionnelles, et qu'ils sont en garde contre tout accroissement de leur propre pouvoir. Mais la marche de l'autorité exécutive étant invariablement contraire à la stabilité des lois constitutionnelles, la corruption est une maladie nécessaire des associations politiques; et lorsqu'il s'agit d'une république, sacrifiée dès sa naissance, la corruption en est l'élément le plus actif; elle en est le principe; et dans notre Europe, surtout en France, c'est une sorte de ministère dévolu à la beauté, à l'esprit, aux grâces (1).

Rien n'auroit manqué à la constitution consulaire de tout ce qui garantit la liberté du citoyen, la prospérité générale et la considération exté-

_____

(1) Je citerai ici une réponse qu'on suppose, avec quelque fondement, avoir été faite par le premier consul au général Lannes, alors général de la garde consulaire. Celui-ci, avec sa franchise ordinaire, lui reprochoit de ne donner sa confiance qu'à des hommes flétris, ou dont la réputation étoit perdue : Imbécille, lui dit-il, est-ce avec des vertus et des gens de bien que l'on fonde une monarchie?

rieure, si tout n'eût manqué aux principaux agens
de l'autorité, pour la faire aimer et respecter.
Ce défaut d'harmonie, ou plutôt ce contraste,
forçoit de recourir au ressort de la crainte, toujours funeste aux républiques. Tout sembloit
disposé, les hommes et les choses, pour l'avantage d'un seul. L'envahissement des pouvoirs
étoit pressenti et même provoqué. S'il en eût été
autrement, le dévouement anticipé du sénat n'eût
signifié qu'une servilité sans motif et sans cause.
La chambre des représentans, ce contre-poids
nécessaire, ne fut-elle pas frappée de nullité dès
sa formation? et tout ce que le corps social avoit
de mouvement et de vie, n'est-ce pas le premier
consul, et lui seul, qui le lui imprimoit? La
flatterie et la prévenante obséquiosité descendoient des plus hauts rangs; des plus bas s'élevoit
jusqu'à lui la plus vénale idolâtrie. Tous épioient
à l'envi les passions de Bonaparte, et l'invitoient
à s'abandonner sans retenue à son ambition : tous
se jetoient au-devant de la servitude, presque
avec importunité. Que l'on soumette aujourd'hui
à l'épreuve d'une critique impartiale, mais sévère, les journaux, les pamphlets de cette époque, même les actes des premières autorités, et
l'on aura pour résultat de l'opinion écrite, bien
différente de l'opinion publique et nationale, que
les Français ne peuvent ni ne doivent tenter un

nouvel essai de liberté ; qu'elle est pour eux un insupportable fardeau ; qu'ils demandent à respirer à l'ombre délétère d'un trône despotique : et c'est ainsi que les peuples sont immolés !

S'il est vrai qu'Auguste eût pu régner comme régna Tibère, il n'est pas moins certain que Bonaparte pouvoit franchir d'un pas les divers degrés qui l'ont conduit de la dictature consulaire à la monarchie impériale, de celle-ci au despotisme militaire le plus absolu, et gouverner dans le principe comme il a gouverné dans la suite. Il se seroit épargné bien des soins, à la France de grands malheurs. Son régime auroit été franchement dur, peut-être cruel, au lieu d'être machiavélique, et, pour ainsi dire, frauduleux ; car à de pompeuses promesses répondirent toujours des lois plus fiscales, des conscriptions plus meurtrières, des guerres plus désastreuses. On a dit, même lorsqu'il étoit le plus craint (et je suis très-éloigné de le croire sur parole), que son caractère se composoit de l'orgueil insensé de Caligula, des basses inclinations de Commode, de la triste et sombre politique de Tibère, et d'une insensibilité pour tout ce qui est humain, dont aucun de ces méchans princes n'approcha jamais. Je retrace ce portrait dans toute son horreur, parce qu'il est démenti par les faits, parce que l'exagération en démontre la fausseté, et

parce qu'enfin, pour peindre Bonaparte, il ne
faut rien emprunter d'autrui; il ne faut étudier
que lui-même. Les grandes et mauvaises qualités
se compensent dans sa tête comme dans son ame.
L'admiration que lui ont long-temps décernée le
grand peuple qu'il a gouverné, les peuples qu'il
a soumis, la nation même qui le hait, attestent
un génie supérieur et des talens extraordinaires.
S'il eût ressemblé à l'un des monstres auxquels
on l'a comparé, les Français auroient moins long-
temps souffert sa tyrannie. Ils ont pu la supporter,
parées des brillantes illusions de la gloire, assise
sur des trophées, environnée d'armées victorieuses, de pompe et d'éclat. Mais, qu'on ne s'y
trompe pas, la vanité du Français s'allie avec la
fierté. Il peut consentir à tout ; excepté à rougir
de son général, de son prince.

Bonaparte se condamne à une pénible modération durant le consulat temporaire. Son intérêt
même lui prescrivoit cette marche lente et cir-
conspecte. Sa pénétration naturelle abrégea ce
temps d'épreuve, qui fut pour nous un rapide
moment d'espérance : il n'eut pas long-temps à
étudier les personnages qui l'approchoient. Les
courtisans devinèrent ce qu'il vouloit d'eux, et
transigèrent. Sa catastrophe nous a dévoilé leur
dissimulation et leur perfidie : double imposture
qui les couvre d'opprobre et de mépris.

On ne parla jamais moins de constitution que sous la constitution de l'an VIII. On se reposoit sur un seul homme du présent et de l'avenir. On ne tiroit aucune conséquence fâcheuse de la nullité du second consul, ni des anciennes affections du troisième, ni de cette rivalité de prévenances qui éclatoit en véritable idolâtrie dans la chambre sénatoriale et dans celle des législateurs. Cependant quelques hommes que distinguoient d'éminentes vertus, alors même qu'ils sacrifioient de grandes lumières à l'idole du jour, planoient au-dessus de ces masses de corruption, et nous rassuroient contre la vénalité, encore pudique, de quelques talens, et contre la prostitution effrontée de presque tous. L'autorité qu'exerçoit le consul, bornée par les formes, absolue dans la réalité, il la rapportoit encore avec une sorte de complaisance protectrice à la grande nation ; et, dans son fallacieux langage, les rayons qu'il jetoit au loin n'étoient que les reflets de la grandeur, de la puissance et de la splendeur de la république. Soulevez le voile, et vous verrez assis sur la chaise curule le despote et le dominateur : il l'étoit dans sa pensée, et sa pensée étoit une résolution.

C'est ainsi que ses dissimulations mêmes prenoient l'apparence de vertus publiques. Il sut paroître à propos modeste magistrat, et s'attirer la confiance. On craignit un moment que le consul

de la république ne fût indifférent ou insensible
à la louange : et c'étoit presque un orgueil de la
lui prodiguer, lorsqu'il sembloit à peine la souffrir. Bientôt après il la commanda et ne la mé-
rita plus (1).

---

(1) C'est mal à propos que l'on a fait un mérite à Tibère
de repousser la louange et d'interdire la flatterie. Cette
interdiction est le dernier terme de l'orgueil et du chagrin
despotique. Tibère voyoit, dans l'adulation, une tenta-
tive de familiarité dont il s'indignoit. La louange est, en
effet, une sorte de violation du régime de stupeur et de
silence.

CHAPITRE III.

Vues secrètes du consul; son ambition, sa politique astucieuse; ses moyens de corruption: Pacification de la Vendée. Mesures d'indulgence en faveur des émigrés. Lyon particulièrement protégée par le consul.

A MESURE que le pouvoir du consul se forti- octobre 1799. fioit de l'abandon que faisoient de leur autorité les premiers corps de l'État, ceux-ci sollicitoient pour lui de nouvelles faveurs, de plus grands sacrifices. Interprète empressé de la reconnois- 1801. sance nationale, le sénat consacra la modération du consul, en doublant la durée de sa magistrature, qui commençoit à peine; et, pour hâter la fin de la république, il le proclama bientôt après consul à vie. Dès lors Bonaparte touchoit à la monarchie. Il attacha son regard sur ce sommet des grandeurs; et ce regard fût comme le signe approbatif du sourcil de Jupiter (1).

_____

(1) Cette époque sera particulièrement remarquée par les hommes qui étudient les nations et les princes dans leur histoire politique et morale, et non dans de froides annales qui disent tout, si ce n'est les causes qui ont mis

C'est l'époque où l'admiration fit les plus rapides progrès : en apparence étranger à ce mouvement, le consul l'imprimoit et le dirigeoit à son gré. Un mot qui sembloit tomber au hasard, un geste, un mouvement de tête, tout était saisi, interprété dans le sens de son ambition. La rétrogradation des principes républicains n'étoit pas moins rapide : deux partis contraires s'entendoient pour l'anéantir. La liberté avoit

---

en jeu les passions, et qui, n'omettant pas un seul fait, se taisent sur l'influence des institutions et des mœurs.

La philosophie éclaire aujourd'hui de son flambeau l'immense domaine de l'histoire. Avant de raisonner sur les faits, elle en constate la vérité, et dévoile les causes avant d'en déterminer les résultats.

Quels motifs purent porter les premières autorités de la république à précipiter sur nous, comme par surprise, l'ambition du consul, à anticiper sur l'avenir ? Le sénat craignoit-il que, tenu plus long-temps sous le doux régime de la liberté, le Français la savourât à tel point que bientôt il ne fût plus possible de le façonner au joug ? Craignoit-il qu'un regard investigateur ne découvrît, sous le voile de formes démocratiques, la chaîne qui nous étoit préparée ? Voulut-il saisir l'instant où l'admiration fascinoit les esprits par de séduisans prestiges ? Oui, sans doute ; parce que les chefs d'intrigues s'assuroient par là des premières dignités, des faveurs du maître et de la faculté d'accabler le plus hardi censeur de leur coupable félonie.

pour adversaires et ceux qui n'en avoient jamais
senti le prix, et ceux que la corruption avoit
dégoûtés d'elle : c'est un fruit sans saveur pour
les ames qu'a une fois atteintes le poison de la
servitude. Au jour où l'autorité consulaire fut
érigée en puissance dictatoriale, il ne se trouvoit plus dans les hauts rangs de la nation un
seul homme qui osât observer cette marche inverse de la liberté et de l'esclavage ; et si , fidèles
à leurs premiers sermens, et conformant leurs
suffrages à leurs opinions, quelques citoyens con-
signent leur opposition au consulat à vie sur
des registres dont on ne prendra pas l'inutile soin
de constater l'authenticité, ils savent que leurs
noms ne seront comptés que pour passer sur des
listes de proscription (1).

Remarquons ici que des conspirations, au
moins douteuses, contre la personne du premier
consul; qu'une conspiration certaine, ourdie
chez l'ennemi, avoient rempli la France de terreur et d'alarmes; que l'opinion publique et le
vœu des autorités sollicitèrent toute la sévérité
de la justice contre les auteurs de ce dernier attentat ; et que toutes les bouches furent muettes;

_____

(1) Dans ce temps le proscrit étoit rejeté, s'il occupoit des places; oublié, s'il en méritoit; mais ses jours
n'étoient pas en danger.

5. 3

toutes les plumes enchaînées ; tous les esprits
calmes, tous les cœurs indifférens, si ce n'est
parmi les hommes qui ne pouvoient se faire entendre, lorsque le consul fut, par un seul sénatus-
consulte, et sans le concours authentique de la
volonté du peuple français, investi de toute la
puissance dictatoriale. Sous cette inviolable égide
vont bientôt sortir du fond de son ame et se
répandre sur le monde ces passions de guerre
et de conquête, dont elle est tourmentée ; et qui
seront d'autant plus terribles, qu'elles auront été
plus long-temps contraintes.

2 août 1812.   Si le consulat à vie eût été le dernier terme de
l'ambition de Bonaparte, on auroit pu considé-
rer cette altération des bases constitutionnelles
comme avantageuse. Dans les circonstances péril-
leuses où se trouvoit placée la république, menacée ou combattue sans intervalle par toute
l'Europe, il lui falloit un gouvernement ferme,
stable, et pour chef suprême, un homme d'état
qui fût un grand capitaine, et, qui, jeune encore,
opposât au machiavélisme invétéré des cabinets
une politique franche, appuyée par la supériorité
de ses armes. C'étoit bien en effet la pensée de
Bonaparte, mais irrévocablement liée au pouvoir
monarchique héréditaire. Dès-lors il se crut nécessaire à l'état : orgueilleuse et déloyale prétention qu'il a inconsidérément articulée à une épo-

que de malheurs et de ruines dont il étoit la seule cause ; à une époque où il n'avoit qu'à se couvrir de l'indulgente générosité d'une nation qui lui tenoit compte de sa gloire pour_rester toujours associée à ses adversités.

Toutes les branches de l'autorité descendoient de leur rang, et se coordonnoient d'elles-mêmes avec la puissance dictatoriale dont elles avoient investi le consul : une seule s'élevoit, le tribunat. Mais, par sa destination première et par la nature de ses fonctions, il contrarioit évidemment les nouvelles institutions ; et, fanal d'opposition, il pouvoit tout-à-coup éclairer le projet du consul, retarder ou même arrêter avec succès sa marche rapide vers la toute-puissance. Les attributions indépendantes du tribunat, son titre même, si redoutable à toute orgueilleuse suprématie, ce titre qui réveille le souvenir de tant de combats et de si fameuses défaites, glaçoit Bonaparte d'effroi ; et la dissolution de cette autorité fut résolue.

Bonaparte n'étoit pas si étranger à la France, et n'ignoroit pas à tel point les préludes et les premiers événemens de la révolution, qu'il ne prévît pas quelles pourroient être, dans certaines circonstances, l'influence du titre et l'autorité d'une tribune, où la liberté de la nation et la sainteté des lois seroient invoquées. L'homme

3.

qui se proposoit d'effacer du code des nations
et des idiomes modernes jusqu'au nom de république, de courber la France sous le joug du
despotisme militaire, cette France qu'il avoit illustrée par tant de victoires, mais qui l'eût été
sans lui ; un tel homme, dis-je, devoit-il se mettre
aux prises avec un corps délibérant, dont l'éloquence étoit l'arme ; qui, du haut de sa tribune,
pouvoit invoquer les divinités du Capitole, et
montrer la roche tarpéienne à l'usurpateur?

Nous verrons bientôt le tribunat dissous, et
un conseil d'état, c'est-à-dire le consul, investi
de la proposition des lois ; nous verrons ce conseil obtenir le double déshonneur de seconder
les intentions d'un maître ; et d'hériter de la
dépouille du vaincu : nous verrons Bonaparte,
satisfait d'avoir sacrifié le tribunat, opposer la
modération à ses ressentimens, la politique aux
inspirations de la vengeance : nous le verrons
ménager l'intérêt personnel et l'amour-propre
des tribuns, appelant le plus grand nombre à
d'autres fonctions; se contentant de faire un mémorable exemple de ceux dont il avoit craint les
lumières et le courage. Quelques-uns seront
maintenus dans tous les honneurs de la disgrâce,
parce que leurs grands talens se feront remarquer
par un vertueux silence, quand les médiocres se
seront mis à prix, et que, pour racheter la faveur,

pour expier leur fidélité à la patrie, ils n'auront pas mêlé leurs accens à des vers sans poésie, à des discours sans éloquence, et leurs nobles crayons à des pinceaux adulateurs.

La constitution de l'an VIII avoit consacré la liberté de la presse, absolue, affranchie de toute entrave, comme loi fondamentale, comme garantie nécessaire de la liberté politique et personnelle. C'étoit encore une barrière que Bonaparte avoit à renverser. Il ne devoit pas moins éprouver le besoin de circonscrire pour tous les Français l'indépendance de la pensée, que pour les législateurs la liberté de la tribune. Aussitôt un parti se forme contre la philosophie: Les journaux commencent l'attaque : cent bouches soldées vomissent l'injure et la calomnie contre les philosophes passés, présens et à venir, décrient les chef-d'œuvres des premiers, ferment la carrière à leurs disciples ; mêlent, hypocrites déhontés, les intérêts du ciel à l'intérêt des passions humaines, et rabaissent au-dessous des temps barbares un siècle qui a rendu à la raison son empire, au genre humain sa dignité. Non, non, le dix-huitième siècle n'est pas seulement une grande époque pour un grand peuple, il s'élève au milieu des peuples et des âges comme une immense colonne de lumière, sur laquelle sont écrits tous les triomphes de la vérité sur l'ignorance, le fana-

tisme et les superstitions ; inévitable talisman devant lequel viendront se résoudre et se précipiter
en limons grossiers tous les systèmes fondés sur
de mystérieuses erreurs , sur l'intervention de
puissances fantastiques , et toutes ces théories politiques qui abrutissent l'homme sous un double
servage, dont l'un lui interdit l'usage de sa raison ,
l'autre l'usage de sa personne. On put pressentir
dès-lors toutes les inquiétudes , toutes les précautions de la tyrannie. Mais on s'attendoit peu à
cette loi réglementaire , qui , bientôt après ,
tournant en dérision le droit de penser et d'é-
crire, imposa au savant, au littérateur, la chaîne
d'une inquisition insidieuse et fiscale. On vit un
ministère entouré d'une légion de censeurs , au-
torisant l'impression d'un livre , l'arrêtant, le
confisquant avant la publication ; dressant des
procès-verbaux comme un impitoyable douanier, traitant comme une marchandise de con-
trebande la plus sacrée des propriétés ; et les auteurs comme des marchands qui n'ont pas payé
la patente. Mais n'anticipons pas sur ce temps de
notre spoliation politique et de notre honte.

Le consulat à vie avoit frayé à Bonaparte la
route la plus prompte et la plus sûre pour arriver
à l'empire. Les autorités publiques la lui abrégeoient bien au-delà de son attente. Si leur concours empressé n'eût pas abusé sa présomption ,

il auroit réprimé ce zèle servile ; il se fût appliqué
les leçons de l'histoire. Nul édifice n'est durable,
si les fondemens n'ont été long-temps éprouvés.
Auguste affecta un titre modeste pour consolider
lentement sa toute-puissance. L'enthousiasme,
même national, est un élan dont un chef habile
doit se défier, surtout lorsqu'un parti, son ennemi naturel, le partage. Plus toutes choses, au
dehors et au dedans, flattoient l'ambition de Bonaparte, plus il devoit redouter l'inconstance de
l'opinion et de la fortune, et fonder son droit sur
des services plus réels que ceux qu'il avoit rendus
comme général de la république. Dans ce genre
de mérite, de nombreux rivaux pouvoient se présenter et prétendre au prix que lui-même assignoit à la victoire. Le gouvernement consulaire
lui offrit tous les moyens de s'élever par le génie
et par les vertus ; et nous devons convenir qu'à
cet égard il pouvoit éminemment remplir le vœu
de la nation : un régime doux, les arts de la
paix, l'inviolabilité de nos limites, une administration réparatrice, tel étoit ce vœu. Conquérir
et rétablir l'empire de Charlemagne, c'étoit le
but que se proposoit Bonaparte ; et cette pensée
dominante absorboit toutes ses autres pensées,
occupoit seule toutes ses passions, et bornoit à
n'être que le plus grand et le plus funeste des
guerriers, celui qui pouvoit, sans presque aucun

effort, se placer parmi les grands hommes de tous les temps, et, comme consul de la république, se faire distinguer parmi les chefs des plus grands empires.

Si, après l'épreuve de la constitution républicaine, les Français, ramenés au gouvernement monarchique par leurs opinions, leurs habitudes, les convenances qui résultent de la population, de la richesse, des mœurs, des cultes, et par d'autres considérations diverses, avoient déclaré la première magistrature héréditaire, et de leurs mains relevé le trône, quel homme s'y seroit assis, aux acclamations d'un peuple heureux et libre, si ce n'est le magistrat qui auroit pacifié l'Europe, fondé la considération de la France sur sa modération autant que sur la force de ses armées; qui, dans l'intérieur, auroit renoué tous les liens de la grande famille, et rallumé dans tous les cœurs le pur et sincère amour de la patrie?

Il est donc vrai que les hommes et la fortune sembloient également favoriser l'ambition de Bonaparte. Un certain concours d'événemens, qu'on nomme *bonheur, fatalité*, faisoit imaginer au vulgaire, à Bonaparte lui-même, qu'une sorte de prédestination étoit attachée à sa personne. Cependant, il ne se croyoit pas si invulnérable sous cette égide, qu'il ne secondât pas le destin

ou la fortune par ses propres desseins, et qu'il
ne s'occupât pas sans cesse de soumettre l'avenir
à ses profondes combinaisons. Renfermé dans le
cercle étroit de dix années, le consul, pour le
franchir, avoit modéré, enchaîné sa passion des
conquêtes ; et ce court intervalle lui avoit suffi
pour obtenir, sur l'opinion publique et sur les
grands corps de l'état, l'ascendant et la confiance
dont il a tant et sitôt abusé. Il séduisoit pour corrompre ; il nous flattoit par l'espérance, afin de
nous asservir. Il modifioit la nation pour les combats, et seulement pour les combats ; et, fermant
toute autre voie à son activité, il détruisoit notre
belle harmonie sociale et ce caractère noble-
ment prononcé qui distingue les peuples libres ;
enfin il enchaînoit son impatiente ardeur pour la
guerre, afin de la satisfaire plus tard avec plus
de constance et d'éclat, bien certain que la jeunesse française sera successivement dévouée au
dieu des batailles par des sénatus-consultes,
que l'on sait d'avance être l'expression de sa
volonté.

Quel intéressant tableau nous offrit, à cette
même époque, la politique du consul ! Et pourquoi, au lieu d'être inspirée par la vertu, accordée à la justice, conseillée par les convenances,
n'étoit-elle que le prélude imposteur d'un système
d'ambition, fondé sur les bases de la corruption,

de la dissimulation et de l'imposture (1)? Maître de lui-même, et faisant à propos le sacrifice de ses ressentimens, Bonaparte rappela les Français émigrés, éteignit dans la Vendée les torches de la guerre civile, lorsqu'encore l'horrible détonation de la machine infernale retentissoit à son oreille. En stipulant les conditions de leur retour au sein de la patrie, il fut généreux, à leur égard; autant que le permettoit la justice; leur ménageant la faculté de recouvrer ce qui restoit invendu de leur patrimoine, et garantissant aux acquéreurs des domaines nationaux, qu'alarmoit toute mesure rétroactive, la solidité de leurs

avril 1802.

---

(1) Sous le gouvernement du comité de salut public, le représentant du peuple Aubri fit destituer de ses fonctions le général de brigade Bonaparte, comme anarchiste. Sous le directoire, il se prononça avec éclat contre *la conspiration de Clichy*, plus factieux que la faction qu'il menaçoit de son armée. A une époque postérieure, grand capitaine et faux républicain, il employa son influence militaire à renverser, de fond en comble, les républiques qui avoient illustré, qui honoroient encore l'Italie. En brumaire an IX, il affubla la république française de tous les titres, de toutes les dénominations.consacrées par les Romains par six siècles de grandeur et de gloire, et tout cela pour couvrir et sûrement atteindre son but, pour nous faire passer sous le joug du despotisme militaire.

transactions avec le gouvernement, et l'incommutable propriété des biens qu'ils avoient acquis
sous la garantie nationale.

Cette paix devoit avoir tous les effets d'un pacte
de famille. Cependant, en éteignant les torches
du fanatisme (et quelles sont les guerres parricides dont la religion n'a pas été dans notre
Europe la cause ou le prétexte!), elle n'éteignit
pas les fermens des discordes civiles. Ils se renfermèrent dans les cœurs; et dans ces cœurs, les
uns ulcérés par le malheur, les autres agités par
la crainte, se renfermèrent aussi les préjugés qui
avoient suscité l'émigration et les haines, qui
divisèrent de nouveau les citoyens et les familles.
La politique et la religion s'étoient embrassées;
mais de grands scandales avoient scellé cette réconciliation. Si la piété des fidèles ne paroissoit
pas s'en être offensée, la sévère raison des philosophes les avoit hautement signalés. La philosophie a plus d'affinité qu'on ne pense avec l'épiscopat, ministère de morale et de bienfaisance.
La chaire de l'une et celle de l'autre furent sœurs
aux premiers âges du christianisme. L'épiscopat,
conféré comme une condition du traité d'amnistie
à un homme qui avoit souillé du sang des hommes
les signes et les mystères de la religion, auroit
attiré sur le consul tous les anathèmes dus à l'impiété, si sa condescendance n'avoit pas été sanc-

tionnée par l'infaillible autorité du saint-siége ;
qui s'empressa, selon son antique usage, d'approuver une transaction qui consacroit son
triomphe dans une cause déjà perdue (1).

La politique de la cour de Rome ne subit pas
ces humaines variations que la politique ordinaire
des cours profanes éprouve, selon que les événemens et le caractère des princes les élèvent ou les

---

(1). Le curé Bernier, agent diplomatique du consul ; ce
même Bernier, évêque de la façon de Bonaparte, n'est-
ce pas dans l'un l'exemple de la plus impudente, dans
l'autre de la plus scandaleuse immoralité ? Le premier
jouoit la religion ; le second s'en servoit comme d'un ressort nécessaire à sa politique. Bonaparte n'ignoroit pas
que Bernier étoit devenu, par ses barbares exécutions,
par ses mœurs plus que licencieuses, un objet de mépris
et d'horreur. Les chefs de l'armée royale réprouvoient
ses fureurs, et condamnoient la publicité de ses vices.
C'est par spéculation qu'il s'étoit constitué l'apôtre de la
croisade vendéenne. Il satisfaisoit à la fois la soif de l'or,
du sang, et son insatiable luxure. Dans un mémoire
adressé à Louis xviii, Trottonier, major-général de l'armée de Stoflet, peint Bernier comme un intrigant qui
déshonore la cause du roi. Il termine son portrait par ces
mots : « Ce prêtre, qui, du sein des voluptés, conseille
« au général de se battre » : et le chef de l'église scelle
de son approbation le traité qui fait, du plus saint
ministère, le prix de l'hypocrisie et du crime. O temps !
ô mœurs !

abaissent. Habiles, méchans ou imbécilles, les
pontifes passent comme des ombres : la doctrine
reste et ne varie pas ; elle est assise sur la pierre,
comme l'Eglise elle-même ; les vérités révélées
et dogmatiques ne sont pas plus sacrées. Il n'y a
de versatile que sa morale : l'on formeroit une
longue et plaisante histoire des compositions
qu'elle a consenties sur cette matière. « Deman-
dez, et vous obtiendrez », dit l'Evangile. Ce
précepte, si paternel, si consolateur, que signi-
fie-t-il au-delà des monts? « Adorez-moi, et je
vous donnerai les royaumes de la terre. »

Tandis que Bonaparte se flattoit d'avoir rattaché
les départemens de l'Ouest à la république, il
sondoit avec une attentive sollicitude les plaies
que dans d'autres départemens la révolution avoit
faites à l'industrie manufacturière et rurale, au
commerce, à la fabrication de nos productions
nationales. La ville de Lyon, dont il connut mieux
les pertes, dont il sentit la nécessité de conserver
la supériorité industrielle, reçut du consul, à
plusieurs reprises, des secours et des encouragemens qui ramenèrent l'activité dans ses ateliers,
dans son commerce extérieur et intérieur, le crédit et la confiance. Il consola cette industrieuse
cité par sa présence ; il répara ses maux par des
bienfaits : interrogeant les chefs, s'informant des
anciennes et des nouvelles relations de Lyon avec

les provinces tributaires de ses ateliers, ces provinces où des femmes et des enfans reproduisent
chaque année les familles de l'insecte qui file
pour l'homme le globe soyeux où il s'est enseveli. Une chose bien remarquable, c'est qu'il
n'est pas de savant ni d'artiste que les questions
de Bonaparte n'aient étonné; car, par sa manière
d'interroger, il leur sembloit toujours savoir ce
qu'il vouloit apprendre. La faveur et la prédilection qu'il accorda constamment à l'industrie lyon-
naise, me porteroient à penser qu'elles se lioient
dans son esprit à sa colonisation d'Egypte, sinon
par des regrets, du moins par la conviction bien
acquise de nos propres richesses. Oui, il dut reconnoître qu'il étoit plus facile et plus utile de féconder les arts dans notre Tyr moderne, que de
faire revivre l'ancienne sur une terre que la civilisation a désertée, que la barbarie et le fanatisme
mahométan ont envahie à jamais.

CHAPITRE IV.

Son administration intérieure. Instruction
publique. Fourcroy. Codes civil et criminel.
Progrès de l'admiration et de la flatterie.
Consulat à vie. Concordat.

ARRÊTONS encore nos regards sur ces premiers
temps du gouvernement consulaire. Ils en sont
la gloire ; ils justifient les espérances que nous
avions conçues ; ils attestent ce que peut l'accord
des lois et du génie ; combien la liberté inspire
de confiance à l'industrie, au talent ; combien
elle ajoute de force et de ressort aux moyens
dont l'administration dispose pour les féconder,
et les appliquer à la prospérité générale. Le consul, présent partout, dirige sans effort toutes les
branches de cette vaste administration. Aucun
objet d'intérêt public n'est oublié, et le plus grand
capitaine semble appelé à réparer les maux de la
guerre, à faire triompher les arts de la paix.
Est-ce un sentiment pur et libéral qui prescrit à
Bonaparte d'associer, pour la même récompense
et pour les mêmes honneurs, les services civils et
militaires, les vertus du magistrat et le dévouement du soldat ? Que de philosophie et de vérité

1800.

dans cette pensée ! Nous la considérons comme
l'hommage d'un grand homme à un grand siècle,
comme le prélude d'un ordre nouveau, et notre
premier pas dans un siècle plus grand encore. Ici
le grand, c'est le beau; et le beau, ce qui est universellement utile.

Quels biens ne nous fut-il pas permis d'espérer pour la France et pour tous les peuples, quand
nous vîmes les mains de la victoire ouvrir à l'émulation des talens et du génie la carrière de l'honneur, dont le terme si rarement atteint est l'immortalité ! Dûmes-nous croire que Bonaparte aspiroit secrètement, et pour lui seul, à la toute-puissance, lorsqu'il entroit en partage de l'admiration
et de la reconnoissance publiques avec les héros
qui avoient partagé ses travaux et ses dangers?
lorsque, dans des écoles de travail et de mœurs,
il recueilloit les enfans des braves qui avoient
péri au champ de la gloire? Pieuse et patriotique
adoption, honneur des républiques, comme les
immenses hôpitaux sont le luxe des monarchies.
Lorsque, par l'institution de la légion d'honneur,
il confond tout ce qui est utile avec tout ce qui
est grand, et semble poursuivre ce qui reste dans
la masse des opinions, de préjugés, de vanités
puériles et d'orgueil barbare, devions-nous penser que bientôt reflueroient sur nous des distinctions humiliantes et semi-féodales, et qu'avec

toutes nos prospérités et nos espérances, dispa-
roîtroient en un jour l'honneur français, la liberté,
la république?

Tout ce qui manquoit à la France naît sous la
main libérale du consul. Les biens qu'elle possède s'étendent et se perfectionnent; de nombreux canaux sont ouverts au commerce intérieur, à la circulation des produits de l'agriculture et de l'industrie; et la jalouse Angleterre
cherche dans son arsenal politique par quelles
secrètes manœuvres elle traversera cette nouvelle rivalité. Les plus grands travaux sont à
peine conçus, qu'ils s'exécutent, comme si chacun d'eux étoit le seul qui occupât la pensée du
gouvernement. Le consul est présent partout,
lorsque partout on le croit à de grandes distances. Nos plus savans ingénieurs ambitionnent
également sa critique et ses éloges; ils l'entendent, et leurs ouvrages atteignent au plus haut
degré de perfection. Il commande aux mers et
aux fleuves, et la nature cesse d'opposer à ses
desseins des obstacles jusqu'alors invincibles. Les
montagnes s'abaissent, des routes sûres et magnifiques traversent le Mont-Blanc, le Simplon,
où, de loin en loin, s'offrent aux voyageurs des
hôtelleries et de pieux hospices. Les eaux de
l'Océan, tributaires de nos arts, se détachent en
ruisseaux, en rivières, se précipitent dans les

3.   4

canaux que nos mains leur ont creusés, arrosent
les terres, facilitent les échanges, apportent l'a-
bondance aux riches consommateurs de la capitale; et là, renfermées dans de vastes réservoirs,
elles se divisent pour jaillir du sein des fontaines,
servir à nos besoins, entretenir la propreté des
rues et la salubrité de l'air.

L'art manufacturier vivifie le commerce; celui-ci agit sur l'agriculture, qui, à son tour, re-
flue sur tous les travaux de l'homme, sur tous
les genres d'industrie. L'art nourricier, l'art qui
multiplie, au gré de celui qui l'exerce avec intelligence, les bienfaits de la nature, est élevé au
rang des sciences les plus dignes de fixer l'attention d'un gouvernement éclairé; l'agriculture eut
ses institutions; elle fut l'objet d'un ministère;
et des théories, fondées sur l'expérience, médi-
tées par de vrais savans, remplacent ces systèmes, prétendus économiques, qui payoient en
vaines espérances des essais ruineux et des travaux que le sol désavoue. Nous jouirions maintenant du résultat des encouragemens que reçu-
rent alors, soit à Paris, soit dans les départemens,
les hommes qui consacroient leurs veilles et leur
fortune à la recherche des méthodes les plus simples et les plus sûres, si le consulat n'eût pas en-
gendré l'empire, si le despotisme ne se fût pas
tout-à-coup assis sur un trône construit avec

les débris de la république ; si deux campagnes d'une guerre, dont nous cherchons les causes, accablés de ses effets, n'eussent pas tout dévoré, jusqu'à nos dernières espérances. Oui, nos institutions libérales, nos lois, nos mœurs, nos enfans, tout a péri ; tout languit encore, et sollicite une nouvelle culture. Les arts des cités et l'art des campagnes réclament également les soins protecteurs d'une administration paternelle.

L'instruction publique avoit subi toutes les phases de la révolution, tantôt négligée, tantôt combattue, long-temps livrée à des mains inhabiles. L'œuvre de l'assemblée constituante avoit totalement disparu, et l'on n'osoit pas revendiquer ce grand et utile bienfait. Elle sort enfin de cet état d'existence incertaine, et se relève avec éclat sous les auspices de Bonaparte, qui paroissoit encore alors rassembler et concentrer dans un seul foyer toutes les vérités, toutes les lumières éparses du dix-huitième siècle ; et ce foyer, c'étoit la république. Il s'est rarement trompé lorsqu'il a cherché l'esprit, le savoir, le vrai mérite : il n'a plus connu les hommes lorsqu'il n'a eu à choisir qu'entre les esclaves dévoués à ses passions et à ses caprices. La haine a pu feindre le dévouement. Lorsqu'il a cru compter les complices de son despotisme, il n'a dénombré que des ennemis qui l'attendoient au temps

4.

des revers, qui conspiroient avec la fortune, ou plutôt avec son orgueil et sa présomption.

Le consul confia la direction de l'instruction publique à un homme en qui se trouvoient éminemment réunis tout ce que la science donne à l'esprit de profondeur, d'étendue et de rectitude ; tout ce que l'éloquence et la saine littérature ajoutent à ces qualités, d'éclat et d'autorité persuasive ; enfin cette libéralité de raison et de principes qui conviennent à l'homme d'état, au magistrat vertueux auquel la patrie commet ses plus chères sollicitudes ; car la puissance des lois réside essentiellement dans l'autorité des mœurs ; et les mœurs, chez les grands peuples dont la civilisation est très-avancée, empruntent leur ascendant de l'accord des facultés de l'esprit et des sentimens du cœur. Les passions y sont contenues par la conviction de l'intérêt, et par la conscience des devoirs.

Fourcroy sembloit formé tout exprès pour cet important ministère. Il n'étoit pas seulement au niveau de notre siècle, il devançoit celui qui succède. Il purgeoit les méthodes consacrées à l'enseignement des préjugés qui, dès son premier développement, impriment à l'esprit d'ineffaçables erreurs, et de ces routines invétérées qui retardent ses progrès, et souvent étouffent le talent et le génie au moment de prendre leur essor. Il pensoit que l'instruction publique dans les états libres, réfléchissant de plus en plus la constitution, à chaque degré de l'enseignement, devoit former le citoyen avant l'homme de lettres, et des hommes d'état plutôt que des savans. C'est pourquoi il la confioit, avec une prédilection marquée, à des maîtres éprouvés, à des citoyens fidèles, étrangers à tout esprit de corporation, à toute doctrine désavouée par les lois. Quelle garantie en effet n'exigent pas l'état et les familles des maîtres qui les représentent, et dont les paroles arrivent à l'esprit et dans les cœurs de la confiante jeunesse, revêtues de l'autorité paternelle et de l'autorité de la loi? Quel est le plus solide appui de la liberté politique et civile? C'est l'éducation uniforme et nationale dans les états où les mœurs et la législation protègent les lumières. De toutes les influences, elle est la plus générale et la plus puissante, car elle se saisit de l'homme dès son enfance, et ne s'en sépare que pour le remettre aux mains de la patrie, capable de la servir et de se dévouer pour elle.

C'est pourquoi Bonaparte, se repentant d'avoir modelé la république d'après le type idéal et philosophique d'un gouvernement plus parfait que les républiques et les monarchies jusques alors connues, s'empressa d'altérer successivement les différentes parties de ce beau système, et d'en

affoiblir le lien. Il parloit de la république naissante, comme César avoit parlé de Rome acca-
blée du poids de sa grandeur ; et les hommes qu'il
avoit corrompus, et ceux qui le corrompoient
lui-même, répétoient à son oreille, ouverte à
toutes les séductions, que la liberté étoit un trop
lourd fardeau pour un peuple léger et frivole ;
que les Français aspiroient à se remettre sous le
joug, pourvu qu'il fût ombragé des lauriers de
la victoire (1).

_____

(1) Donnez au peuple le plus léger et le plus frivole
des institutions graves, une constitution libérale, et
bientôt il aura des mœurs sévères, un caractère national. Plusieurs écrivains, particulièrement celui qui s'est
récemment distingué par le talent de justifier dans un
temps des systèmes et des opinions qu'il a combattus
dans un autre, ont savamment démontré les vices de
la constitution de l'an VIII. Ce n'est pas dans la constitution même qu'il faut chercher les causes de la marche
rétrograde de la liberté, et de la marche progressive de
la magistrature consulaire ; mais dans l'âme de Bonaparte, mais dans la dépravation de quelques hommes
admis dans sa plus intime confiance.

Sans doute les rédacteurs de la constitution de l'an
VIII n'avoient pas, à dessein, entravé l'exercice de l'autorité législative, et préparé cet état de nullité qui la
devoit placer sous la pesante main d'un chef d'armée.
L'esprit public, que n'agitoient plus des factions contraires ; la volonté fortement prononcée par la nation

C'est surtout par les faveurs et la protection
qu'ils accordent aux écoles et aux maîtres, ou
par la gêne et les obstacles qu'ils opposent aux
progrès de l'enseignement, à la propagation des
vérités utiles, que les chefs des gouvernemens
manifestent des vues droites et libérales, ou qu'ils
révèlent, malgré le voile dont ils se couvrent,
leurs projets ambitieux, leur dessein d'enlever à
l'opinion publique le flambeau qui la dirige, aux
lois elles-mêmes l'appui de cette autorité morale,
de cette raison universelle qui résulte de la libre
circulation des lumières. Qui pût se méprendre

---

de se reposer enfin, libre et pacifiée, sous l'empire des
lois, auroient suppléé à tout ce que la constitution renfermoit de défectueux, si les premiers magistrats, si
quelques délégués du peuple, si le consul, n'eussent
pas formé comme un foyer de secrètes et perpétuelles
conspirations contre la liberté publique, et, dans le cas
de résistance, contre la liberté individuelle. Toute constitution est bonne, tandis que le prince est populaire,
et le gouvernement libéral; mais quelle garantie offre
aux peuples la constitution la plus parfaite, si le ministère et le prince trament leur oppression et leur servitude? Que vouloit le consul? Une nation de soldats.
Pourquoi ces soldats? Pour comprimer tout sentiment
de liberté; pour fonder, sur les ruines de nos premières
et de ses propres constitutions, l'absolu, l'effréné despotisme des gardes prétoriennes. Une nation parfaite-
ment libre seroit celle qui pourroit se passer d'armée.

sur les secrètes intentions de Bonaparte, s'il le compara à lui-même aux premiers et aux derniers jours de sa magistrature consulaire?

Code civil décrété le 13 janvier 1804. Ce même esprit d'envahissement des pouvoirs se fait remarquer dans la rédaction des codes civil et criminel. Bonaparte en avoit en quelque sorte dicté les principales dispositions, celles où s'enveloppoient les élémens d'un ordre nouveau, et qui nous y préparoient. Tenant pour accompli le plan de conquêtes qu'il avoit résolues, il régloit arbitrairement la jurisprudence des nations, ainsi que Justinien, qui compiloit à Rome des lois pour l'empire du monde, avec cette différence que l'empereur romain effaçoit des démarcations humiliantes pour des peuples anciennement conquis, et que Napoléon humilioit d'avance ceux dont il avoit fait ou projetoit la conquête. Justinien traitoit en Romains des barbares; et Bonaparte se promettoit de réduire des nations indépendantes et généreuses à la condition de prolétaires ou d'affranchis. Le premier interrogeoit les mœurs, les coutumes, la diversité du caractère et du climat; concilioit avec l'autorité suprême les intérêts de chaque peuple, ses préjugés, ses superstitions. Le second confondoit toutes ces diverses considérations sous le joug uniforme du despotisme militaire.

Bonaparte pouvoit déjà marcher au pouvoir

avec moins de dissimulation et de contrainte. La
loi s'inclinoit devant lui, et le législateur tom-
boit à ses pieds; les premiers corps de l'état riva-
lisoient de prévenances; ils lui montroient le
trône, et le sollicitoit de s'y asseoir; ils lui promettoient des armées et des conquêtes, c'est-à-
dire, une nation de soldats et des nations ravag-
gées et soumises. Aussi peut-on dire que le consul
fut moins entraîné par sa passion, qu'il ne céda
à l'importunité, lorsqu'il posa la couronne de
Charlemagne sur sa tête. Nous le verrons bientôt
imposer comme un joug aux nations du nord et
du midi de l'Europe, le code Napoléon (1), le

_____

(1) Un homme qui, après avoir long-temps honoré,
par ses talens, son savoir et son caractère, le barreau
de Paris; s'être fait distinguer par ses utiles travaux
dans la première assemblée nationale; avoir encouru
dans la session conventionnelle la haine et presque la
réprobation des factions et des tyrans; avoir rempli,
sinon avec éclat, du moins avec dignité, le ministère de
négociateur de la paix au congrès de Rastadt; avoir
illustré la présidence de la première des cours souve-
raines; qui, après avoir, dans le conseil d'état, préparé,
commenté, recueilli et modifié, selon le temps, les convenances et nos institutions politiques, nos lois anciennes et modernes, notre jurisprudence civile et criminelle, a attaché le souvenir de son nom et de ses
services aux codes qui régissent le peuple français; un

système douanier de la France, les droits réunis
et la conscription militaire, cortége odieux d'une
domination abhorrée. Ce recueil de nos lois, ces
réglemens, dernier terme de la tyrannie fiscale,
ce recrutement en masse de toute la jeunesse de
l'empire, convenoient donc dans sa pensée à
tous les états, quels que fussent le gouvernement
et le régime. Il avoit donc prémédité de régner
en despote sur l'Europe savante, sur cette noble
portion de l'humanité que la nature a plus spécialement favorisée, sur cette famille de peuples
qui, tous, en perfectionnant leur intelligence,
rendent un égal hommage à l'intelligence divine,

---

tel homme a marqué sa place dans les annales de la
France. Si j'ose, à son égard, devancer le jugement de
la postérité, c'est avec la conviction de n'être pas désa-
voué par elle. Treilhard, sa vie, ses travaux, appar-
tiennent à l'histoire de sa patrie : l'honneur d'y figurer,
sans autre titre que son nom, ne lui sera pas contesté.

Je l'ai vu dans sa vie privée, cet austère Treilhard;
je l'ai vu premier magistrat de la république : là, bon
époux, père tendre, ami sincère; ici, accessible à tout
homme de bien, inabordable aux hommes *trop habiles*,
aux femmes *trop célèbres*.

Si jamais les auteurs et les motifs du décret qui frappa
de nullité l'élection de ce magistrat à la dignité directoriale, sont connus, on saura quel imperceptible mobile a pu opérer la longue série de nos malheurs et de
nos révolutions.

et qui s'avancent à la plus libérale civilisation avec un admirable accord de principes, comme si la guerre, en même temps qu'elle dévore les armées, respectoit les lumières de tant de nations et l'antique lien de l'association européenne.

Dans l'intérieur de la république, la séduction et l'admiration sont à leur comble. La nation résignée s'abandonne au mouvement qu'ont imprimé à l'opinion publique les premiers corps de l'état ; les journaux, l'autorité littéraire des académies. Elle vote par acclamation le consulat à vie, proposé par le corps législatif sans discussion préliminaire. On n'examine pas quelles peuvent être les conséquences du consulat à vie, décerné avant l'expiration du consulat décennaire ; et la nation souscrit avec *enthousiasme*, sur la foi du vote individuel, nécessairement infidèle, à son asservissement, à sa honte, à l'obligation de conquérir des royaumes pour une nombreuse famille ; dont l'étroite existence dans une île, récemment émancipée, n'étoit rien moins qu'un titre à une aussi haute vocation.

Bonaparte va fixer, sous d'autres rapports, l'attention du monde. Un grand intérêt occupe la sienne ; il faut que les cultes soient en harmonie avec les lois pour mériter d'être protégés par elles, et pour que l'influence morale des cultes seconde l'action des lois. Le judaïsme, persécuté

1800.

Cultes, 1802.

de siècle en siècle, flétri sous les derniers règnes
par une dédaigneuse tolérance, prend son rang
parmi les religions de l'état, et les Juifs parmi les
Français. Le gouvernement assigne des temples
aux religions réformées, et les ministres protes-
tans sont placés sur la même ligne que les prêtres
et les pontifes du culte romain. L'autorité publique n'a eu besoin que d'elle-même pour ac-
complir à cet égard le vœu de l'humanité et de
la philosophie. Ici tout est raison, justice et bienfait. Mais la profession du culte catholique prescrit d'autres ménagemens, et impose aux souverains des obligations que la raison peut bien
ne pas avouer, mais que le temps a consacrées.
Ce culte reconnoît deux chefs, dont les maximes
sont contraires, ainsi que leurs intérêts. Il est difficile d'accorder la politique de l'un avec la doctrine de l'autre. Cependant cette grande négociation se terminera au gré du pape et du consul,
sans que le traité ou concordat renferme aucun
privilége, aucun droit de domination en faveur
du souverain pontife.

Qui ne s'est pas permis, à cette époque, de
scruter les opinions et la pensée de Bonaparte,
en matière de religion? On lui supposoit à la fois
une crédulité superstitieuse et une philosophie
indépendante de tout sentiment religieux; et l'on
ne se souvenoit plus qu'il avoit feint l'islamisme

en Égypte, que pour en conclure qu'il jouoit la religion. Cette conséquence n'étoit ni juste ni vraie. Le consul agissoit en politique habile. S'il paroissoit reconnoître, comme des droits, d'anciennes prétentions, il fortifioit de tout l'ascendant des préjugés l'autorité consulaire, et par des sacrifices pénibles sans doute, mais commandés par la nécessité, il mettoit fin aux divisions qui, après avoir fait verser des torrens de sang, continuoient d'agiter l'église gallicane et de troubler la république.

Dans les négociations ordinaires avec des puissances alliées ou ennemies, les victoires passées du consul, la confiance et le dévouement de ses armées, abrégeoient les débats, aplanissoient les difficultés. D'une part, l'antique vaillance, le préjugé de l'honneur, qui n'étoit plus un privilége de la naissance, et des passions nouvelles, inspiroient le désir des combats, l'ambition des grades supérieurs et des distinctions militaires. De l'autre, on craignoit la guerre et de plus grades revers. Mais les querelles que suscite la cour de Rome et les obstacles qu'elle oppose à la puissance temporelle, sont à l'épreuve du canon et ne cèdent pas à la force des armes. Le pape est pour les princes catholiques plus, ou, si l'on veut, autre chose qu'une puissance; car, en traversant des temps obscurs et des siècles barbares,

la papauté s'est arrangée de telle sorte, qu'elle
cerne en tout sens le pouvoir des princes, qu'elle
le combat ou le partage, qu'au besoin elle se fortifie contre eux de toute la résistance des préjugés, de l'arme du fanatisme, et de l'autorité du
Dieu qu'elle représente. Philippe II fomentoit
nos troubles, soudoyoit la ligue et les seize ; mais
Sixte-Quint commandoit les crimes ; mais Rome
avoit aiguisé le poignard qui vengea l'assassinat
du duc de Guise, et celui qui priva la France du
bon roi. Et le successeur de Sixte, Pie VII, dont
notre pitié généreuse couvre les imprudences et
les fautes, ne s'est-il pas humilié de nos jours devant une puissance qui méconnoît celle du pape ?
N'a-t-il pas été protégé par une nation hérétique
qui, chaque année, dans un auto-da-fé national,
livre aux flammes son effigie ? Ainsi les plus singulières contradictions sont quelquefois des ressorts puissans par lesquels se balance, se maintient ou se rétablit le système général de la
politique européenne. Cette observation est également applicable au système général des choses
humaines. L'ordre moral naît des contrastes et
des oppositions. La nature seule est toujours
conforme à elle-même.

Si le temps, les circonstances et le but de son
ambition l'eussent permis, Bonaparte auroit traité
avec la cour de Rome, à la manière d'Henri VIII,

de Gustave - Adolphe, et de la confédération
d'Ausbourg. Les expédiens les plus prompts,
les plus impétueux convenoient à ses desseins
comme à son caractère. Mais il sentoit la nécessité de faire concourir, avec l'admiration et la
faveur dont il étoit l'objet, l'influence de la religion et l'empire que le chef de l'église exerce
sur l'imagination de la multitude. Ce fut assez
de cette prévenance envers le pape; elle livra
son secret à l'indiscrétion des hommes qui s'étudient à deviner ceux qui leur commandent.

Ainsi Bonaparte se faisoit un moyen de l'obstacle même qu'il étoit le plus difficile de vaincre;
et cette modération étoit dans un tel homme une
extrême sagesse. Il déploya dans ces circonstances
toutes les ressources de la doctrine de Machiavel.
Disciple de cet habile et dangereux politique, il
laissa bien loin derrière lui, non-seulement le
maître, mais l'école même où celui-ci avoit
composé le modèle idéal du prince. La cour
de Rome avoit été l'école de Machiavel. Cette
cour romaine s'étonna, s'inclina devant l'homme
du destin, comme si elle avoit cessé d'être l'organe de la providence, l'arbitre des rois, la suprême dispensatrice des humaines destinées. L'ascendant du consul triomphe, l'orgueil de la
tiare rend hommage au magistrat de la république, et le pontife compte de bonne foi sur

la protection du consul qui, en la promettant, le subordonne à ses hautes pensées, lui impose la nécessité de servir son ambition, qui, pour dernier résultat, résout l'envahissement du royaume temporel du saint-siége, et la translation dans sa capitale du siége pontifical et du pape, dégradé et asservi.

Bonaparte n'étoit que le fragile magistrat d'une démocratie, lorsqu'il se promettoit d'arracher de ses antiques fondemens le siége pontifical, dominant encore sur les peuples et sur les trônes, et de venger la royauté, après avoir reçu de Pie VII l'onction royale dans l'église métropolitaine de Paris. Tout ceci est en opposition avec l'esprit, les opinions, les lumières et la politique du siècle; et tout s'exécute sans obstacle.

Juillet 1801.

Le concordat est signé; et, sur la foi de cet acte imposant qui prescrit aux Français une plus passive obéissance, à l'Europe étonnée plus de circonspection, Bonaparte reprend le cours de ses expéditions guerrières; il peut maintenant franchir, sans danger, l'intervalle qui sépare la dictature consulaire du trône impérial. S'il hésite, c'est pour acquérir de nouveaux droits, et pour ajouter un plus grand lustre à l'éclat de ses premières victoires. L'Italie est encore le théâtre d'une nouvelle guerre entre la France et l'Autriche. La supériorité de la France, son influence politique et l'accroissement de son territoire furent consignés dans le traité de Lunéville, dont les clauses servirent, en quelque sorte, de préliminaires au traité d'Amiens. Le retour de la paix ne consola pas long-temps l'Allemagne, l'Italie et la France. Dans cette dernière négociation l'Angleterre étoit partie principale. Elle accordoit aux circonstances des conditions que d'autres circonstances lui permettroient d'éluder. La paix d'Amiens ne fut qu'une trève concertée entre les puissances ennemies de la France. La joie publique ne se montra que mêlée à de tristes pressentimens. Les avantages que la France obtint par le traité d'Amiens furent considérés avec quelque raison comme des concessions forcées, dictées par la nécessité. Les parties contractantes, en signant la paix, restèrent dans des dispositions hostiles; et le consul, plus que tout autre, dans une attitude menaçante (1).

1802.

(1) Le traité de Lunéville, conclu le 9 février 1801, confirma les concessions stipulées en faveur de la France dans celui de Campo-Formio. L'empereur céda en outre à la république française tout le pays situé sur la rive gauche du Rhin, depuis l'endroit où ce fleuve quitte le territoire helvétien jusqu'à celui où il entre sur le territoire batave. Il reconnoît l'indépendance des républiques batave, helvétique, cisalpine et ligurienne; indé-

3   5

pendance que méconnoîtra bientôt celui qui force l'empereur d'Autriche à la consacrer par un traité solennel.

Par le traité de paix conclu à Amiens, entre la république française, la république batave, l'Angleterre et l'Espagne, les possessions conquises par l'Angleterre sont restituées à la France et à ses alliés; mais la Grande-Bretagne reste maîtresse de l'île de la Trinité, et des places fortes qui ont appartenu à la Hollande dans l'île de Ceylan. Celle de Malte est rendue à l'ordre de Saint-Jean de Jérusalem, et déclarée indépendante.

CHAPITRE·V.

Expédition de Saint-Domingue. Préparatifs contre l'Angleterre. Camp de Boulogne. Considérations générales sur le gouvernement consulaire.

Tel étoit l'irrésistible ascendant du consul que, dans toutes les circonstances, il put vouloir, sans opposition, exécuter, sans obstacle, les entreprises les plus hautement condamnées par l'opinion publique. Personne ne posséda au même degré cette audace qui s'empare des événemens, les interprète, les oppose avec l'appareil imposant de l'autorité dictatoriale au jugement des hommes, et les fait servir à l'accomplissement d'un vaste dessein. Dans toutes ses entreprises, l'œil fixé sur le but, Bonaparte ne tint jamais compte de ce qu'il feroit verser, pour l'atteindre, de pleurs et de sang.

L'expédition d'Egypte avoit fait, à la république, des plaies qui saignoient encore, lorsque le consul manifesta, par d'immenses préparatifs de forces de terre et de mer, la résolution de rattacher à la France l'île de Saint-Domingue, révolutionnée par ces mêmes noirs qu'elle

Expédition de Saint-Domingue 1801.

Janvier 1802.

5.

avoit rendus à la liberté. Il représentoit cette dé-
termination comme un devoir que l'honneur,
l'intérêt de notre commerce et la politique imposoient au gouvernement. Mais l'opinion publique accueilloit mal les raisons apparentes d'une
entreprise dont on cachoit vainement le vrai motif. La guerre atroce que l'invasion de l'Egypte
avoit allumée, la ruine totale de notre marine,
une florissante armée, ancienne d'honneur et de
gloire, fondue eñ peu de mois sous un ciel et
sur un sol embrasés, étoient encore présens à
notre mémoire.

Nous étions prémunis contre ces expéditions
hasardeuses, dont le motif n'étoit rien moins
que patriotique.

L'expédition de Saint-Domingue répandit l'effroi dans toute la France, même une sorte d'horreur. L'armée elle-même calcula, prévit toutes
les chances ; et, si elle ne s'en étonna pas, elle
recula moins encore devant le danger.

Les improbateurs disoient hautement qu'elle
avoit pour objet principal de purger la France
de tout ce qu'elle renfermoit encore d'énergiques
républicains. On représentoit ceux-ci comme des
victimes que Bonaparte exigeoit pour sa propre
sûreté et pour affranchir son ambition de l'obstacle qu'il avoit le plus à redouter. En un mot,
on l'accusoit de la perfide intention de déporter

des Français dont la présence importunoit ses vues secrètes, et de se servir d'eux pour remettre en sa possession la plus riche de nos colonies (1).

(1) L'armée avoit déjà subi, sous le gouvernement consulaire, de nombreuses réformes. *L'épuration* atteignoit également la toge et les armes. Ces invincibles légions, que l'Europe nommoit *républicaines*, dissoutes et réorganisées sous d'autres chefs, recevoient une direction plus conforme à l'esprit qui dirigeoit la marche du chef de l'armée et de l'état. On voyoit, dans la capitale, s'accumuler des officiers de tout grade, qui, fiers du motif de leur destitution, autant qu'affligés de leur oisive existence, luttant contre la pauvreté, supportant le dédain et l'espèce de réprobation dont ils étoient frappés, n'aspiroient qu'à se dévouer de nouveau pour la patrie.

Le magistrat d'une république, qui se propose d'en être le tyran, craint les hommes qui l'ont servie; et s'il désespère de les corrompre, ou si leur gloire les place si haut qu'il ne puisse les avilir, il les traîne à leur perte en les transformant en conspirateurs.

Depuis qu'un affranchissement prématuré avoit brisé la chaîne des noirs, cette chaîne que par degrés il falloit détendre et laisser tomber de leurs mains, la colonie de Saint-Domingue offroit l'aspect d'un repaire habité par des bêtes féroces. Victimes eux-mêmes d'une philantropie poussée jusqu'au fanatisme, et privés du bienfait d'une éducation qui les eût préparés au régime social, ils ne surent qu'abuser de leur liberté, parce qu'ils n'en avoient pas le sentiment, parce qu'ils n'en

Le génie de Bonaparte ne reposoit pas; il exerçoit, par tout ce que la gloire offre d'appas à

connoissoient ni le principe ni les limites; elle fut dans leurs mains une arme qu'ils tournèrent contre eux-mêmes, après avoir assouvi la rage qui les animoit contre leurs maîtres. Ce passage des vengeances à la plus effrénée anarchie avoit été vainement prévu. La lutte des passions, des partis, des factions qui naquirent de leurs barbares discordes, avança jusqu'à un certain point, dans ces hommes nouveaux, le développement de leur intelligence. Sans civilisation, ils reconnurent des droits et des devoirs; sans morale, ils se soumirent à des lois; et, jaloux par instinct de leur indépendance, ils marchèrent et combattirent sous des chefs par nécessité. Ainsi, dans toutes les races humaines, commença l'ordre politique et social. C'est pourquoi les hommes de couleur, nourris, instruits parmi les blancs, s'élevèrent rapidement au-dessus des hordes africaines, qui, ayant perdu, sous une discipline plus que sévère, l'innocence des passions, n'avoient rien acquis, si ce n'est les vices de la servitude, et surtout l'art de les opposer avec adresse à la cupidité, à l'avarice, à la luxure de leurs maîtres. Parmi ces colons de couleur, il en est qui ont réuni à beaucoup d'intelligence un caractère ferme et résolu, une bravoure imposante, une tactique indiquée par les localités et le climat, et cette éloquence de sentiment et d'images qui captive infailliblement les hommes de la nature. Toussaint Louverture, noir d'origine, et né dans l'état servile; Toussaint, qui jeta dans la colonie de Saint-Do-

la valeur, l'activité de l'esprit français, fixoit sa
légèreté, lui imprimoit son propre caractère. Il

---

mingue les fondemens d'une association politique d'après
le modèle de nos propres institutions, s'offre comme
une exception à la règle commune.

On savoit en France que les noirs obéissoient à Toussaint Louverture, et que cet homme extraordinaire exerçoit l'autorité civile et militaire. La supériorité de ses
talens étoit généralement reconnue, et les colons blancs
eux-mêmes attestoient que lui seul pouvoit rétablir
l'ordre, remettre en vigueur la culture, et garantir leurs
propriétés; ils s'accordoient tous à dire que Toussaint,
prudemment ménagé, conserveroit pour la France l'île
de Saint-Domingue, et la préserveroit désormais de la
sanglante anarchie où l'avoit entraînée l'abus de la liberté. Jusqu'en 1799, le gouvernement avoit vu ses intentions mal remplies, et ses espérances trompées par
l'impéritie, la rivalité et l'avarice de ses commissaires,
les uns augmentant le désordre par l'exagération de
leurs principes, les autres exploitant pour leur compte
la colonie, et la désertant avec leur proie.

Au mois de septembre 1799, le directoire apprend
que Rigaud, à la tête d'un parti, a pris les armes contre
Toussaint, pour protéger les colons qui restent attachés
à la république. Les noirs abandonnent de nouveau
leurs ateliers, et le gouvernement est joué par un ambitieux incapable de le servir.

Cependant Toussaint Louverture songe à régulariser
son gouvernement, et à déposer les faisceaux de sa
dictature. Il rédige une constitution républicaine, qu'il octobre 1801.

étoit, au sein de cette nation française, aussi généreuse qu'imprévoyante, et susceptible de toutes

---

envoie à l'approbation du gouvernement, revêtue de
l'acceptation des habitans de Saint-Domingue, réunis
en assemblées primaires. Cet acte étoit un grand pas
vers la civilisation, un grand exemple pour toutes les
colonies. Celui qui maîtrisoit ainsi les passions ardentes
et capricieuses des noirs, et qui plaçoit sous la garantie
des lois, sous la protection même de la mère-patrie, les
colons blancs et leurs propriétés, devoit s'attendre à la
reconnoissance, à l'appui de l'autorité suprême, plutôt
qu'à son animadversion. Au jugement des hommes sages
et des vrais philantropes, la conduite de Toussaint accordoit les intérêts de la France avec le vœu et les droits
de l'humanité.

Parmi les hommes qui ont conseillé de traiter avec
Toussaint dans l'intérêt de la république, on doit citer
M. Vincent, officier très-distingué dans l'arme du génie.

Mais Bonaparte, premier consul de la république, la
gouvernoit alors en dictateur. Sa fierté s'offensa du parallèle que sembloit établir un misérable affranchi, entre
le chef suprême de la France et l'usurpateur d'un pouvoir exercé sur des esclaves. Il résout de punir cet
étrange législateur de Saint-Domingue, comme rebelle
et coupable de haute trahison; et, plein de ses ressentimens, oubliant à quels malheurs il livre les colons
blancs, ne calculant pas les chances funestes d'une invasion qui seroit infailliblement contrariée par l'Angleterre, il en fait tous les apprêts avec une célérité et
une ostentation que condamnent également la raison et

les sortes d'enthousiasmes, comme cette ame universelle qui pénètre toutes les parties de l'uni-

---

la politique. Une armée navale appareille et sort de nos
ports le 16 décembre 1801, sous les ordres de l'amiral
Villaret; le 5 février suivant, elle entre dans la rade
du Cap Français; le même jour, l'armée commandée
par le général Leclerc, beau-frère du consul, débarque,
se déploie, malgré le feu des hommes de couleur, s'empare des forts, et prend des positions.

Une révolution rapide s'opère dans l'esprit et le cœur
de Toussaint Louverture. Tout ce qu'il a acquis d'idées
politiques et morales durant sa douce administration
et dans l'exercice de sa magistrature, s'efface; ce n'est
plus qu'un Africain rendu à sa férocité naturelle. Ne
respirant que la vengeance, il commande l'incendie de
la ville du Cap, le bombardement de la flotte, et le mas-
sacre de tous les blancs. Eteindre les flammes qui dévorent les vaisseaux, les habitations et les cités, telle
est la première épreuve à laquelle sont appelées nos
braves légions.

L'affranchi qui a commandé ne consent plus à obéir;
et c'est par la même raison que l'esclave, devenu libre
et chef d'atelier, est un impitoyable tyran pour ses anciens compagnons d'infortune. N'étendons pas plus loin
cette affligeante observation.

Cependant des proclamations qui promettent le par-
don au repentir, l'indulgence à l'erreur, circulent dans
la colonie. Le consul, qui avoit prévu le premier effet
de l'apparition subite de la flotte et de l'armée, déguisoit
ses ressentimens. Dès son entrée dans l'île, le général

vers. Pour accélérer sa marche et les progrès de
sa puissance, qu'il ne prend plus aucun soin de

Leclerc fait remettre à Toussaint une lettre ; par laquelle
le consul lui témoigne, dans les termes les plus honorables, la reconnoissance de la nation et son estime
particulière. S'adressant à la fois à l'amour-propre et à
l'amour paternel, il lui disoit : « Je remets dans vos
bras vos enfans, comblés des bienfaits du gouvernement, et capables, par l'éducation libérale qu'ils ont
reçue, de seconder un jour vos efforts pour le rétablissement de la subordination et de la culture. » La première émotion est toute entière pour la nature. Toussaint, attendri, embrasse ses enfans, les presse dans
ses bras ; on peut croire un instant que le père désar-
moit le chef des rebelles. Tout-à-coup le sacrifice qu'on
exige en échange de ses fils s'offre à sa pensée ; il se
dégage d'eux, repousse leurs caresses, et s'abandonne
à sa destinée.

Les succès se balancent ; mais ceux qu'obtient l'armée française sont achetés par des pertes de jour en
jour plus difficiles à réparer, tandis que le gouvernement
britannique ne cesse d'approvisionner les rebelles de
munitions, d'armes et de subsistances. Chaque victoire
des Français ouvre une nouvelle plaie, que la malignité
du pays envenime et rend incurable ; chaque conquête
leur découvre plus prochaines les maladies, la famine,
leur entière destruction.

Le 11 mai 1802, la fortune semble se déclarer en faveur du général Leclerc. Soit par jalousie de pouvoir,
soit par l'effet d'une négociation secrète, Christophe se

déguiser, il aigrit nos ressentimens contre le
peuple anglais. Il nationalise ce vœu d'extermi-

---

livre avec les troupes qu'il a sous ses ordres; et cette
défection inattendue oblige Toussaint lui - même à se
soumettre. Les approvisionnemens de toute espèce,
ainsi que l'artillerie, passent au pouvoir de l'armée
française.

A l'exemple de son chef, le général Dessalines li-
cencie les noirs qu'il commande, et souscrit la capitulation.

Un mois s'étoit à peine écoulé, que Toussaint, libre
sur la foi d'un traité solennel, n'ayant ni la volonté ni
les moyens de recouvrer le pouvoir dont il s'étoit dépouillé, est arrêté, chargé de fers et conduit en France.
Il méditoit, disoit-on, de nouveaux soulèvemens dans
la colonie, lorsque encore on déposoit chaque jour l'artillerie et les armes de ses corps d'armée, dans les forts
occupés par les Français.

C'est dans ces circonstances que le général Boudet,
aussi zélé citoyen que vaillant militaire, est chargé de
dépêches pour le consul. La France apprit, avec une satisfaction qui ne fut qu'éphémère, que la colonie, soumise aux lois de la métropole, commençoit à éprouver
les bienfaits d'une restauration qui s'étendoit de jour
en jour par le retour des noirs à leurs travaux agricoles,
et par la sécurité des propriétaires et des commerçans.
Une crainte se mêloit cependant à la joie publique. Le
général Boudet ne laissoit pas ignorer que des fièvres
pestilentielles s'étoient manifestées dans l'armée, et que
le climat commençoit à exercer sur nos troupes sa funeste influence.

nation qu'il a formé contre cet éternel ennemi de la France. Il demande, il obtient que nous

---

C'est alors que celle du cabinet britannique se montra plus active. Le caractère inconstant, léger et turbulent des noirs; l'ambition des hommes de couleur, stimulée par une aussi puissante protection, étoient des élémens qu'il lui étoit facile de mettre en fermentation. Dessalines, qui calculoit nos pertes, qui spéculoit sur les malheurs publics, prête l'oreille aux promesses des Anglais. Aussitôt il reçoit des munitions, des armes et des vivres, rallie à lui tous les partis, arbore de nouveau l'étendard de la révolte. Le général Leclerc avoit payé de sa vie son dévouement pour le consul; presque toute l'armée avoit subi le même sort, mais avec la consolante idée de s'être dévouée pour la patrie. Le brave et sage Ferrand en rassemble les foibles débris, les concentre, et attend, dans la partie espagnole de Saint-Domingue, les renforts qui lui ont été annoncés. Il les reçoit, reprend l'offensive, et rejette Dessalines, après lui avoir fait éprouver de nombreuses défaites, loin des places et des lignes où les Français s'étoient fortifiés. Le 16 octobre 1806, Dessalines, chargé de crimes et d'infamies, est massacré par ses propres soldats, qui mettent à leur tête Christophe, de tous les prétendans le plus agréable aux Anglais, le plus implacable ennemi de la France.

De nouvelles rivalités déchirent la malheureuse colonie de Saint-Domingue; les noirs se vendent à de nouveaux chefs, et ceux-ci aux ennemis de la France. Péthion se montre, avec des forces imposantes, au mi-

lui rendions enfin haine pour haine ; et que,
dans une lutte directe contre la fière Albion,

---

lieu de tant de scènes d'horreur, et dispute le pouvoir à
Christophe. Mais il importe de remarquer que Toussaint
avoit gouverné la colonie pour la conserver à la France,
et que chacun de ses successeurs a traité avec l'Angleterre pour s'en rendre le dominateur et le maître. Toussaint avoit reconnu sans détour la suprématie de la métropole, et voulu, par des transactions constitutionnelles, intéresser le gouvernement et le commerce à la
prospérité de la colonie. Tout autre, après lui, ne fut
ou n'est encore qu'un transfuge, un ennemi, un agent
mercenaire de la Grande-Bretagne..

Et cependant quel a été le sort de ce Toussaint Louverture, si supérieur à sa race, modérateur des noirs,
et bienfaiteur des colons blancs tant qu'il lui fut permis
de l'être. Mais un crime inexpiable le dévouoit à la haine
du consul. Il s'étoit permis de le copier, de le singer en
quelque sorte, et de calquer sa république sur la république consulaire.

La politique ordinaire du consul, amalgame confus
de la foi punique, des maximes de Machiàvel, et de la
doctrine pontificale des Grégoire, des Sixte, des Jules,
avoit dicté ses instructions et sa conduite au général
Léclerc. Sous l'apparence de la conciliation et des égards,
il lui fut facile de surprendre la confiance de Toussaint,
qu'abandonnoient ses compagnons d'armes, séduits eux-
mêmes par de fausses promesses. Toussaint, pris au
piége, saisi, transporté en France avec ses enfans, instrumens et victimes de cette insidieuse manœuvre, a

nous embrassions, dans notre cause, celle de l'humanité, et les intérêts de tous les peuples navigateurs. Car l'empire exclusif des mers est à-la-fois une violation de tous les droits des peuples, une offense qui leur est commune.

L'invasion de l'Angleterre est résolue, et les préparatifs d'une descente se font avec une étonnante célérité. Des armées nombreuses couvrent nos côtes; elles s'enflamment à la vue des côtes de la Grande-Bretagne, et pressent par ce cri : *L'Angleterre! l'Angleterre!* le jour, l'heure du départ. Elles en prévoient toutes les chances, excepté celle du danger.

Il ne m'appartient pas de prononcer sur l'entreprise elle-même, et moins encore sur les moyens d'exécution qui, après des avis et des conseils divers, parurent préférés par le consul.

---

terminé sa vie dans une obscure prison; et la fin si prompte de cet homme, jeune, robuste, persuadé que sa justification seroit entendue et ses services reconnus, le mystère qui l'a enveloppée, le silence ministériel qui l'a suivie, tout semble accuser le gouvernement de l'avoir commandée, pour prévenir des révélations qu'une éclatante procédure rendoit inévitables. Quoi qu'il en soit, cet homme disparut, comme s'il n'eût jamais été compté parmi les hommes. L'histoire le réclame aujourd'hui. Ainsi que tant d'autres, il sortira de sa tombe pour être à son tour l'accusateur de celui dont il fut la victime.

Quant au succès de la traversée et du débarquement l'opinion générale, et celle des hommes
de mer les plus expérimentés, se partagèrent au
point de paroître, aux uns, possible et même facile, aux autres, très-incertain et même impossible. Personne ne doutoit que, le débarquement
des troupes étant heureusement effectué, l'île ne
fût conquise, et que le gouvernement n'allât sur
ses vaisseaux chercher un asile et un empire
dans l'Inde. Une troisième opinion se forma des
deux autres, et les balança. On crut que le projet
d'une descente en Angleterre étoit simulé, et
qu'étant réellement un sujet de terreur pour
l'Angleterre, elle obligeoit son gouvernement à
concentrer ses forces et à calmer les inquiétudes
de la nation par des sacrifices de plus en plus
nuisibles à son commerce (1). Il est du moins

---

(1) Le caractère du consul repousse cette opinion. Un
tel homme ne feignoit pas lorsqu'il projetoit une entreprise audacieuse ; ce qu'il vouloit, il le jugeoit possible.
Son génie le poussoit aux obstacles que l'opinion commune
tient pour insurmontables. Sa résolution d'envahir l'Angleterre, déterminée par des motifs divers, l'étoit surtout
par l'impossibilité presque démontrée du succès. Bonaparte méprisoit le sens commun ; il en contrarioit, avec
une puérile vanité, les jugemens, et ne faisoit point cas
de l'expérience. Cependant, en supposant la traversée
et le débarquement heureusement opérés, ne restoit-il

certain que la supposition de dix chances favorables à l'Angleterre , contre une qui le seroit à
Napoléon , suffisoit pour répandre l'alarme et la
terreur dans cette orgueilleuse métropole de la
navigation et du commerce. Le patriotisme national rassuroit peu le gouvernement , jusqu'alors
humilié sur le continent par de constantes défaites, et qui n'avoit pas encore son moderne
Marlboroug à opposer aux héros de la France.
Peut-on même assurer que la tactique de Fabius, si heureusement appliquée par Wellington à la défense de la péninsule espagnole, eût
pu l'être avec le même succès à la guerre d'invasion qui menaçoit l'Angleterre ? Attaquée sur tel
ou tel point, pouvant l'être sur plusieurs autres ,

---

pas la nation à vaincre ? et quelle nation ! la plus jalouse
de sa liberté, la plus inhérente à la terre natale ; cette
terre que, depuis de longs siècles, le feu du patriotisme
embrase. Le projet de Bonaparte fut donc un élan impérieux, absolu, de la haine qu'il avoit jurée contre le gouvernement libéral des Anglais , en même temps qu'une
conception ambitieuse. Malgré lui , la durée des apprêts
avoit lassé son impatience et permis quelque accès , soit
à la critique , soit à des conseils, soit à ses propres réflexions. L'occasion vint s'offrir à lui d'abandonner la
partie sans paroître rétrograder. Il la saisit ; il renouvelle contre l'empereur d'Autriche une guerre que de
simples explications eussent pu prévenir.

la dissémination des moyens défensifs étoit forcée, et l'emploi du système de temporisation
étoit nul. Dans une telle hypothèse, c'est un
torrent qu'il faut repousser par un torrent; mais
quel sera le point d'où partira l'agression, d'où
se précipitera le torrent dévastateur? Quelle
proie sera la première livrée aux flammes, à
la fureur du soldat, à la cupidité d'une popu-
lace effrénée pour laquelle le vol est organisé,
même dans les temps ordinaires? Ce doute seul
exposoit les ports et la capitale aux premiers
coups, aux plus grands dangers; et la sombre
imagination des Anglais, frappée de ces mêmes
dangers, se représentoit le succès de la descente comme une probabilité, voisine de la
certitude.

On observa dans le même temps que, parmi
nous, la perspective d'une descente en Angleterre glaçoit d'effroi les ennemis du consul et
les anglomanes, qui voloient la fin de la république. Les préparatifs qui se faisoient dans nos
ports n'étoient blâmés et contrariés que par eux;
ils les signaloient par les allusions les plus déri-
soires.

Depuis 1788, le ministère britannique exerce
dans nos grandes cités, principalement à Paris,
la plus active influence; il y soudoie une police
secrète, un conseil et des agens qui se cachent au

3.   6

besoin sous la pourpre ou la bure , et le plus
souvent à l'ombre de l'autel.

La période consulaire de Bonaparte est , sous
quelques rapports, la plus glorieuse de tous ses
temps de gloire ; c'est aussi celle où il déploya
plus d'habileté , plus d'art, plus de conduite politique ; où plus souvent il amena l'opinion publique à regarder comme des arrêts de la nécessité ses propres résolutions et ses volontés. Nous
l'avons vu s'emparer avec adresse , et sans alar-
mer les consciences républicaines, des événemens qu'il n'avoit pas prévus, faire naître à propos ceux qu'il jugeoit favorables ou nécessaires
à ses desseins , et toujours d'autant plus fidèle à
son ambition , qu'il paroissoit plus s'occuper de
notre liberté et moins occupé de lui-même.
Nous l'avons vu modérer son pouvoir, comme
s'il ne l'eût pas possédé sans partage ; exercer la
dictature consulaire, comme pressé de la déposer, et comme l'eût exercée l'homme le plus
exempt de passions funestes. Nous l'avons vu
épiant dans ses collègues des passions communes ;
par elles, les détachant de leur propre raison et
les attachant à sa personne ; subjuguant les grands
corps de l'état par des communications familières, et, dans ces corps, choisissant à coup sûr
les hommes les plus nécessaires à ses desseins,
c'est-à-dire , les plus confians par excès de vertu ,

ou les plus dociles par excès de servilité. Nous l'avons vu semant autour de lui tous les germes d'une rapide corruption, lançant ces germes épanouis sur les départemens, sur les provinces soumises; préparant la république à sa dissolution, le peuple à l'aveugle obéissance; calculant froidement les résultats prochains de sa politique, de l'impuissance des lois, de l'admiration et du dévouement de ses armées. Nous l'avons vu, dis-je, faire son ascension, et atteindre à son apogée sans secousses et sans efforts, comme un globe qui fournit sa carrière, et comme s'il répondoit à la voix du ciel, à l'attente des hommes.

Que de sujets d'étude dans cette courte période! Que d'utiles leçons y puiseroient les publicistes et les philosophes, les hommes d'état et les princes, si l'on étudioit l'histoire pour éclairer les peuples, comme on l'étudie pour apprendre à les asservir! La morale politique embrasse de plus grands intérêts, mais elle dérive des mêmes rapports que la morale commune; et comme, dans la nature, les grandes masses sociales sont soumises aux mêmes lois que les individus, le moindre écart est un désordre.

Dès le premier pas du consul, nous pûmes deviner un maître; par quelques traits de carac-

tère, un tyran; et par l'attention spéciale qu'il
donnoit à l'administration militaire, un conquérant qui joueroit les nations au hasard des combats. Ce n'est pas ici une prophétie après l'événement; plus d'une fois le consul s'est trahi
lui-même, et s'est laissé pénétrer. Parmi les personnages qui, par des motifs divers, servirent
Bonaparte, avant le 18 brumaire, quelques-
uns avoient attaché sur lui un infaillible regard.
Son parti se forma, pour ainsi dire, dès haines
et du mépris qui s'étoient attachés au directoire.
Ces sentimens prévalurent sur les craintes que
lui-même inspiroit. Tout changea après la fatale
journée. Bonaparte fut le centre autour duquel
gravitèrent toutes les passions.

C'est surtout après l'épreuve des révolutions,
et le jeu sanglant des discordes publiques, que
l'œil a acquis la sûreté du toucher, et que le
soupçon est un jugement; mais la voix libre étoit
étouffée par les voix asservies. Dès l'an 1800, la
magistrature consulaire déguisoit la puissance
absolue; il ne lui manquoit que de se montrer
avec l'appareil de la royauté. Et qui, dans la
partie saine de la nation, pouvoit alors manifester ses craintes, écrire ou parler en faveur de
la constitution et de la liberté? La foi qu'on
leur gardoit étoit un secret de famille; si l'on
révéloit ses alarmes, c'étoit sous le sceau de l'a-

milié. La presse venoit d'être enchaînée ; et le
peuple écrivain, aux gages des ministres, étoit
une sorte d'avant-garde pour le consul. Dans les
premiers rangs, l'admiration s'exprimoit par de
pompeuses flatteries ; dans les derniers, puérile,
intéressée, populaire, elle étoit payée, à des
époques célèbres, par des fêtes bruyantes, par
des jeux corrupteurs, par d'avilissantes distri-
butions ; et chacun, à l'envi, consacroit cette
contagieuse idolâtrie par la prostitution du talent, de la renommée et de l'honneur. Bonaparte marchoit moins au trône qu'il n'y étoit
porté.

Quelle est donc cette supériorité d'intelligence, d'esprit, de jugement à laquelle si peu
d'hommes parviennent, et qui pourtant ne les
élève pas toujours hors de l'atteinte des passions vulgaires? Il est donc vrai que les foi-
blesses du cœur s'allient avec la plus grande
puissance de la raison et de la pensée! Seroit-ce
que, dans les hommes extraordinaires, l'orgueil
refroidit la vertu, et déprave le sentiment du
beau moral?

Je me plais à arrêter quelques instans mes
lecteurs sur ce point le plus lumineux de mon
tableau ; je le dessine à grands traits, pour me
conformer, en quelque sorte, à la marche rapide des événemens, au caractère du héros ; cet

accord même est un trait de vérité qui rapproche les faits, éclaire les physionomies, et soutient l'action. En effet, la période consulaire nous offre toutes les parties d'un drame fortement conçu, savamment conduit; tenant les esprits entre l'espérance et la crainte, marchant à son dénouement sans embarras et sans effort. Et quel sera le dénouement? l'esclavage d'un grand peuple.

Bonaparte est parvenu aux premières marches du trône. Il en mesure la hauteur, et ne s'en effraie pas. Au faîte de sa puissance, dédaignera-t-il les grandeurs? s'élevera-t-il au-dessus d'elles? se souviendra-t-il de César, le plus grand des Romains, c'est-à-dire, des hommes, s'il n'eût jamais passé le Rubicon? Devant lui sont la gloire et la fortune; un titre que la vertu décore, un autre titre que l'histoire flétrira. Bonaparte a choisi. Le peuple français le couvre de son indulgence (1); mais l'inexorable histoire ne l'absoudra pas. S'il devient digne du rang qu'il a usurpé, elle ne lui reprochera que sa foiblesse; s'il est mauvais prince, la postérité assignera cet attentat comme la cause de nos malheurs et de nos humiliations; elle sera indifférente à ses revers;

---

(1) La nation et toutes les puissances ont reconnu Napoléon pour empereur des Français.

d'âge en âge elle applaudira à sa chute, et la représentera comme un grand châtiment de l'éternelle justice. Celle des hommes s'est déjà fait entendre; ceux mêmes qui furent les infatigables échos de sa renommée, qui mentirent à leur conscience en réduisant toutes les gloires à la gloire militaire, mentent encore aujourd'hui en lui refusant jusqu'à ce dernier mérite. Les premiers, ils ont brisé avec fureur l'idole qu'ils avoient encensée avec idolâtrie (1).

---

(1) *Assentatio ergà principem sine affectu.*

TACITE.

CHAPITRE VI.

Progrès de la puissance de Napoléon, et cons-
titution impériale. Naissance et progrès du
despotisme militaire. Tribunaux spéciaux.
Procès et jugement du général Moreau;
autres attentats. Sous quel point de vue on
doit juger la conduite du sénat et du corps
législatif.

Gouverne-
ment impé-
rial, décembre
1804.

Sɪ nous revenons sur les événemens qui ont
rempli la période consulaire, si nous observons
tout ce qu'ont fait avec un singulier accord,
pour accélérer l'élévation du consul, les hommes,
la fortune et lui-même, nous cesserons de nous
étonner qu'il se soit annoncé aux Musulmans
pour l'homme du destin, et qu'il ait voulu subjuguer l'Europe au nom et chargé des pouvoirs
de la Providence. Le prestige ne fascinoit seulement pas les yeux du vulgaire, si prompt à
supposer des merveilles, à créer des puissances
surnaturelles; c'étoit une sorte d'épidémie. Dans
les palais et dans les cabanes, au sénat et dans
les lieux publics, on remarquoit à tout propos
le bonheur de Bonaparte comme un indice certain de la volonté divine, de sa vocation à l'em-

pire de l'univers (1). Accuserons-nous les potentats asiatiques, Mahomet lui-même, d'avoir
abusé de la crédule ignorance, de la superstitieuse bonne foi des peuples, quand le chef, les
magistrats, les lettrés de la grande nation, solen-
nisent, à l'ouverture du dix-neuvième siècle, des
préjugés et des erreurs dignes des temps les plus
barbares.

Cependant, que de traits de caractère nous
avoient déjà révélé l'ame entière du consul! que
d'intrigues dont il avoit tenu le fil! que d'abus
de pouvoir prémédités auroient pu détromper la
nation, si toutes les précautions n'avoient pas

---

(1) On put alors, 1804, compter les hommes qui ne
s'abaissèrent pas jusqu'à cette absurde adulation. Le bon
sens et la raison ne se rencontroient presque plus que dans
les classes moyennes de la société. Qui n'a pas entendu,
même des hommes justement célèbres, représenter Bonaparte comme prédestiné à l'empire du monde, comme
élu, par la providence, monarque universel?

· C'est donc en vain que le prince des poètes, pour pré-
server la fragile raison humaine de cette superstitieuse
admiration pour tout ce qui flatte nos sens et nos passions, nous a laissé l'ingénieuse fable des syrènes, atti-
rant à leurs pieds, par des sons enchanteurs, les compagnons d'Ulysse, et les transformant en stupides
pourceaux. Ulysse, qui n'est pas admirateur, échappe
seul au danger.

été prises pour la séparer du gouvernement, et l'isoler dans un vaste et profond silence! Une seule voix se faisoit entendre, celle de la flatterie; un seul homme occupoit la presse, et c'étoit le consul. L'interdiction de la vérité étoit la principale affaire ; et le ministère de la police étoit le premier ministère.

Quand tous les ressorts d'un gouvernement, constitué pour la liberté, ont pris une direction aussi contraire, s'occuper du peuple et de ses droits, que dis-je? exprimer un regret, une patriotique sollicitude, c'est encourir le titre et le sort d'un infâme conspirateur.

Oui, l'ambition de Bonaparte s'étoit de bonne heure annoncée au monde. N'avoit-il pas provoqué la fatale journée du 18 fructidor? n'avoit-il pas ourdi la solennelle conspiration du 18 brumaire pour en recueillir seul tous les avantages, pour en faire peser toutes les suites funestes sur le directoire lui-même, sans distinction des vainqueurs et des vaincus? Cette épreuve de son talent et de son audace n'apprenoit-elle pas suffisamment à tous les partis ce que seroit Napoléon revêtu de la toute-puissance? Non, celui qui hasarde ainsi sa vie, qui fait dépendre d'un succès douteux une gloire assurée, une renommée justement acquise, ne s'arrêtera pas à un premier coup d'état, et ne se bornera pas à n'être que le général de la république, lorsqu'il pourra s'en déclarer l'arbitre et le tyran.

Et l'ombre de Kléber et celle du modeste Desaix, évoquées par des rumeurs qui n'étoient rien moins que populaires, quoique fabuleuses peut-être, ne sont-elles pas souvent sorties de leurs tombes étrangères? N'ont-elles pas apparu au milieu de nous pour nous dire : « N'ajoutez aucune » foi à ces monumens qu'une perfide main élève » à notre mémoire. » Et cette espèce d'avertissement imaginaire n'acquéroit-il pas tout le poids de la réalité par son accord avec tant d'autres qui, chaque jour, résultoient de la vie politique et morale de Bonaparte et de l'emploi de son autorité. Un, surtout (qui peut l'oublier?), répandit au milieu de nous une affreuse lumière, frappa de stupeur les ministres de la justice, glaça d'effroi les consciences les plus pures ; et c'est Bonaparte lui-même qui nous le donna, cet avertissement, rassuré sans doute par la conviction de notre patience.

Un gouvernement solidement constitué est à l'épreuve d'un coup d'état, même de l'interdiction subite d'un droit sacré. La dictature à Rome, la suspension de l'*habeas corpus* en Angleterre, confirment cette vérité ; la crise passe, et les ressorts ordinaires sont rétablis. Il n'en est pas de même chez un peuple qui essaie une nouvelle

constitution. La confiance publique ne s'appuie
que sur les lois; elle se défie des hommes; et
toutes les mesures positives ou négatives que
l'opinion nationale n'avoue pas, vainement revêtues de formes légales, ne paroissent que des
infractions aux loix constitutionnelles. L'union
du peuple au gouvernement est retardée, quelquefois même imposible. Si, à l'époque de son
avénement au trône, Guillaume d'Orange eût paru
croire que la nation anglaise n'était pas digne
de la liberté, et qu'il en eût, en conséquence,
dissimulé les droits, restreint les prérogatives,
n'est-il pas très-probable qu'il auroit subi le sort
des Stuarts?

Tribunaux
spéciaux,
1804.

Bonaparte, altérant successivement les bases
de la constitution de l'an VIII, remit en problème
notre existence politique et civile, et sa propre
autorité. Dans l'établissement des tribunaux spéciaux étoit écrit, en caractères de sang, une ef-
froyable tyrannie. Nous y découvrions tout ce
que jusqu'alors il nous avoit pu dérober de son
caractère. C'étoit une déclaration de guerre contre
les citoyens qui seroient tentés d'opposer la ten-
dresse paternelle à son système de conscription
et de conquêtes; elle présageoit sans détour l'em-
brasement de l'Europe et les malheurs du monde;
je dis sans détour, car si Bonaparte n'eût pas eu
cette intention, son institution n'eût été qu'une

absurdité despotique. Le tribunal se montra digne de la nation, alors délaissée ou trahie, et fut puni de son vertueux courage, sans réclamation de la part des autres autorités. Les voies extraordinaires sont des indices certains de la foiblesse des gouvernemens ; et cet avertissement fut encore perdu pour la cause de la justice et de l'humanité.

Le despotisme militaire exerce son influence Février 1804. jusque dans le sanctuaire de la justice. Il falloit priver la république du général-citoyen le plus digne de la défendre ; celui qui balançoit, par sa capacité et par sa gloire, la gloire et les talens du consul. Une conspiration est aussitôt ourdie ; ou plutôt on enveloppe Moreau dans celle de Pichegru. La mort violente de celui-ci sert de prétexte pour imprimer la flétrissure du soupçon et du doute sur les communications qu'avoient pu se faire deux généraux ; dont l'un avoit formé l'autre dans l'art de la guerre, et qu'unissbient l'estime, la reconnoissance et l'amitié. Moreau succomba ; mais les vacillations de la justice ont éclairé le monde sur les motifs de son accusation, et sa condamnation même a consacré son innocence. La peine accordée à l'influence du pouvoir devoit, après deux ans de bannissement, le rendre aux vœux de la patrie. Le consul, couvrant ses craintes réelles d'une feinte indul-

gence, prononça l'exil à vie. On crut voir un
regret cruel dans cette arbitraire commutation de
la peine.

Le jugement de Moreau est porté par la renommée chez tous les peuples ; et tous, même
les ennemis de la France, disputent à nos alliés
l'honneur d'accueillir et de consoler ce grand
capitaine. Il ne falloit pas seulement des consolations et des bienfaits à cet illustre proscrit, mais
une patrie. Il la cherche au-delà des mers, et la
république des États-Unis s'honore de cette préférence. Il apporte sur cette terre, que les Penn,
les Franklin, les Washington ont affranchie du
joug européen, de nos préjugés et de nos superstitions, les trophées de sa gloire, que rehausse
une éclatante persécution.

Cette machination judiciaire n'eut qu'un demi-
succès ; et l'on regretta d'avoir fait de si grands
frais d'intrigues, d'appareil et de solennité, pour
n'obtenir que cela, pour avoir encore un rival à
craindre et des injustices à expier. Il n'étoit plus
temps de se mettre au-dessus des ménagemens
que conseilloient les circonstances et l'opinion
publique ; Bonaparte ne vit dans cette affaire
qu'un temps perdu pour son ambition, et *pro-
mit bien qu'on ne l'y prendroit plus.* L'occasion se présenta bientôt après d'exiger des juges
plus de célérité, et de soumettre militairement

le code pénal à sa politique. Il ne laissa aucune
sorte de discordance entre les différentes parties
de son système.

C'est pourquoi un prince français, inviolable
dans l'asile que lui avoit ouvert le souverain de
Bade, fut bientôt après arrêté dans ce même
asile, et traduit à Vincennes. Ce fut assez de
vingt-quatre heures pour la formation du tribunal, la procédure, le jugement et l'exécution.
L'indignation fut universelle dans l'Europe. En
France, elle fut populaire ; elle se peignit sur
tous les visages, et s'exprima par le silence élo-
quent des profondes douleurs. La nation, par
cette violence, se trouva offensée dans sa générosité, dans son honneur, dans sa justice.

Aux premiers jours de l'an 1804, les chefs de
l'armée et les grands corps de l'état, la nation et
ses représentans reconnoissoient une monarchie
sous les formes de la république. Le consul étoit
plus qu'un monarque avant que le sénat et les législateurs lui eussent déféré le titre d'empereur.
La plus haute dignité légale oblige celui qui en
est revêtu à se renfermer dans certaines limites,
qu'il recule, qu'il franchit sans doute à son gré ;
mais néanmoins ces limites sont tracées, et au-
delà le despotisme peut essuyer des disgrâces ;
au-delà il est sans gouvernail et sans boussole
au milieu de nombreux écueils. L'autorité con-

sulaire n'étoit déterminée ni par l'usage ni par les lois. Et parce qu'on n'en connoissoit pas les bornes, on ne lui en supposoit point. Cependant Bonaparte préféra à cette autorité indéfinie, toute illimitée qu'elle étoit, le despotisme avec tout son luxe et sa périlleuse indépendance. La vanité, l'orgueil, les sollicitations de sa famille obtinrent ces acrifice. Il renonça pour elle à la situation la plus convenable à son caractère, celle où il osoit tout sans crainte d'être comparé à personne, où il étoit hors de rang et au-dessus de la loi.

Que les Français eussent impatiemment supporté ce joug si nouveau pour eux, je le conçois; mais ce n'est pas pour en alléger le poids, qu'interprétant dans le sens du consul ses phrases obscures, ses réticences affectées, ses plus légères insinuations, ils ambitionnoient de passer sous le joug plus visible d'un maître plus superbe. Ceux qu'agitoit la crainte, et ceux qui s'attendoient aux faveurs, se précipitoient avec une égale ardeur au-devant d'une plus commune et plus brillante servitude, sans songer que leur empressement à relever le trône de Charlemagne en ternissoit l'éclat et la gloire.

Le 2 mai, le sanctuaire des lois retentit de ces paroles : « Napoléon Bonaparte, empereur des Français. » Le vœu des législateurs est confirmé

pár le sénat, *conservateur des lois de la république.* « La dignité impériale est héréditaire
dans la famille de Napoléou. »

« Le gouvernement impérial sera réprésenta-   1804.
tif. Sous ses auspices seront maintenues toutes
nos libérales institutions. Sur l'ancien pacte s'élève
un pacte nouveau, double garantie pour notre
liberté politique et civile. »

Voilà, Français, voilà l'appât que jette au milieu de vous le visir de votre nouveau maître. Et
ce visir fut un célèbre républicain. Vous vous y
prendrez; cependant ce qu'il dit, il ne le croit
pas. Sous un titre pompeux, c'est un premier
esclave pour qui le cœur du despote est sans re-
plis et sans secret. Bientôt ce même ministre re-
cevra et déposera au pied du trône l'abdication
de l'autorité sénatoriale, et dictera le décret d'interdiction qui réduira le corps législatif à n'être
qu'une muette députation des départemens, sans
caractère de représentation nationale.

Ainsi tout déchoit, tout descend à la fois, la
nation, ses mandataires, et Napoléon lui-même;
car le premier rang, dans l'ordre de la civilisation
humaine, est celui que les républiques et les monarchies représentatives y occupent; et, parmi les
chefs des nations, le plus élevé est le magistrat,
soit amovible, soit héréditaire, de ces mêmes
gouvernemens. Cromwel, tyran habile et jaloux

3.   7.

d'un pouvoir qu'il étendoit ou modéroit à son gré, se garda bien de le sacrifier à la vanité d'un titre. Une toute autre fierté convenoit à son ame altière. La grandeur s'y allioit avec l'atrocité. Roi, auroit-il, d'une main plus puissante et plus assurée, préparé, fixé la domination maritime de la Grande-Bretagne (1), imposé plus de respect à sa nation envers sa personne, et, de la part des puissances alliées ou rivales, plus d'égards, de déférence et de considération envers son gouvernement et sa nation?

Vers la fin de sa magistrature consulaire, Napoléon étoit à peu près dans la même situation politique où se trouva Cromwel, lorsqu'il se fut déclaré protecteur; mais celui-ci, génie vaste et profond, s'étoit élevé par tous les moyens que suggèrent une ambition violente, une tyrannie sanguinaire. Il avoit dompté l'indomptable nation. La fin de cette tyrannie étoit marquée; c'étoit la mort du protecteur. Le despotisme se rasseoit sur le trône, pour en être de nouveau précipité. L'Anglais souffriroit plus long-temps un tyran illustre qu'un deposte, tel qu'il puisse être; mais il reviendra toujours à la liberté. Il la goûte comme une idée juste; il s'y attache comme à la vérité; il la pour-

---

(1) L'acte de navigation.

suit comme le bien le plus nécessaire à son existence.

Bonaparte, au contraire, avoit traversé, sans
nom comme sans danger, l'orageuse révolution.
Il devoit son entrée dans le port à la faveur des
vents, plus qu'à son art. Sous le directoire, il
commença sa carrière, et sut adroitement profiter des circonstances. Les fautes et les malheurs
de Schérer le servirent au-delà de toute espérance. Comblé de la gloire des héros (1), il pouvoit moissonner une plus solide gloire. Le consulat l'étoit, en quelque sorte ; venu chercher, et
toute concurrence s'étoit éclipsée. Les Parisiens
avoient oublié le 13 vendémiaire, les royalistes
le 18 fructidor, et tous les partis se taisoient sur
la hasardeuse expédition d'Égypte. La France
n'aspiroit qu'au repos et au bonheur ; elle les attendit de Bonaparte. Tous les moyens s'offrirent
à lui de justifier cette confiance.

Les peuples sont toujours disposés à excuser
les torts de ceux qui les gouvernent ; à faire, pour
des biens qu'ils espèrent, le sacrifice des plus

_____

(1) Il est juste de reconnoître que la gloire et la
réputation militaire de Bonaparte se composent en
grande partie de celles d'autres grands capitaines, ses
lieutenans, tels que Joubert, Masséna, Bernadotte, Augereau, Makdonald, etc., etc.

justes ressentimens ; et toujours trompés, ils le
seront encore. Au faîte du pouvoir et des dignités, le prince qui succède à ses pères oublie trop
souvent qu'il succède à leurs obligations ainsi qu'à
leurs droits ; et celui que le peuple a tiré de ses
rangs et élevé sur le bouclier, que les grandeurs
et le pouvoir, payés d'ingratitude, ne sont pas des
bienfaits irrévocables.

Mais les cabinets des princes se règlent-ils
d'après l'intérêt des peuples ? Quelle est l'origine
de ces rivalités, de ces haines nationales, qu'une
exécrable politique a fomentées, qui s'apaisent
par l'effusion du sang, sans jamais s'éteindre ?
Une prévention, un vain titre. Quelle a été la
cause de la guerre qui, tout-à-l'heure, a désolé
dix empires, qu'elle a tous successivement fou-
lés, couverts de sang et de ruines ; qui, après un
partage égal de succès, inégal de moyens et de
gloire, s'est terminée par la chute d'un seul
homme, mais d'un homme qui avoit rempli
l'Europe de ses trophées, humilié les rois, et
frappé tous les peuples d'étonnement et de terreur ? Cette cause n'est peut-être qu'un amour-
propre offensé, une injure de l'orgueil que la vanité n'a pas pardonnée.

CHAPITRE VII.

Politique de Napoléon envers la cour de Rome;
son sacre. Observations sur le rôle que le
pape joue à Paris. Activité dans les ports
inspectés par l'empereur. Alarmes en Angle-
terre. Son voyage en Italie. Il met sur sa
tête la couronne des Lombards.

Deux objets occupent principalement Napoléon ; le premier, d'anéantir, du moins de réprimer le prétendu droit maritime de l'Angleterre,
de coaliser contre elle le continent, de passer
lui-même le détroit à la tête de ses légions victorieuses, et de rétablir dans Londres la liberté de
la navigation et du commerce.

Le second, de revêtir de la sanction divine sa
vocation à l'empire, d'être proclamé le restaurateur titulaire de la religion, d'attirer sur lui et sur
sa couronne le respect et les hommages des peuples chrétiens, enfin de régner sous les auspices
et par la grâce de Dieu. Ce n'est point à Rome
que le pontife reconnoîtra le légitime successeur
de Charlemagne. Il importe à Napoléon de faire
de son couronnement un spectacle, et de lui donner, aux yeux du pape, chef et représentant de la

chrétienté, tout l'éclat d'une inauguration nationale. Il négocie : ou plutôt il mande le souverain pontife, qui, au grand étonnement des peuples, des rois, et de Rome elle-même, accourt
de la capitale du monde chrétien dans la capitale
du monde politique (Paris l'étoit alors); et, au
milieu d'une pompe religieuse qu'on voit avec
indifférence, et dont l'église rougit, il répand
l'huile sainte sur le front de Napoléon et de son
épouse; mais la couronne que Pie vII a consa-
crée, l'empereur ne la reçoit pas, il la prend sur
l'autel, et la pose sur sa tête (1).

---

(1) Bonaparte manqua toujours de cette fierté noble et
décente qui semble appartenir aux princes nés dans la
pourpre : les exceptions sont l'effet d'une éducation vi-
cieuse. Son orgueil étoit celui d'un général parvenu, qui
use insolemment du droit de conquête. Dans la circonstance de son couronnement, il ne se traîna pas sur des
routes tracées. Plus Charlemagne étoit grand, même à
ses yeux, dans nos annales, plus il affecta de se distinguer
de lui. Tout différoit, les temps, les opinions, les peuples,
et plus que tout, le caractère des deux héros. Charlemagne sollicita, dans Rome, la couronne du saint empire comme une faveur du chef de l'église. Bonaparte,
dont les armes lui soumettent l'Italie, fait pressentir que
le chef de l'église est, à son égard, ce qu'au septième
siècle étoient les rois à l'égard des évêques de Rome; et,
ne reconnoissant pas d'intermédiaire entre lui et la providence, il commande à Pie vII de le sacrer dans la ca-

Reconnu avec tant de déférence et de solennité par le chef suprême de la religion , dans la capitale de l'empire, en présence de son peuple et de nombreux ambassadeurs, Napoléon se flattoit de régner sur la France à un titre plus incontestable que celui du fils de Pepin, s'humiliant dans Rome, aux pieds de Léon III, comme pour expier l'usurpation de son père et de son aïeul.

L'influence des erreurs populaires et des préjugés religieux est comptée pour beaucoup dans les calculs des rois ; c'est principalement pour appuyer de fausses ou de dangereuses prétentions qu'ils les invoquent. Ainsi l'homme fut dans tous les temps l'instrument de sa servitude. Mais Charlemagne s'étoit conformé aux opinions théologiques du sixième siècle, seul droit public et politique de ce temps-là , tandis que Napoléon s'étoit mis en opposition avec le génie du dix-neuvième. Ce n'est pas assez que d'avoir fait

---

pitale de l'empire, et de l'y reconnoître pour légitime successeur des Césars. La voix du pontife retentit dans toutes les cours , et les souverains s'inclinent.

Le cabinet britannique le vit à ce faîte du pouvoir et des grandeurs, et ne s'en étonna pas. Constant dans ses haines comme dans sa politique , il mesura le colosse, et ne vit, dans ses prodigieuses dimensions, que plus de prise et de moyens de le renverser.

ployer l'orgueil de la tiare, d'avoir, pour ainsi dire, amolli l'inflexible doctrine de la cour de Rome; il ne devoit pas reconnoître cette prétention absurde, que l'intervention d'un pontife ajoute aux droits des princes, aux obligations des peuples. Les lumières du temps éclairoient l'origine, les abus et les dangers de ce dogme; la raison publique en réclamoit le sacrifice; et Napoléon, relevant le trône, s'en seroit montré plus digne, s'il l'eût affranchi de cette antique et injurieuse vassalité. Il le devoit, pour son intérêt et pour sa gloire; car, s'il n'eût pas compté sur ce frêle appui, il se seroit étayé d'appuis plus réels et plus solides; il eût cherché ses auxiliaires dans l'amour du peuple, dans l'estime des nations et dans la confiance qu'obtient la supériorité, lorsqu'elle n'est et ne veut être que défensive pour elle-même, protectrice pour tous. La nation s'empressa de couvrir par son vote, qui fut presque universel, et les vices de son élection et la sanction du souverain pontife. L'orgueilleux Napoléon reçut cet hommage comme pouvant s'en passer; déjà son titre étoit la volonté de Dieu, garantie par son épée.

Sous quelque aspect que l'on considère le pape, après la cérémonie du sacre, il ne fut à Paris qu'un personnage déplacé, hors de rang. Pie VII est-il un courtisan dans le palais de l'empereur? dans son cabinet est-il un négociateur intéressé? y sollicite-t-il le prix de ses complaisances?.... On prétend que le charme ne fut pas de longue durée, et que de vifs regrets l'accompagnèrent à Rome, où l'attendoient de violens remords.

Il sembla en effet qu'on ne retenoit ce pape débonnaire, que pour désenchanter le vulgaire. Ainsi Bonaparte se plaçant sous la garantie de la religion, lui, sa dynastie et son pouvoir, exposoit le chef, le pontife de la religion au ridicule et au mépris d'un peuple déjà familiarisé avec les dignités et les grandeurs. Cette espèce de contradiction se représente souvent dans sa politique comme dans sa conduite commune. Promené d'église en église, le pape répandoit des bénédictions sur une multitude qui n'en demandoit pas, et recueilloit en échange d'ironiques acclamations. Un mois étoit à peine écoulé que ses chapelets étoient sans demande, et ses messes sans assistans; tant il est vrai qu'on n'est pape que dans Rome : partout ailleurs le vicaire du Très-Haut, serviteur des serviteurs, ne représente ni la puissance divine ni la souveraineté temporelle. C'est un article de doctrine à ajouter à ceux qui, depuis tant de siècles, règlent la politique du Vatican. Les beautés fantastiques, bien différentes des beautés naturelles, soit physiques, soit morales,

n'ont qu'un seul point de perspective. Le pape
fut donc joué et préparé aux humiliations et au
dépouillement du saint-siége. Il s'est vu quelque
temps réduit à sa puissance spirituelle, et rappelé à la pauvreté apostolique. Et comme Dieu
se sert de tous les moyens pour l'accomplissement de sa justice, le bras de l'hérétique, l'épée
de l'infidèle, ont fait triompher sa cause. Exemple
rare, qui, je crois, n'ôtera rien de son influence
future à l'importante leçon que Pie VII laisse à
ses successeurs (1).

_____

(1) Si des causes imprévues ne viennent pas arrêter la
marche progressive de la raison, il est permis de douter
que les successeurs de Pie VII ayent à se mêler des intérêts temporels des peuples et des rois. La religion condamne les couronnes que Jésus n'a pas posées sur sa tête.
Il légua au pontife, son successeur, sa résignation aux
souffrances, sa charité envers tous les hommes. En les
détachant des grandeurs humaines, il les éleva au-dessus
des grandeurs : « Toutes choses de vil prix, dit le grand
Bossuet, et que Dieu, comme telles, abandonne aux
peuples jaloux de dominer sur la terre ». L'univers subit
le joug de Rome, et les Romains passent sous celui des
barbares. C'est du milieu des calamités universelles,
c'est du sein des ténèbres que sort la puissance pontificale;
c'est à la faveur des troubles, des divisions, de la sub-
version des lois qu'elle s'accroît, se fortifie et s'assied sur
le trône des Césars. Ce sera donc aussi à la faveur des
lumières que toutes choses seront rétablies à leur place,

Cependant l'empereur, au milieu des soins qu'il donnoit aux affaires intérieures, hâtoit les apprêts de la descente en Angleterre. Paroissant uniquement occupé de lui-même et des effets que son sacre avoit produits sur l'opinion publique, il avoit l'œil sur l'Europe, sondoit les dispositions des cours et des ministres, éprouvoit ses amis, dissimuloit avec ses ennemis, et ramenoit toutes ses pensées sur cette puissance britannique, dont les vaisseaux, comme une chaîne immense, tournent le monde, séparent les mers des continens, interdisent ou permettent la navigation à des conditions dictées par l'orgueil et la cupidité. Il méditoit une invasion qui termineroit une longue querelle et une nouvelle oppression ; il rêvoit une époque plus mémorable dans les fastes du monde que la ruine de Carthage, que la bataille qui mit Rome et l'univers au pied de l'heureux Auguste. Cette chaîne maritime qui ceint l'univers, et dont les deux extrémités se réunissent, s'enlacent et sont gardées dans l'amirauté de Londres, il est aujourd'hui presque impossible de la rompre. Elle s'est formée et fortifiée dans le sommeil des nations, après des guerres que le cabinet de Saint-James a eu l'art

---

dans leur rang, et que la morale religieuse se coordonnera avec la législation politique et civile.

d'entretenir; affoiblissant, ruinant tour à tour
chacune d'elles, et, par avarice, payant chèrement le sang des peuples. Sa politique est de di-
viser et d'intervenir dans les débats, pour empêcher les rapprochemens, pour embrouiller des
discussions qui ramèneroient enfin les peuples et
les rois à leurs vrais intérêts. Le dominateur des
mers est nécessairement l'ennemi des puissances
continentales; leur désunion fonde, maintient
sa tyrannie; leur accord doit un jour la détruire.
Elles n'auront pas à déployer des forces actives,
à mettre sur pied de grandes armées, à opposer à
ses escadres de flottes nombreuses. Que sur tous
les points les côtes soient gardées; que tous les
ports et tous les cabinets soient fermés en même
temps à son commerce et à ses agens; que la résistance soit générale, le vœu de l'indépendance
unanime, et le colosse s'affaissera sous son propre
poids. L'inertie commerciale, l'absence de tout
mouvement, de toute communication, voilà la
puissance que l'Angleterre redoute, voilà l'ennemi qui doit la vaincre. Aux premiers symptômes de marasme et de dissolution, elle abdi-
quera le sceptre maritime, et chaque peuple
recouvrera son droit sur le domaine commun à
tous les peuples, sur ces mers que la nature a formées pour les rapprocher, les lier entre eux, accroître leur industrie et leurs jouissances.

La raison et la justice avouoient donc également le projet d'isoler l'Angleterre; cette pensée étoit juste et profonde; mais l'exécution du plan tracé par Napoléon étoit contrariée par la situation respective des puissances, plus encore par son ambition. Le temps, la prudence, une politique conciliatrice, l'appui des lumiéres et des discussions polémiques, celui de la morale universelle, dévoilant, accusant ce prétendu patriotisme anglais, qui n'est que la haine des autres nations, voilà par quels moyens cette grande révolution pouvoit être opérée, et non par la conquête du continent; système absurde que l'Angleterre favorisoit, en paroissant le combattre; qui s'adaptoit à son propre système, et qui jetoit pour long-temps l'empereur Napoléon et les cabinets de l'Europe bien loin du but qu'une parfaite harmonie eût pu leur faire atteindre (1).

_____

(1) Les événemens présens rejettent loin, dans l'avenir, le système d'union continentale contre l'Angleterre. La France, avant d'être deux fois envahie et morcelée, pouvoit être le centre de résistance, le point d'appui de cette confédération de tous les peuples contre un seul, la plus naturelle et la plus légitime qui jamais ait été conçue. Elle peut tout craindre, et ne peut rien entreprendre aujourd'hui. Toute injustice, toute usurpation est possible au gouvernement britannique; ses vaisseaux tiennent le globe en état de blocus, tandis qu'il avilit les

Cependant le gouvernement britannique, que l'activité de nos constructeurs, l'attitude hostile de nos légions, frappoient de terreur, prodiguoit ses trésors pour détourner une invasion dont la seule menace, long-temps prolongée, pouvoit lui devenir funeste. Pour assurer la défense intérieure de l'île, il tenoit sa marine et son commerce dans une espèce de stagnation, et le peuple dans l'inquiétude. Celui-ci rappeloit tous les motifs de nos justes ressentimens, et s'alarmoit de nos vengeances; il opposoit aux difficultés de l'entreprise cette fatalité, ou plutôt cette audace, qui soumettoit aux Français la fortune et le sort des combats.

Dans cet état de danger et d'embarras, le gouvernement britannique éprouva la force d'une constitution libre, fidèlement gardée par toutes les branches de l'autorité. Le parlement se rapproche du roi, le peuple des ministres : plus de parti, plus d'opposition; la loi n'a rien à prescrire; la nation n'a qu'une volonté. Des agens du premier ordre sollicitent à la fois l'attention de toutes les puissances sur les projets ambitieux de Napoléon; ils les alarment sur leur propre indé-

_____

cours par ses subsides. Cette double chaîne, quelle autre puissance peut la rompre, que l'union de toutes les puissances?

pendance. Des subsides sont offerts, et une nouvelle coalisation est résolue.

Napoléon avoit visité les ports d'où les armées françaises devoient s'élancer sur les rives d'Albion, Calais, Dunkerque, Ostende, Furnes, Nieuport, Flessingue; il avoit inspecté les flottilles, embrasé de sa propre ardeur les vieilles et les nouvelles légions réunies dans le camp de Boulogne. Le soldat s'exerçoit à la rame, le marin aux armes du soldat; leur égale impatience flattoit celle de l'empereur, qui, s'abandonnant à ses tumultueuses pensées, abaissoit l'orgueil de la Tamise, brisoit dans ses rades et ses arsenaux ce sceptre maritime sous lequel se courbent toutes les mers; et, dans une perspective plus éloignée, né redoutant plus de rivalité de richesses et de puissances, dévoroit les trônes et les empires.

Quel homme extraordinaire! quelle étonnante rapidité d'idées, qui tantôt se combattent, tantôt s'exhalent avec précipitation, souvent avec les symptômes d'une raison égarée! Aux plus nobles mouvemens succèdent tout-à-coup les signes d'une extrême foiblesse; à des inspirations sublimes, les agitations de la frayeur; à des paroles d'indulgence, un ordre cruel, un oubli de sa dignité; dans un même instant sa physionomie est riante ou sévère. Sa tête représente un volcan,

dont le repos annonce la foudre et la lave brûlante; ses conceptions sont ardentes, son cœur
froid et desséché; il a souvent paru retracter, par
des signes dé repentir, des mouvemens affec-
tueux, et repousser la pitié comme une foiblesse.
Le malheur ne parle point à ses yeux, s'il ne fait
spectacle. Napoléon concentroit dans sa tête toutes
les facultés de son ame, et son cœur n'étoit en
lui qu'un organe de la vie. Il ne cherchoit dans
l'avenir que des jeux sanglans, des batailles, des
conquêtes; pensant à tout, excepté à quel prix
sont achetées les victoires, par quel sacrifice
d'hommes un fleuve est passé, une redoute en-
levée. Ses goûts et ses passions expliquent la préférence qu'il donna toujours à la tragédie sur les
autres représentations théâtrales.

Si Napoléon excelloit dans l'art de disposer,
de diriger, d'électriser ses armées, un jour de
bataille; si, par la savante composition des corps
d'artillerie et du génie, et par l'esprit dont il les
animoit à son gré, il enchaînoit la victoire à ses
drapeaux; le cabinet de Saint-James avoit sur lui,
dans la science diplomatique, tous les avantages
d'une longue expérience, une supériorité marquée par de nombreux succès. Sa tactique étoit
fondée sur la connoissance des hommes d'état les
plus influens dans les conseils, des personnages
de cour les plus favorisés par le prince, des di-

vers intérêts qui occupent les cabinets de l'Europe, des prétentions qui les divisent, et même de leurs secrets; connoissance indispensable, et que dédaigne celui qui croit pouvoir résoudre toutes les difficultés par l'épée, qui veut tout devoir à la victoire.

L'Angleterre est gouvernée par les lois; elle-même règne sur le globe par l'ascendant de sa profonde politique, par une attention patiente, invariable à mettre dans son parti le temps, l'occasion, les événemens, par l'emploi qu'elle fait de son or, tribut des deux Indes, et, vrai fléau des peuples, s'il est le tyran des rois. Problème singulier, cette nation commerçante éprouve le besoin continuel de la guerre; la guerre soutient sa puissance et accroît sa prospérité; elle la fait par raison d'état, si toute autre raison lui manque, et surtout contre la France, la France, qu'elle veut irrévocablement dominer ou combattre; mais elle l'entreprend à propos, et la poursuit avec prudence, évitant les hasards, et n'attendant rien de la fortune. Le cabinet de Saint-James calcule les bénéfices d'une campagne, comme les négocians de Londres ceux d'une expédition commerciale. La politique du café de Loyds est la même que celle des comptoirs.

C'est pourquoi les Anglais sont toujours travaillés de la crainte de perdre la liberté, et de la

crainte que d'autres peuples participent à ce bienfait de la nature et de la civilisation. C'est une
divinité dont ils se réservent le culte; à ce culte
exclusif ils attachent le privilége d'une navigation
exclusive. En effet, les puissances ne se balance-
ront, et la paix du monde ne sera bienfaisante et
durable que lorsque le flambeau de la vérité luira
également pour tous les peuples, lorsqu'ils auront
la même conviction de leurs droits, le même
sentiment des devoirs et des vertus, et lorsqu'ils
consacreront à leur propre défense le courage,
les talens, les arts qu'ils appliquent aujourd'hui,
et depuis tant de siècles, à asservir le foible, à
combattre des nations paisibles, étrangères aux
querelles des grands potentats, et seules punies
des injustices et de la folle ambition dont ceux-ci
sont coupables.

C'est encore par une conséquence évidente de
sa politique et de ses maximes d'état, que tous
les moyens de corrompre, d'asservir les cours et
les ministres à la cour et au ministère britannique, sont employés par celui-ci; et que le
gouvernement anglais exerce au-dehors, sur
tous les états, cette vigilance, cette censure que
le peuple de Londres exerce sur son propre
gouvernement.

Dans toute monarchie où la liberté est garantie
par la division des pouvoirs, il existe nécessai-

rement, entre les corps dépositaires d'une des branches de l'autorité, une lutte qui menace et maintient l'équilibre. De là naît l'opposition qui circonvient, plus spécialement, la prérogative royale, parce que celle-ci réunit le double avantage de participer à la législation et de faire exécuter les lois. Source des faveurs et des grâces, le prince est l'objet de tous les hommages, et le sujet de toutes les craintes. Nos précédentes constitutions ont péri par défaut de lutte et de balance. Les deux premières frappoient le pouvoir exécutif d'une absolue nullité. Les constitutions elles-mêmes furent nulles sous Bonaparte. Elles avoient séparé l'exécution de l'autorité législative, précisément parce que la première étoit destinée à tout envahir.

Napoléon attiroit sur son camp de Boulogne l'attention et les regards de l'Europe. Ce camp offroit l'aspect d'une superbe ville. Aux manœuvres militaires se mêloient les danses et les spectacles. Les arts, le luxe, les plaisirs y affluoient et formoient un étonnant contraste avec l'ordre et la discipline. La présence de l'empereur tenoit chacun et chaque chose à sa place. Paris et l'armée s'étoient réunis sans désordre et sans confusion. Une cour brillante distinguoit le quartier impérial. Des fêtes y annoncèrent, y terminèrent la plus auguste solennité, celle où Napoléon distribua à sa brave armée le signe de l'honneur, le prix de la bravoure. En le recevant, le soldat tournoit son regard sur le rivage de l'Angleterre, et ce regard exprimoit le dévouement et la certitude de vaincre. Jamais aucun monarque n'a fait espérer et craindre de plus grands événemens.

1805.   Cependant le cabinet de Saint-James avoit conjuré la tempête, et bravoit nos armemens avec une insultante ironie. Il avoit armé l'Autriche, qui, sans déclaration préalable, s'empara de la Bavière et menaça l'Italie.

Napoléon se laissa prendre au piége que lui tendoit le ministère britannique. Celui-ci avoit compté sur l'irritation impétueuse de son ennemi, et disposé le cabinet de Vienne à n'entendre aucune parole de conciliation. Des agens secrets relevoient la supériorité de nos armées sur celles de l'Autriche. On affectoit de répandre des bruits injurieux pour ses troupes, pour le gouvernement lui-même. Une campagne pouvoit suffire pour soumettre cette puissance, déjà épuisée par tant de défaites.

L'empereur étoit retourné dans sa capitale; et, tandis qu'il donnoit ses soins à la cérémonie du sacre, à l'administration intérieure de ses états, l'armée se mettoit en marche, et passoit le Rhin. Lui-même le passa le 1er octobre 1805, après avoir conquis l'Italie par ses généraux, et placé sur sa tête, presque en présence des armées autrichiennes, l'antique couronne des Lombards (1) : un royaume fut le prix d'une course.

_____

(1) Que les personnes qui ont observé les opérations militaires et politiques du général Bonaparte en Italie, arrêtent leur attention sur ce point de sa conduite; elles verront avec quelle prédilection il a enrichi le duché de Milan des fruits de ses victoires, avec quel artifice, après avoir enflé le cœur des Milanais et de plusieurs peuples voisins, réunis sous des lois et des formes républicaines, après avoir fait sonner, à leur oreille délicate et prompte à l'enthousiasme, le nom de *république italienne*; il a insinué à la consulta de Milan, ensuite à la consulta convoquée à Lyon, tous ces actes de reconnoissance qui devoient l'élever, par degrés, au titre de fondateur, de protecteur, de président de la république; enfin lui imposer l'obligation de charger sa tête de la couronne exhumée des Lombards.

Voilà la véritable cause de l'existence laborieuse, équivoque de l'Italie, dont il étoit si facile à Bonaparte, général, consul ou empereur, de fixer à jamais l'indépendance. Cette même politique, nous la retrouverons dans sa conduite à l'égard de la brave nation polonaise. Il laisse aux empereurs de Russie et d'Autriche une belle moisson de gloire à recueillir; qu'ils interrogent le siècle, qu'ils entendent le vœu de deux grands peuples, et deux grands exemples seront donnés au monde.

CHAPITRE VIII.

Guerre contre l'Autriche. Belle et glorieuse campagne, couronnée par le traité de Presbourg. Gouvernement militaire; ses effets politiques et moraux. Développement du plan de Napoléon. Conseil d'état. Confédération du Rhin.

NAPOLÉON atteint son armée, et la harangue avec la confiance qu'inspire la certitude de vaincre. Bientôt il occupe le territoire ennemi, et, de triomphe en triomphe, il arrive, il entre dans Vienne, désertée par les grands de l'état, abandonnée par le gouvernement. Il y règne, plus qu'il n'y exerce les droits de conquête. Il donne l'exemple de la modération après la victoire, de la justice envers les peuples, de la magnanimité envers un prince agresseur. Il dédaigne l'orgueil de punir une injure, et immole les justes ressentimens qu'il a apportés du camp de Boulogne. Que de triomphe et de gloire au début de cette campagne en quelque sorte improvisée! Combien la conduite de l'empereur François, préparant la guerre sous les auspices de la paix, s'engageant dans une coalition tramée avec le secret dont les conjurations s'enveloppent, s'humiliant à la condition d'un subsidiaire de l'Angleterre, relevoit le mérite de son vainqueur et le prix de sa noble générosité !

Cette campagne sera à jamais célèbre par la rapidité et la grandeur des événemens qui l'ont remplie. On comptoit plusieurs généraux, dont chacun en eût pu concevoir le plan, en diriger la conduite, en assurer le succès : tous exécutèrent les manœuvres les plus savantes, tandis que l'empereur déployoit toutes les ressources de la science et du génie avec ce calme qui présage des triomphes certains. Tout promettoit aux Français un grand jour ; tout annonçoit un jour funeste à l'armée austro-russe. Le 2 décembre, la bataille d'Austerlitz ébranla le trône de l'empereur François, et Napoléon le raffermit en signant la paix à Presbourg.

1805.

Que de faits d'armes, que d'actions dignes de mémoire, auront à recueillir les historiens de cette campagne ! drame militaire par sa rapidité, par d'intéressans épisodes, par son dénouement ; et si le pinceau est digne du sujet, que de brillans détails elle fournira au grand tableau de l'histoire ! Mais qu'après avoir décrit les combats et célébré les héros, le philosophe se montre sur la scène, déplore le sort, réclame les droits de l'humanité ; qu'il expose aux regards des rois les plaies que chacune de leurs querelles lui a faites ; qu'il fasse retentir dans leurs consciences la voix de la postérité, cette voix qui juge les maîtres de la terre et venge les peuples. A quel irrévocable arrêt doit s'attendre celui (1) qui, un pied dans nos rangs, l'autre sur la première marche du trône, accuse Tacite, justifie la sombre tyrannie de Tibère, les cruautés de Néron, les absurdes fureurs de Caligula. Cette injure, adressée à la verve de Tacite, organe précurseur de la justice des temps ; cet intérêt pour des monstres chargés de dix-neuf siècles de haines et d'exécrations, nous révéloient un bien affreux avenir, et présagèrent au monde des destinées qui, par bonheur, ne se sont pas toutes accomplies. Le magnanime Alexandre vient de payer à la France la dette qu'il contracta envers Napoléon, après la bataille d'Austerlitz, quoique les flammes de Moscou en aient dévoré le titre.

Le traité de Presbourg accroît les domaines et l'influence de Napoléon. Il est reconnu roi d'Italie. Ses alliés, les rois de Bavière et de Wurtemberg, le prince de Bade, la Suisse et la Hollande, sont appelés au partage de la dépouille du vaincu,

---

(1) Bonaparte encore consul.

et fondent leur indépendance et leur sécurité sur la
considération politique qui environne l'empereur
lui-même. Ses ennemis sont frappés de terreur,
les Français d'admiration : au plus haut degré de
bonheur et de puissance, de gloire et de renommée, que lui manque-t-il ? la modération, les
vertus qui conservent les empires, bien différentes
des qualités et des talens qui les fondent. La providence lui présente l'occasion de réparer, par
des lois sages, par ces soins paternels qui distinguent les bons rois, les maux inséparables de la
guerre. Elle l'a placé entre les nobles jouissances
que goûte un père au sein d'une famille heureuse,
et les regrets qui marquent tous les pas d'un conquérant ; elle lui montre à la fois le port et les
écueils où tant d'ambitions ont échoué, où se brisent les grandeurs immodérées. Ni la perspective
du bonheur des peuples, ni l'honneur (1) de protéger les lettres et les arts, d'étendre les bienfaits

---

(1) « Il condamna (Boileau) au mépris et à l'indigna-
» tion publique ces hommes flétris du nom de conquérans;
» insensés qui osent croire à la gloire du crime. »

Ainsi s'exprimoit, dans son éloge de Boileau, à l'âge
de dix-neuf ans, un littérateur qui, dans plusieurs ouvrages, a constamment opposé de semblables maximes
aux louanges tant de fois prodiguées au conquérant le
plus insensé.

de l'industrie et du commerce, ni le soin de sa propre gloire ne touchent cette ame, uniquement passionnée pour la fausse gloire. Il peut encore être un grand homme sur le trône, spectacle qui si rarement console ou réjouit les nations : il en veut être le fléau, et le veut sans hésitation et sans combat.

Ainsi le traité de Presbourg ne fut, comme ceux de Campo-Formio et de Lunéville, qu'une suspension d'armes pour celui des contractans qui avoit des pertes à réparer, plus encore dans la pensée de Napoléon, qui voyoit d'autres royaumes à conquérir. Le canon repose, et les armées restent dans une attitude hostile. Si l'expectative des combats rit au vainqueur, elle permet aux vaincus d'espérer des chances plus heureuses. Qu'il ne compte pas sur la foi des traités, celui qui dicte des conditions humiliantes ou oppressives. Le faible, dans ce cas, recherche l'appui d'un plus fort, qui craigne pour lui-même. De-là des coalitions mieux cimentées et des efforts plus secrètement préparés. L'orgueil de Napoléon ne souffroit pas plus le conseil lorsqu'il négocioit la paix que lorsqu'il projetoit ou faisoit la guerre. Il commandoit un traité comme un plan de campagne, comme il commanda bientôt après des décisions à son conseil, des décrets au sénat, des lois au corps-législatif.

Cette progression du despotisme, foulant une à une sous ses pieds les lois de la monarchie tempérée, s'opéra par les mêmes moyens que celle du pouvoir consulaire, traversant, abattant les institutions républicaines; avec cette différence que l'empereur avilissoit des pouvoirs qu'il avoit établis, brisoit des formes qu'il avoit consacrées, renversoit des barrières dans lesquelles il s'étoit renfermé, et que le consul avoit tourné avec prudence dans le cercle que lui traçoit sa magistrature; qu'il l'avoit franchi avec tant de ménagemens, et dans de telles circonstances, que l'approbation empressée des autorités, gardiennes de la constitution et des lois, pouvoit lui paroître l'expression de la volonté nationale.

La force armée qui suffit à la défense de l'état ne cause aucune alarme; elle protége, au contraire, la liberté publique et la liberté individuelle par sa présence et par sa propre soumission aux lois. Ces innombrables armées qu'un prince attache à sa personne, comme s'il étoit, seul, l'état, la nation, la patrie; qu'il enflamme d'un désir vague et désordonné de gloire, de conquête; celles-là ne servent que son ambition, et n'ont qu'à dépouiller des peuples, amis ou ennemis. Elles passent sur les royaumes comme d'horribles tempêtes. Perdant tout souvenir de sa famille, de son pays, de son éducation civile, le soldat attend tout de son chef, met en lui seul ses affections, ses espérances, et, méconnoissant tout autre droit que la force, il souille par le brigandage l'honneur et les lauriers des vieilles légions; de ces légions que Moreau, Joubert, Bernadotte, etc., préservoient tout-à-la-fois de la honte d'une défaite, et de la honte plus grande d'avoir abusé de la victoire, outragé les mœurs et violé le droit de propriété.

Une armée conquérante rapporte au sein de la patrie la corruption et l'immoralité dont elle a contracté l'habitude. Sa rentrée se fait comme une invasion, et le despotisme militaire s'assied sur le trône.

Tout est prévu pour une guerre défensive. Une armée, au contraire, qui s'éloigne des frontières par système de conquête, dévaste le pays ennemi, et, sans prévoyance, en épuise les ressources. L'impossibilité de traîner après elle des magasins et des hôpitaux, l'expose à toutes les privations. Elle vit au jour le jour. La base de son administration est la réquisition à force armée, c'est-à-dire, la saisie violente, l'enlèvement des grains, des bestiaux, des boissons; tout ce que réclament enfin des besoins sans cesse renaissans. Que d'abus! que de dangers naissent de cet état de choses! D'une part, les maladies,

la mortalité, l'indiscipline, le murmure sédi-
tieux; d'autre part, le peuple opprimé n'est plus,
dans cette hypothèse, un ennemi de convention,
indifférent à la cause pour laquelle il tue ou se
fait tuer; mais il devient un ennemi naturel qui
s'arme pour sa propre défense; les haines sont
individuelles et nationales; et quand plusieurs
peuples ont souffert les mêmes outrages, ils unis-
sent leurs ressentimens, et concertent de communes vengeances. L'Europe est depuis quinze
ans le théâtre de ces sanglantes alternatives.

Il est donc vrai que, sous l'empire, le soldat
français n'étoit que le soldat de Napoléon, et
l'armée française son armée; qu'il conquéroit
pour lui, pour sa famille, et pour réduire la
France à n'être qu'un accessoire dans la monarchie européenne qu'il se flattoit de fonder. Il est
donc vrai que le résultat de son système de conquête et de son gouvernement militaire auroit
été de reproduire, dans toute la partie de l'Europe la plus civilisée, les inclinations, les mœurs,
la grossière ignorance de ces hommes du nord,
qui s'y établirent après l'avoir dévastée. Napoléon avoit dénationalisé l'armée; il en faisoit sa
propriété. Par l'accroissement progressif de la
force militaire, il anéantissoit toutes les influences
morales, celle de l'éducation domestique, celle
de l'instruction nationale et celle de l'opinion.

Tout étoit soumis, même la pensée. Louer ou
se taire, c'étoit l'ordre de chaque jour, Quels seront les défenseurs de la liberté, quand le despotisme sort tout armé du sanctuaire des lois? quand
les organes du peuple provoquent la tyrannie et
sollicitent la servitude avec cette impudeur qui
inspiroit à Tibère du mépris pour les harangues
du sénat, du dégoût pour la flatterie (1)?

C'est ainsi que l'empereur parvint à se placer
bien au-dessus des lois, à régner par sa seule volonté snr un grand peuple, qui renonçoit à sa
liberté avec autant d'insouciance qu'en d'autres
temps il avoit montré d'ardeur pour s'en ressaisir.
Son énergie obéissoit à une autre direction. Il ne
retrouvoit son courage que sur le théâtre des
guerres. L'honneur, principe des vertus généreuses, se confondoit dans l'opinion générale
avec les honneurs qui sont trop souvent le salaire
du complaisant et de l'esclave. L'honneur antique
a disparu sous le poids des honneurs avec l'amour
de la liberté ; mais il parle au cœur du soldat ; ses
lois sont gardées par les Français des derniers
rangs, dans la nation et dans l'armée. L'honneur
fut un préjugé ; il est aujourd'hui la première

_____

(1) *Illum....·. tam projectæ servientium patientiæ
tædebat.* TAC., Ann.

vertu des peuples ; et plus il est pur, plus il est inséparable de la liberté.

Le despotisme de Napoléon ne pouvoit être qu'un fléau passager ; il devoit subir les mêmes vicissitudes que son plan de conquêtes. La France, devenue un immense dépôt de soldats, ne pouvoit pas long-temps supporter cette violente, cette homicide conscription, qui produisoit, à l'égard des familles et des générations, tous les effets de ces lois fiscales qui poursuivent le denier du pauvre après avoir épuisé les trésors du riche.

La bataille d'Austerlitz fut décisive contre les coalisés et contre nous-mêmes. Elle enfla l'orgueil et les prétentions ambitieuses de Napoléon. Dès-lors il secoua toute pudeur, et marcha à son but à découvert et sans réserve. La moindre contrainte blessoit son ame altière. Et pourquoi se seroit-il contraint ? L'épreuve qu'il avoit si souvent faite des hommes le rassuroit contre l'écueil ordinaire de la précipitation. Son sceptre pesoit également sur les chefs de l'armée et sur les premiers ordres de l'état.

Son plan se déroule. Des mariages politiques, et consentis peut-être avec des intentions contraires, donnent des appuis à sa dynastie, des alliés à la France ; et par des concessions de villes et de territoires, généreux aux dépens du plus

foible, il prépare les alliés à n'être que des protégés, des vassaux, des tributaires d'argent et de
soldats. Le prince de Badè reçoit pour épouse
7 avril 1806. la princesse Stéphanie ; le roi de Bavière donnera sa fille au prince Eugène, et l'adoption de
l'un et de l'autre imposera silence aux vanités
royales. Ce titre peut avoir perdu de son prix ;
mais les vertus, le mérite éminent d'Eugène ne
dépendent pas de la fortune. Quel est le rang
que, jeune encore, sa vie politique et militaire
n'honorât pas ?

Bientôt après l'empereur demande une reine
au roi de Wurtemberg pour son frère, roi de
Westphalie ; et l'orgueil héréditaire de cette maison, dont les titres de souveraineté se perdent
dans la nuit des temps, s'humilie devant Napo-
léon-Jérôme, souillé d'adultère, réclamé par la
justice d'un grand peuple, au nom d'une épouse
abandonnée et d'enfans méconnus, au nom de
la morale civile et religieuse.

Ces alliances étoient le prélude de plus grands
événemens ; elles couvroient de plus hautes et
de plus importantes prétentions. En est-il d'exagérées après la victoire ? L'épée est là politique
du vainqueur ; elle ne résout pas, elle rompt les
nœuds que lui oppose la politique contentieuse
des cabinets. L'abus de la force, la consternation
des puissances, l'oppression des petits états, tout

annonce le joug qui doit écraser l'Europe.

L'empereur des Français dispose à son gré de ses immenses conquêtes. En les distribuant, il s'entoure d'auxiliaires, il attache à son mouvement d'obéissans satellites; il crée, pour sa famille, des duchés, des principautés, des royaumes. Les chefs de l'armée et de l'état, les grands officiers du palais et ses ministres sont admis au partage prématuré de ces nobles dépouilles. Ferdinand IV descend du trône de Naples; et ce beau royaume, fameux par tant de révolutions, souillé de tant de crimes, et d'un crime unique dans l'histoire, devient l'apanage de Napoléon-Joseph. Venise et ses provinces sont réunies au royaume d'Italie. O Venise! ton nom retrace à notre mé- 30 mai 1806. moire de longs siècles et de grands souvenirs! Ton origine, tes miraculeux progrès, ta puissance, tes revers, ton inconcevable gouvernement, tout en toi étoit empreint de force et de grandeur; ta longévité, respectée jusque-là par le temps et par les grands empires, protégeoit l'indépendance de l'Italie, et balançoit, sur ce mobile théâtre d'usurpations et de discordes, l'influence de Rome et celle du roi des Deux-Siciles! Antique et noble république! la même main qui t'enchaîne à un royaume, t'avoit une première fois délivrée de la tyrannie aristocra- 1er mai 1806. tique, pour t'effacer bientôt après du tableau des

3. 9

nations ! et ce destructeur èst le même général républicain qui fonde aujourd'hui des monarchies, et qui projette le despotisme universel ! Ta ruine fit présumer celle de toutes les républiques, et révéla aux hommes d'état le génie, le caractère et les passions de cet infidèle général, dont les premières victoires furent autant de secrètes conspirations contre sa patrie.

Arrêtons-nous sur cette partie du grand tableau des révolutions européennes. La France, attaquée sur chaque point de ses limites, les avoit toutes dépassées et reculées, ébranlant les trônes, soulevant les peuples, et leur promettant des biens dont elle-même ne savoit pas jouir. Mais surtout attachons nos regards sur la malheureuse Italie, cette Italie qui, sous les Médicis, avoit brillé de son propre éclat et de celui que répandit sur elle l'hospitalité dont elle honora les arts bannis de la Grèce : l'Italie, avant et après cette belle époque, esclave sous des maîtres étrangers ou sous la tyrannie pontificale, et qui, depuis Attila jusqu'à Souwarow, dévorée par des guerres qu'elle n'a pas allumées, est constamment le prix du vainqueur.

Si jamais la nation italienne dut espérer de rentrer en possession d'elle-même, de voir son indépendance politique garantie par une constitution fédérale, ce fut sans doute lorsque Bonaparte, comblé de gloire, revêtu de toute la confiance de la république, plus loué par les Français, comme défenseur de leur liberté, qu'à titre de vainqueur de l'empire germanique et de ses alliés, leur dictoit les conditions de la paix à la vue de ses drapeaux, et sur le champ de la victoire. La fédération italienne se formoit d'elle-même, sans déplacer les démarcations anciennement tracées, sans confondre des nuances de mœurs et de caractère qu'il faut laisser au temps et aux lois le soin de modifier. Les peuples d'Italie ne sont, par leur langue et par leurs mœurs, qu'un seul peuple. Il n'y avoit qu'à unir par un seul intérêt, et sous un gouvernement unique, tous les divers états compris dans la péninsule : bercée de vaines espérances, trompée par des insinuations ou des promesses perfides, sa régénération à l'honneur, à la liberté, fut entravée par Bonaparte lui-même ; et, pâle satellite de la France, l'Italie obéit à la même impulsion, pour tomber et périr avec elle.

Eh quoi ! lorsqu'il abandonna la république napolitaine à la plus sanglante réaction, lorsqu'il insulta à l'ancienne Rome, en plaçant la nouvelle dans l'alternative d'une longue anarchie ou d'une soumission servile ; lorsque, d'une main impie, il lacéra l'antique constitution de la république vénitienne, qui, sortant à peine des

lagunes de l'Adriatique, avoit étendu son commerce et sa domination dans l'Orient et dans la
Grèce; de cette république dont les armes, durant
sa prospérité, furent généreuses et protectrices,
le sort de l'Italie ne dut-il pas nous paroître irrévocablement fixé? Un destructeur des républiques, grand capitaine, heureux conquérant,
politique imperturbable dans l'art d'imposer
la confiance ou la crainte, habile à choisir
le temps, les hommes, les circonstances, à rap-
porter à lui seul les renommées qui se forment
autour de lui, à se considérer comme un être
nécessaire, délégué par la Providence; un tel
homme peut-il s'élever par une autre volonté que
la sienne, s'arrêter dans son ascension, compter
les humains pour autre chose qu'une proie qui
lui est dévolue, les destiner à autre chose qu'à
servir son ambition? Non, un tel homme est
despote né, et tyran selon l'occurrence.

Bonaparte, doué de bonne heure d'une raison
puissante que ne troubloit jamais aucun sentiment humain, aucune de ces affections qui détachent l'homme de lui-même, et qui, selon leur
objet, sont des vertus privées, ou s'élèvent jusqu'au caractère de vertus publiques, ne devoit pas
marcher à son but par les voies communes; il se
fraya des routes nouvelles. Il ne fit qu'appliquer les
ressources de son génie aux chances que lui pro-

mettoit la révolution ; qu'opposer l'inflexibilité
de son caractère à la mobilité de l'opinion. Il dit :
De longues révolutions procréent des hommes
forts et des passions aveugles ; quand les hommes
forts se sont détruits, quand les passions aveugles
se sont émoussées, il doit rester un maître, et
une passion qui raisonne ses moyens, qui soit
instruite par les débris qui l'entourent. Je serai
ce maître ; ma passion, mon unique passion est
de conquérir, et de régner sans partage sur cent
peuples asservis.

Cette résolution prise, les hommes, les choses,
les événemens, tout fût, pour son génie, instrument et moyen de fortune. Son extérieur grave,
froid et méditatif, lui permettoit de dérober aux
regards les plus pénétrans la turbulente passion
dont il étoit dévoré ; et quand, à diverses époques, nous avons présagé notre asservissement, les
malheurs des peuples, la ligue des rois et le mémorable exemple d'une catastrophe trop méritée,
c'est par ses faux calculs et par ses prétentions
exagérées que nous avons pu pressentir notre funeste avenir.

Si Bonaparte eût formé le dessein d'appliquer
ses talens et ses lumières aux progrès de la civilisation, s'il eût eu le sentiment de la véritable
gloire, il auroit brisé toutes les chaînes qui pesoient sur l'Italie, au lieu de lui en forger de nou-

velles. Dès-lors son indépendance l'eût étroitement liée à la France, sous le double rapport de l'intérêt du commerce et de la gloire des arts; et cette union devenoit tout-à-coup une barrière que la maison d'Autriche eût vainement tenté de franchir. L'Europe auroit en même temps trouvé, dans cette alliance nécessaire, la garantie la plus solide d'une longue paix; car les grandes puissances du midi, stationnaires par leurs limites naturelles et par les riches productions du sol qu'elles occupent, auroient balancé, avec un grand avantage, les puissances du nord, et protégé l'Allemagne contre leurs subites irruptions. L'Europe, dévastée dans toutes ses parties, ayant des pertes immenses à réparer, ses lois à réformer, son système d'union, de politique et de commerce à reconstruire sur des bases plus larges et plus libérales, voit, pour long-temps, reculer l'époque de sa prospérité. Cette œuvre incertaine aujourd'hui, Bonaparte a pu l'opérer par un acte de sa volonté, lorsqu'en 1806, la victoire lui soumettoit l'Allemagne et l'Italie, et que, par une noble modération, il pouvoit régler et fixer les belles destinées de la France.

Napoléon, régnant à Naples sous le nom de Joseph et par lui-même à Milan, étoit maître de l'Italie. Il accrut son influence sur l'Allemagne, en attachant plusieurs de ses princes aux destinées de l'empire français, c'est-à-dire à sa propre fortune. L'empereur François ne peut empêcher que la Confédération du Rhin ne succède dans l'intérêt de la France, et contre son intérêt, à la décrépite constitution de l'empire germanique. Il dépose en même temps le sceptre des Césars, et le fier orgueil de la maison d'Autriche, que le sang lorrain n'a pas dû rabaisser. Parmi les archiducs, il en est qui entrent dans cette ligue, qui pouvoit un jour devenir si redoutable aux états du nord de l'Allemagne, et qui rompoit tout système d'équilibre, principalement dans l'hypothèse de la soumission, alors probable, du royaume d'Espagne; considération d'autant plus importante, que l'effet immédiat de ce système étoit d'opposer une forte résistance à l'esprit de conquête, de soumettre la guerre à des conditions que le droit des gens a prescrites, à des règles que l'honneur a dictées. La balance des forces réelles et des influences morales est favorable aux petits états, si nécessaires eux-mêmes au maintien de l'harmonie politique de l'Europe. La situation respective des souverains permet plus de rapprochemens, laisse ouvertes plus de voies aux négociations pacifiques. La neutralité, respectée par les belligérans, modère leurs efforts; et, par son intervention, les guerres sont moins homicides, leurs résultats moins désastreux, le retour de la paix plus probable, les alliances plus sincères et plus durables. Si la balance est quelque temps rompue, elle tend toujours à se rétablir ; et, rétablie, toutes choses reprennent leur place dans l'ordre accoutumé.

La guerre d'invasion et de conquête se termine au contraire par la ruine des peuples et le renversement des empires. La cour de Versailles s'endort au sein des voluptés : plus de Pologne, plus de balance. La confédération germanique se divise-t-elle, les intérêts des princes se croisent ; ils méconnoissent l'ennemi commun ; ils contractent avec lui des alliances, et désormais tout équilibre est rompu. Napoléon étendra sur l'Allemagne un sceptre de fer. Aujourd'hui le lien européen est dissous ; l'Italie aspire à l'indépendance ; la guerre civile est près d'embraser l'Espagne ; la situation de la France lui rend la paix nécessaire. L'équilibre restera donc long-temps sans se rétablir, et tout aussi long-temps l'Autriche sera menacée.

La périodicité des guerres, soit en Europe, soit dans les autres parties du globe, semble prouver qu'elle est un besoin pour l'homme de la nature ; que ce besoin se reproduit dans l'homme social, et qu'elle seule absorbe et calme pour un temps l'activité de ses passions : paradoxe que l'histoire nous force de classer parmi les plus affligeantes vérités.

Dans l'intérieur de l'Empire, tout correspond à cet accroissement d'influence et de domination extérieures. L'admiration descend des premiers rangs, et se propage jusqu'aux dernières classes du peuple. Çà et là quelques amis de l'humanité gémissent sur les blessures qu'elle a reçues, sur celles qu'elle doit recevoir encore : quelques amis de la liberté déplorent le sort de la France contre laquelle s'agglomèrent tant de haines et de vengeances, à laquelle tant de représailles sont dues, et qui, pour avoir enchaîné la victoire à son char, ne sera pas moins et sera plus long-temps asservie que les provinces et les royaumes que Napoléon a conquis. Ces jeunes citoyens qu'il enlève à l'agriculture, à l'industrie, aux arts, aux études libérales, pressés pour le brigandage continental, comme l'Angleterre presse les oisifs et les vagabonds pour la piraterie maritime, devenant, par nécessité, sur une terre étrangère, d'impitoyables ravisseurs, affranchis par cette même nécessité des lois de la discipline, rentreront sur la terre natale pour donner un maître à leurs concitoyens, un tyran à la patrie. Si Napoléon reconnoît encore le grand peuple, c'est pour qu'en échange le grand peuple proclame Napoléon le grand homme : il flatte pour être adoré.

Au milieu de tant de graves circonstances, et quand tous les ordres de l'état l'attendoient avec impatience pour célébrer ses brillans succès, on apprit, avec étonnement, que le vainqueur d'Austerlitz imposoit au tribunat l'obligation d'aller déposer à l'hôtel de ville de Paris les trophées de sa victoire. Par quel motif chargea-t-il des fonctions ordinaires de ses aides-de-camp, les tribuns, corps de représentans et portion du corps-législatif? Cet ordre n'étoit-il que l'effet du caprice, de cette humeur bizarre et cynique, qui souvent se faisoit jour à travers l'appareil imposant de la souveraineté, et se mettoit en scène, tandis que le cercle des adorateurs comprimoit son étonnement et dissimuloit son embarras? Non, il humilioit une autorité qui gênoit sa marche, qui pouvoit un jour la contrarier, dont le titre et la tribune fatiguoient sa pensée, importunoient les regards qu'il portoit sur l'avenir.

L'empereur, soit par ménagement, soit par système, préparoit ainsi, de loin, l'opinion aux changemens qu'il projetoit. L'époque de la paix de Presbourg est la plus glorieuse de son règne; celle où son génie dirigea les affaires au-dehors et au-dedans avec plus d'art et d'ensemble. La nation éblouie ne désespéroit pas encore de sa liberté; l'alliance au-dehors n'étoit pas encore un humiliant servage.

CHAPITRE IX.

Guerre contre la Prusse. Traité de Tilsitt. Nouvelle organisation du corps législatif. Suppression du tribunat. Politique modérée de Napoléon à cette époque. Dans l'intérieur il protége les sciences et les savans, les lettres et les beaux-arts.

Cependant telle est la terreur dont la confédération rhénane et son protecteur remplissent la cour de Berlin, que le roi de Prusse croit devoir appeler sur l'Allemagne les regards de l'Angleterre et des puissances du nord, cimenter une coalition et lever des forces imposantes. L'Autriche voyoit avec une secrète satisfaction ces mouvemens et ces apprêts. Ce rôle passif lui étoit prescrit par ses derniers revers. Elle dévoroit sa honte et dissimuloit ses ressentimens. Sans trésor et sans crédit, elle avoit à compléter, à réorganiser son armée, à rétablir ses finances épuisées. Mais les bons Allemands aiment leur prince et ne séparent pas leur honneur et leurs intérêts de l'honneur et des intérêts de leur gouvernement. Le cabinet de Vienne se promettoit cependant de recourir à propos aux ressources

Septembre 1806.

extrêmes de la politique, ne pouvant, de long-
temps, employer celles de la force. L'orgueil de
la maison d'Autriche consentira à des sacrifices
que la nécessité seule peut absoudre, et que,
dans les temps ordinaires, réprouveroient la religion, la morale et l'honneur.

Napoléon avoit lui-même l'œil sans cesse
tourné sur le cabinet prussien; il en observoit
tous les mouvemens; il épioit toutes ses dé-
marches, et n'attendoit qu'un prétexte pour écraser, de tout le poids de sa puissance, un royaume
qui, tout militaire qu'il étoit, hasardoit son
existence, en s'engageant dans la lutte inégale
à laquelle il se préparoit. A aucune époque,
plus qu'alors, Frédéric second n'a manqué à la
Prusse. Il falloit plus que de braves armées, que
la tactique ordinaire, que le dévouement du
prince et de la nation, pour résister à Napoléon,
qui, par les dispositions les plus hardies, par les
manœuvres les plus savantes, confondoit l'art et
l'expérience des plus grands capitaines. Ses secrets
n'avoient pas encore été surpris, et ses ennemis
n'avoient pas appris de lui-même à le vaincre.
Des combats malheureux, des places fortes enlevées; Berlin occupé; Postdam, quartier-général
de l'empereur; tels sont les préludes et les résultats de la bataille d'Iéna, que suivent rapidement
de nombreuses défaites. Ni la marche des armées,

russe et suédoise , ni les opérations tardives des
escadres anglaises, n'empêchent les progrès de
Napoléon. Maître de la Hesse et de la Prusse,
il compose le royaume de Westphalie pour son
frère Napoléon Jérôme. La Saxe s'accroît de la
province de Varsovie ; et l'électeur prend rang
parmi les rois. C'étoit aussi le moment que sembloit avoir marqué la Providence pour le rétablissement de la Pologne. Elle réclamoit son
indépendance; et ; sous les auspices de Napoléon
et de son armée victorieuse , sous l'abri d'une
monarchie tempérée , elle se seroit élevée au
niveau des nations libres et puissantes. Dès sa
renaissance , elle pouvoit être , pour l'Europe ,
une barrière respectable ; pour la France , une
utile et généreuse alliée. L'occasion favorable
fut manquée, parce que les raisons de famille
prévalurent sur les raisons d'état ; parce que
l'honneur et la liberé n'étoient rien moins que la
pensée de Napoléon ; parce qu'en laissant flotter
dans l'incertitude et le doute les destins des braves
Polonais , il couvroit ses propres desseins et se
les attachoit par la crainte et par l'espérance.
Bientôt il compromettra de nouveau le sort de
la Pologne. Pouvant, sans obstacle , le fixer et
garantir son indépendance politique, il la livrera
à la vengeance des Russes, épuisée d'hommes
et d'argent ; et l'accusation de l'avoir jouée ,

1806.

trahie et réservée pour figurer en esclave dans son système de domination, comme l'Italie, comme plusieurs états d'Allemagne, cette accusation sera consignée dans les annales du monde, et flétrira sa mémoire.

1806.   L'élévation de Jérôme sur un trône fut un sujet de scandale et de ridicule. On opposoit le personnage à la dignité, et chacun le tournoit en caricature. D'un tronc d'arbre, l'artiste fait un dieu. Il étoit plus difficile de faire un roi de Napoléon Jérôme; et l'on assure que le vrai Napoléon ne tarda pas à se repentir de son œuvre. Les conseillers les plus sages, la tutelle la plus éclairée ne pouvoient couvrir son incapacité, ni contenir ses folles passions. Tout ce qui distinguoit le roi de Hollande, la science militaire, les vertus civiles, le pur sentiment des devoirs et des convenances manquoit au roi de Westphalie; et cependant l'Empereur se repentit aussi d'avoir donné le bon roi Louis au bon peuple batave; mais on sait pour quelles raisons; et ces raisons motivent la haute estime, la reconnoissance et l'attachement des Hollandais pour ce prince, plus heureux, lorsqu'il descendit du trône, qu'il ne le fut lorsqu'il y monta.

L'empereur Alexandre avoit développé trop tard les forces destinées à protéger le roi de Prusse. Le sort des combats auroit pu rester long-

temps douteux, si les troupes des puissances alliées
avoient été mues et dirigées avec plus d'ensemble
et d'opportunité. Il régnoit dans l'armée française
une confiance qui doubloit ses moyens d'attaque.
Napoléon, entouré des plus grands capitaines du
monde, ne comptoit plus ses victoires. Celle de
Iéna avoit déjà décidé du succès et des résultats de la campagne dont l'objet étoit d'accroître
l'influence de la confédération du Rhin, d'étendre et de fortifier la chaîne qui déjà pesoit sur
toute l'Allemagne. Cette campagne étoit préméditée par l'Empereur, qui la mit très-injuste-
ment sur le compte du roi de Prusse. Les dispositions défensives de ce prince lui étoient conseillées par la crainte fondée d'une subite agression. Le développement successif et rapide du
système de Napoléon résout, à cet égard, tous
les doutes.

Il ne restoit que trente mille hommes à la
Prusse, et ses places fortes lui étoient presque
toutes enlevées, quand Alexandre perdit la bataille d'Eylau, que suivit de près sa défaite complette à Friedland. La paix fut dès-lors prescrite 4 juin 1807.
aux alliés par la nécessité, à Napoléon par des
considérations politiques et personnelles. Les
deux Empereurs se virent, s'estimèrent et si-
gnèrent la paix à Tilsitt : elle fut également 8 juillet 1807.
conclue entre la Prusse et la France.

Ces traités, comme celui de Presbourg, seront les monumens les plus mémorables de la
gloire de Napoléon; car il fut le modérateur de
sa propre fortune et des droits que lui donnoit la
conquête. L'objet principal de la guerre étoit
rempli; et la paix lui assuroit d'autres avantages,
qu'il était pressé d'obtenir. Alexandre reconnut
les nouveaux rois de Naples, de Hollande et de
Westphalie. Il s'offrit pour médiateur entre l'Angleterre et l'Empereur des Français; noble mouvement de la belle ame de ce souverain, qui
sollicite pour l'humanité tous les biens qu'il se
promet de faire à ses peuples. Cette proposition,
accueillie avec empressement par le cabinet de
Saint-James, mais dans une vue bien contraire
au sentiment qui l'avoit inspirée, tourna au seul
avantage de l'Angleterre, habile à faire naître les
obstacles, à hérisser de difficultés, à entourer de
piéges la voie des négociations. A la faveur de cette
vaine médiation, elle renoua des communications plus faciles, plus confidentielles, plus in-
times avec le cabinet de Saint-Pétersbourg, avec
les ministres, avec les membres influens du sénat. La coupable agression contre le Danemarck,
le bombardement de Copenhague, l'enlèvement
de la flotte danoise, la solennelle déclaration
Septembre
1807. d'Alexandre, n'interrompirent pas ces communications; elles furent plus secrètes. Par cet acte

l'empereur de Russie interdit à son conseil, à ses ministres, toute relation avec la Grande-Bretagne; il annulle les conventions qu'il a précédemment faites avec cette puissance, consacre et proclame les principes, les droits de la neutralité armée, et promet de n'y pas déroger jusqu'à ce que le Danemarck ait obtenu les satisfactions et les indemnités qui lui sont dues, que la justice des nations réclame pour lui.

Le cabinet de Saint-James temporisa : il osa même, et dans le parlement et dans ses manifestes, justifier sa tyrannie; il raisonna de son usurpation comme d'un principe, d'un droit avoué par tous les peuples. Ses agens ourdirent des intrigues; et, dans toutes les cours, l'agent le plus puissant s'ouvrit un facile accès. Cependant le continent, chaque jour plus menacé de subir le joug de Napoléon, éprouve davantage combien les subsides de l'Angleterre lui sont nécessaires. Quand les principaux cabinets réclament, pour la défense commune, le concours de sa puissance maritime, les trésors qui sont le produit de son commerce exclusif, remonteront-ils aux sources de cette puissance pour en contester la légitimité? Ainsi l'ambition d'un seul souverain forçoit tous les autres à se grouper, pour ainsi dire, autour de l'Angleterre, à se réfugier sous sa dépendance; situation humi-

octobre 1807.

liante ; sans doute , pour les rois , mais moins
onéreuse aux peuples depuis que les productions de l'Amérique et de l'Inde sont des objets
de nécessité pour les classes communes , de nécessité et de luxe pour les grands et les riches.

Séparons maintenant le prince du grand capitaine ; l'administrateur, du héros, et nous recon-
noîtrons qu'absent ou présent, Napoléon fait
correspondre les progrès de son autorité civile
avec les progrès de sa puissance politique , et que
ses conquêtes marchent de front au-dedans et au-
dehors de l'empire. Plus sa considération s'étend
avec sa renommée chez tous les peuples, plus
il emploie d'art et de soin pour éblouir et pour
enchaîner ceux qu'il régit : ce qu'il a fait de grand
l'intéresse moins que ce qui lui reste à faire
d'utile pour lui-même Quant à ce qu'il se propose d'exécuter encore, il aura moins recours à
la confiance qu'à la terreur , aux lois qu'à sa
volonté. Il soumettra les Français à l'obéissance
la plus absolue ; et cependant il commandera,
il obtiendra d'eux des prodiges : ils se dévoue-
ront pour des guerres dont ils ne connoîtront ni
la cause, ni l'objet ; et cependant ces héros de
l'honneur , ces antiques défenseurs de la patrie,
marcheront comme s'ils étoient précédés de son
image, comme s'ils obéissoient à ses saintes lois :
ils serviront , au prix de leur sang , l'ambition

effrénée de Napoléon, avec toute l'énergie de la liberté, avec cet esprit national qui anima les armées de la république. Mais enfin ces belles illusions s'évanouiront; cet esprit patriotique s'éteindra avec nos vieilles légions elles-mêmes dans des guerres lointaines; et toutes nos forces resteront ensevelies sous les glaces du nord, et nos dernières espérances, dans les contrées qu'arrosent l'Elbe et l'Oder: Cependant le despotisme qui aura tout dévoré, qui se sera détruit lui-même, n'aura pas étouffé, dans l'ame des Français, les germes des passions généreuses, effacé le caractère national. Ces ressorts, trop long-temps comprimés, pourront encore se rétablir sous les auspices d'une constitution libérale et d'un gouvernement paternel. Les lumières autant que la valeur distinguent les Français parmi les grandes nations; un prince guerrier et conquérant peut un instant les éblouir et surprendre leur admiration, mais ces sentimens ne peuvent pas dégénérer en une servile et aveugle obéissance.

L'époque à laquelle nous sommes maintenant parvenus est celle où les citoyens éclairés qui gardoient leur foi à la patrie, d'autant plus dignes de la servir, qu'ils étoient plus loin des fonctions publiques, purent embrasser le cercle que Napoléon se proposoit de parcourir. Sa marche et

sa déviation, depuis le point du départ, leur dé-
couvroient le plus effrayant avenir. Ils le voyoient
s'arrêtant dans sa course, encore bien éloigné du
but, et condamné, par son activité même, à
subir toutes les chances du malheur, après avoir
été comblé de toutes les faveurs de la fortune.

Jusqu'ici l'empereur a flatté la grande nation : il ne flatte aujourd'hui que l'armée. Vou-
dra-t-il, comme Alexandre, s'en faire adorer?
Il défère à sa garde les honneurs du triomphe,
à sa garde, dont les rangs ne s'ouvrent qu'à la
valeur la plus éprouvée, vers laquelle tous les
braves se pressent, comme les corps vers leur
centre de mouvement. Les maires de Paris et le
corps municipal la reçoivent hors des barrières.
Ils précèdent sa marche ; le peuple en foule applaudit ; et Napoléon jouit à-la-fois de l'orgueil
qu'il inspire à ses cohortes impériales, et de l'humiliation de la magistrature, qui se seroit honorée d'honorer l'armée de son propre mouvement. Mais il prévenoit les nobles inspirations;
il craignoit la subite apparition de la vertu et de
tout élan patriotique. Il réservoit à lui seul la
louange, comme un privilége indivisible ; et les
grandes choses qu'il ne faisoit pas, il les interdi-
soit à tout autre, ou les couvroit de son silence
et de son oubli. C'est ainsi que Jules-César ra-
mena des Gaules de nombreux soldats, peu de

citoyens. Pour les vainqueurs de Iéna et de Friedland, Napoléon vouloit être plus que la patrie.
Le gouvernement le suivoit de la capitale dans
les camps : « Rome est toute où je suis ». De sa
tente partoient des décrets, les uns accordés aux
circonstances, les autres à l'utilité générale ; et
jusqu'aux atteintes portées à l'autorité législative,
tout servoit d'aliment à l'admiration et de prétexte à la flatterie. Il fait ouvrir le canal qui doit
unir les eaux du Rhin à celles de la Moselle, celui par lequel les eaux de l'Ourcq seront con-
duites au sein de Paris, et dans le même temps
il porte des coups mortels aux constitutions de
l'empire. Il crée un conseil d'état dont les attributions absorberont la majeure partie des fonctions administratives, anéantiront la responsabilité des ministres, concentreront dans le pouvoir impérial toutes les branches d'autorité que
les lois ont déléguées; et, par la suppression, depuis long-temps préméditée, du tribunat, le conseil, c'est-à-dire le prince, dictera la loi, en vertu
du droit qu'il s'arroge de la proposer. Pour un
tel prince, l'initiative n'étoit que l'usurpation
même du pouvoir législatif. Le sénat s'empressa
de la revêtir des formes, dites *légales*. Un complaisant sénatus-consulte répondit à l'attente de
l'empereur, comme si approuver un acte incons-
titutionnel, c'étoit le légitimer. Mais il falloit

punir cette liberté d'opinion qui avoit attiré les regards de la France sur les tribuns, et répandu un
si grand éclat sur les débats de la loi qui rétablis-
soit la justice prévôtale, sous le nom de tribunaux spéciaux.

Rien n'étoit négligé de ce qu'il y avoit à faire
contre la liberté, et en faveur du plus absolu
despotisme. Tout marchoit avec un admirable
concert, la dissolution des liens politiques, l'avi-
lissement des autorités civiles, l'influence de l'autorité militaire, le développement d'une double
police, l'abus de la foi publique, l'impuissance
des lois, la rapide démolition de la monarchie
tempérée, l'abolition du code des nations, de
ces droits établis pour réprimer la force et protéger la foiblesse, de ces conventions jusques
alors respectées, qui diminuent pour toutes les
maux de la guerre, et qui facilitent à celles qui la
font, leur retour à la bonne intelligence et à la
paix.

Les années 1807 et 1808 offrent au monde le
spectacle le plus étonnant et le plus varié; une
sorte d'harmonie semble sortir des plus rares contrastes, des plus singulières oppositions. Les publicistes et les hommes d'état de tous les siècles
arrêteront leurs regards sur cette époque; et, dans
leurs méditations philosophiques, ils gémiront
sur le sort des nations; car ils se seront convain-

cus par notre exemple que les lumières flattent
la vanité des hommes et servent peu à leur bonheur, qu'ils raisonnent en sages sur les principes
et sur les droits, et qu'ils les abandonnent, en
lâches, devant la plus impertinente prétention ;
qu'enfin la liberté n'est généralement qu'une
savante et vaine théorie. Et cependant cette conclusion, justifiée par tant de faits, et principalement par l'état de la France, ne sera pas juste.

Dans ce court intervalle, Napoléon brille du
plus grand éclat, et imprime sur sa vie des taches
ineffaçables. Il commence un grand siècle, et
lui-même finit aussitôt en homme inférieur à son
entreprise, à ses promesses. Nous le voyons,
instituteur généreux d'une nation qui veut être
régénérée, parcourir son royaume d'Italie, rappeler les grands noms qui l'ont illustrée ; à ces
honorables souvenirs, attacher de flatteuses espérances. Tributaire moins soumise que recon-
noissante, la patrie des arts enrichit nos musées
de monumens antiques, de chef-d'œuvres nouveaux ; et nous contemplons à Paris la plus noble
partie de Rome ancienne et moderne.

Napoléon, dans sa capitale, en paroissant se
reposer après ses campagnes et ses courses triom-
phales, ne fait qu'appliquer à d'autres objets son
infatigable activité. Il s'entoure des savans, des
littérateurs, des artistes. Il encourage les jeunes

talens ; il verse sur le mérite renommé des bienfaits et des récompenses. La même distinction
signale les productions du génie et les lauriers de
la victoire. Il se fait rendre compte, par chacune
des classes de l'Institut de France, de la situation
présente des sciences, de la littérature, des arts. Le
tableau des travaux et des progrès en tout genre
lui est présenté ; et certes ce n'étoit pas une forfanterie. Napoléon possède plusieurs parties des
connoissances humaines. Aucune ne lui est étrangère. Ici le dieu de la guerre semble avoir dépouillé son armure. Cette attention, ce vif intérêt qu'obtiennent de lui les arts de la paix,
promettent un moment que le temple de Janus
sera fermé. Souvent il interroge les oracles de
la science ; et ses questions, ses entretiens prou-
vent que le chef de l'état honoreroit les académies autrement que par sa protection. L'on di-
roit qu'il a déposé toutes les gloires, pour celle
d'être proclamé le protecteur des arts et de la
république littéraire. Il semble reconnoître que
ce titre est la condition de celui de grand roi.
Cependant, comme en toutes choses son caractère irascible apporte quelque désordre dans ses
pensées, mêle quelques réticences à ses plus
nobles résolutions, on le voit dédaigner, repousser des hommes dont la vertu modère le
talent, et récompenser dans d'autres la verve

qu'il redoute (1). C'est surtout à l'égard de ceux qui avoient pu dévoiler ou contrarier son ambition, que ses ressentimens étoient inflexibles, sa haine implacable.

Dans le monde politique tout a fléchi. La Prusse, la Russie, le Danemarck secondent ses projets contre l'Angleterre ; l'armée du roi d'Espagne reçoit ses ordres au fond de l'Allemagne, ou brave les glaces du Nord. Il dispose des flottes et des trésors de cette puissance, vassale bien moins qu'alliée. Des côtes immenses sont interdites aux vaisseaux des Anglais ; la guerre est généralement déclarée à leur commerce, à leur prétendue prééminence maritime, aux principes exclusifs qui dirigent leur gouvernement. Une puissance du Nord se déclare son alliée, et la perte de la Finlande, paye cette infraction à l'union continentale.

Que d'éclat et de grandeur cette situation im-

---

(1) Chenier, accablé d'infirmités, et dévoré de chagrins, mais plus fort que ses douleurs, composa son Epître à Voltaire. Dans sa pleine santé, cet ouvrage eût suffi seul pour lui faire une réputation. Eprouvant, pour ses tragédies, l'interdiction des théâtres, celles de toutes les presses pour ses autres ouvrages ; et laissant croire que ses traits étoient émoussés par les maux et la misère, il reçut le brevet d'une pension de 6000 francs.

posante de l'Europe réfléchit sur la France et
sur Napoléon ! Il tenoit dans sa main la balance
de l'Europe : pouvant, à son gré, commander
la guerre, il pouvoit prescrire la paix. Il ne manquoit à la considération dont l'environnoient
tant de princes et de peuples, que d'user de sa
puissance pour le bonheur de tous. Dans l'assemblée des rois, il pouvoit être le modérateur
des passions, l'arbitre de tous les différends, et,
comme Jupiter, peser les destins du monde.

On dit, on répète avec affectation aujourd'hui
que la seule fortune a porté Napoléon à ce haut
rang, à cette éminente prospérité, qu'il les a dus
à l'accord fortuit des événemens et des circonstances, non à lui-même. Attendons que les
passions se taisent, comme se turent l'admiration et la flatterie le jour de ses inévitables revers. L'examen de sa vie n'est pas indigne de la
posterité (1).

_____

(1) Bonaparte, occupant seul ou presque seul la renommée, soumettant à ses desseins la fortune, à son épée
la victoire, attachant à ses destinées des souverains et
d'illustres guerriers qui furent ses égaux, n'ayant pas,
comme Auguste, des guerres civiles à traverser, un
triumvir, son rival, à vaincre, les cendres d'un Pom-
pée, d'un Caton, d'un Brutus à apaiser, un tel homme
put comprimer toutes les passions, tant qu'a duré sa
puissance, et les voir toutes se soulever à l'instant de sa

Deux hommes puissans et célèbres , placés aux deux extrémités de l'association européenne , avouant l'un pour l'autre une haute estime, une franche amitié, pouvoient d'autant plus s'unir pour la bienfaisance et pour la gloire, que leurs empires et leurs intérêts étoient plus séparés. Un ordre politique tout nouveau , un système de pacification générale et durable, étoient possibles ; ils furent un instant le vœu et l'attente des

---

chute. Cette catastrophe a suffi aux amis de l'humanité ; elle a satisfait les défenseurs des droits des peuples; mais elle n'a pas désarmé l'envie, mais elle n'est pas une expiation suffisante de sa prospérité pour des hommes qui ont déposé leur orgueil héréditaire dans ses antichambres et mendié sa faveur ; et ces écrivains , la honte de notre littérature, voyez-les , quand l'idole est brisée , lui contester son génie, ses vastes et profondes conceptions, et nous présenter, comme un jeu produit par les circonstances, les titres mêmes de sa trop funeste gloire. Mais ces arrêts prononcés par de cupides spéculateurs, la postérité les soumettra à l'épreuve d'une critique impartiale. Napoléon vivra dans l'histoire comme un des plus étonnans phénomènes de la plus étonnante révolution. Si dans les fers il n'impose pas silence aux passions vulgaires, il obtiendra des égards des rois ses ennemis ; et, de quelque générosité qu'ils se piquent , il sera permis de douter à qui d'eux ou de Napoléon restera la palme de la modération dans la victoire, et du noble désintéressement envers les vaincus.

nations. Cet arbitrage fédéral, qui occupa les
dernières pensées du bon Henri, qui charmoit
son cœur, qui le remplissoit d'illusions, nécessaires à sa vertu, se seroit réalisé sous les auspices et sous la garantie de ces deux grands monarques, si l'un et l'autre eussent également pu
consentir à ce partage de mérite, de gloire réelle
et d'utile influence. Le sceptre maritime se seroit abaissé au niveau de tous les sceptres, et la
reine des mers eût été forcée de limiter son
usurpation. Le trident de Neptune protège la
démocratie maritime; il soulève, il apaise, également pour tous les navigateurs, les flots et
les tempêtes. Sur des océans toujours libres,
que les peuples soient toujours égaux, telle est
la loi que tous doivent subir et faire respecter,
si l'un d'eux ose la méconnoître. En effet, les
mers opposent à notre audace des écueils, non
des barrières. Les mers sont, dans le dessein
de la nature, un domaine commun à tous les
hommes; des routes qui, toujours ouvertes à
l'industrie, abrègent les distances, lient les nations, exercent le génie. Depuis que des cités
mobiles, guidées par la boussole, parcourent
en tout sens l'Océan et les mers secondaires,
les lumières circulent des unes aux autres extrémités de la terre, étendant les conquêtes de la
civilisation, tandis que le commerce de l'Eu-

rope établit des marchés dans les deux Indes,
et jusque chez les peuplades les plus barbares,
y féconde l'industrie, et, en échange de nos su-
perfluités, apporte des productions nouvelles
dans cet ancien monde, toujours avide de nouvelles jouissances, et toujours plus corrompu.
Le genre humain prendroit l'aspect d'une immense et d'une heureuse famille, si l'intérêt des
gouvernemens se régloit sur l'intérêt des peuples, si les prétentions de l'orgueil n'étoient plus
un obstacle au développement de nos affections
naturelles, si *gouvernement* cessoit de signifier
despotisme, et *peuple*, *propriété héréditaire
du despote.*

Supposons que, parvenu à ce haut degré
de puissance et de considération politique, Napoléon eût senti qu'il devoit mettre tous ses
soins à s'y fixer, à ne plus jouer avec la fortune; supposons que ses pensées eussent changé
de direction, et ses passions d'objet; que donnant la main à Alexandre, et ne rivalisant avec
lui que de vertu, la confédération européenne
se soit assise sur des bases plus solides; qu'au
gré des parties qui la composent, ou par une
décision supérieure, les limites de chacune d'elles
soient marquées, et les intérêts balancés; supposons enfin une paix durable, puisque la paix
perpétuelle est un rêve de l'homme de bien,

nous voyons aussitôt les droits respectés , et partout la raison publique éclairer la justice , réformer les vices de l'administration , prévenir les abus du pouvoir. Les peuples se mettent en garde contre les innovations ; ils opposent l'épreuve du temps à des théories séduisantes ; et les Français, sur-tout , guéris de cette frivolité qu'on leur a justement reprochée , formés par de longs malheurs à la prudence , à la réflexion, au juste sentiment de la liberté , rentrés sous l'empire des lois , se livrent de nouveau aux études libérales , n'ouvrent leurs cœurs qu'aux passions nobles et généreuses , et recouvrent néanmoins la prérogative dont ils ont si long-temps joui , celle de se faire par tout reconnoître par l'élégance des manières , la politesse et l'urbanité. Une révolution plus heureuse s'opère encore , l'empereur sacrifie d'injustes conquêtes à la véritable grandeur , de vains titres à la solide gloire ; il borne ses desseins et son empire ; mais il étend sa renommée , confond les haines , émousse les traits de l'envie : il donne un plus grand lustre aux sollicitudes impériales , par la protection et les faveurs qu'il accorde aux sciences , aux lettres , aux beaux-arts ; et, vainqueur des peuples que Trajan a soumis dans les régions qu'arrosent la Vistule , le Don , le Danube , comme lui , il repousse les adulateurs qui se pressent en foule autour de son char de triomphe. Il ne confie la garde de ses vertus privées qu'à sa propre conscience, celle de ses vertus publiques, qu'à la censure éloquente de l'amitié. Trajan eut des amis, parce qu'il aima la vérité.

L'ambition, qui n'est que la soif de régner, afflige de loin en loin le monde, en suscitant un héros : plus rarement une ambition contraire procrée un grand homme : personne, jusqu'au temps des ses infortunes, ne s'est avis de contester à Napoléon le premier de ces titres : pour mériter le second, il avoit à réformer son caractère et son système de gouvernement. Cette réforme étoit peu présumable : ses passions dominantes excluoient les grandes vertus qui font les grands princes : quelques traits de sa vie ont fait soupçonner qu'il y avoit en lui des dispositions à la cruauté, qui, pour éclater, attendoïent que notre servitude fût consommée. Il est certain qu'il n'a janais proféré des paroles d'indulgence qu'avec réflexion ; et qu'il prononçoit avec précipitation les mesures de rigueur : son indulgence étoit un calcul, sa sévérité un penchant ; et nous ne connoissons qu'une partie de cet homme extraordinaire : l'essai que nous avons fait de son génie et de son administration, doit nous suffire. Ne regrettons pas ce que le temps

ne lui a pas permis de nous en révéler. Quant aux
qualités des grandes ames, ces qualités qui se
manifestent par des mouvemens sublimes, par
des accens qui ressemblent à des inspirations divines, il avoit tout à acquérir ; et ce genre de
mérite ne s'acquiert pas. Celui qui le possède le
doit à la nature, à sa première éducation, souvent à des événemens que le hasard a produits.
Ses froides combinaisons militaires et administratives, la sécheresse de ses pensées, le laco-
nonisme impérieux de son langage n'étoient pas
de vains signes des passions qui agitoient son
ame. Tout nous apprenoit qu'elle étoit fermée
aux douces émotions de la pitié; et si nous interrogeons sa vie publique et privée, nous dé-
couvrons qu'il a fait la guerre par goût, presque par besoin, et la paix pour recommencer
la guerre ; que ses affections étoient des caprices,
ses plaisirs des jouissances, ses dons des sa-
laires et non des bienfaits. Consul ou empereur, il marcha toujours précédé de la terreur,
pour comprimer dans l'ame de tout homme de
bien, de tout magistrat vertueux, la tentation de
lui faire entendre la vérité. Il auroit éloigné de
sa cour un ministre tel que Sully ; il auroit puni
un orateur tel que Pline. Remarquons ici combien sont rares les princes que l'amitié a le droit
de conseiller.

Le genre humain paye d'un éternelle reconnoissance la savante tactique de Turenne, de
Villars, du maréchal de Saxe ; elle étoit avare
du sang des troupes. Ils en étoient les pères dans
l'attaque, comme dans la retraite. Lorsque nous
lisons dans les vies de ces grands hommes que la
perte d'un soldat étoit comptée, combien de-
vons-nous déplorer le sort des armées que con-
somment aujourd'hui deux batailles, quelquefois une seule retraite? Que penser de ces princes
guerriers qui, cent fois, ont jonché la terre de
morts, pour qui des champs de carnage sont
un spectacle ravissant, qui dénombrent ceux
qui ne sont plus, insensibles pour ceux que de
prompts secours pourroient sauver encore, à
qui ces horribles résultats coûtent des milliers
de générations, et n'arrachent pas une larme?
Nous dirons qu'ils apparoissent au milieu des
humains, pour en être les fléaux ; à la tête des
nations, pour en être les tyrans.

CHAPITRE X.

*Nouveaux accès de l'ambition de Napoléon.
Invasion de l'Espagne; captivité du Roi et
de sa famille; détails sur ce grand événement.
Joseph, roi d'Espagne ; le prince Murat,
roi de Naples. Dernière guerre contre l'Autriche. Illusions et décadence de Napoléon;
son alliance avec l'Autriche; son. mariage
avec l'archiduchesse Marie-Louise : réflexions sur cet événement.*

TEL que ces indomptables dominateurs des
forêts, dont une éducation domestique semble
avoir assoupli les inclinations jusqu'à l'obéissance, mais dont l'instinct, se développant avec la
force, méconnoît la voix et la main du maître ;
Napoléon se débat, en quelque sorte, dans ce
noble repos où l'ont conduit sa fortune et ses
victoires. Il réclame son activité guerrière ; il
redemande ses armes et les combats. Il n'a pas,
comme Achille, à venger la mort d'un ami ;
il a son insatiable ambition à satisfaire. Qui possède un empire est son ennemi. Ni la perspective d'une puissance qu'il lui est facile de con-

solider, qu'il est dangereux d'étendre, ni le
besoin de légitimer une gloire contestée par
cette gloire que le temps confirme, ni le deuil
de la France, plus que décimée par de doubles
et de triples conscriptions, ni le vœu des peuples pour la réconciliation des rois et la paix du
monde, n'ébranlent ses résolutions. Son esprit
se refuse à tous les conseils, son cœur est
fermé à tout sentiment de justice. La carrière de
sang qu'il s'est tracée, il veut la parcourir entière; la destinée qu'il s'est faite, il veut l'ac-
complir. Cet homme, qui impose à ses sujets
(naguère ses égaux) tant de soumission et
de servile dévouement, est son propre esclave.
Il obéit à ses passions, d'autant plus irritées,
d'autant plus fougueuses, que sa raison, qu'un
vague sentiment d'humanité les auront plus contenues. Conseillers timides, vous ne serez plus
interrogés! Nation française, il n'a plus à con-
sulter tes intérêts, celui qui t'a dépouillée de tous
tes droits! Braves légions, que tant de victoires,
tant de vertu patriotique ont illustrées, vous en-
trerez dans le royaume d'un peuple allié en amis
perfides, vous y serez combattus en tyrans
abhorrés, et réduits par le poignard et le climat
à n'être qu'une poignée de fugitifs; et cependant vous en sortirez, fidèles à vos sermens,
pour vous rallier sous les drapeaux de Napoléon,

11.

pour le servir, le défendre, pour subir, ainsi
que lui-même, la loi d'un vainqueur. Sublime
exemple de résignation, d'obéissance et de
patriotisme!

Octobre et
mois suivans
1807.

Si jamais de tels attentats furent commis, qui
dussent faire craindre aux hommes, qu'aban-
donnés par la Providence, la justice fut remon-
tée au ciel pour n'en plus redescendre; ces attentats se trouvent tous réunis dans le tableau
des scènes scandaleuses qui précédèrent l'invasion armée du royaume d'Espagne, et des scènes
sanglantes qui la suivirent. Quel concert de per-
fidies et de violences! Quel appareil de démons-
trations amicales, pour surprendre la bonne
foi d'un souverain qui se précipite au-devant
des embûches qu'un autre souverain lui a ten-
dues! Avec quel art, sous la garantie de l'alliance et paré du titre de conciliateur, Napoléon circonvient toutes les avenues du palais,
explore les secrètes dispositions d'un roi foible,
d'une reine accusée, d'un indigne favori; tandis que sa ténébreuse politique enveloppe,
cerne en tous sens et lui livre le prince des
Asturies, héritier du trône, dès long-temps
sacrifié à des ressentimens dont la source offense à la fois la nation espagnole, la dignité
royale et la morale publique! Par combien d'as-
tucieuses manœuvres il s'empare de la confiance

du roi, son allié le plus utile et le plus fidèle, séduit et joue le prince de la Paix, rassure la reine et la met dans ses intérêts, et fait dépendre le sort de l'héritier de la couronne, flottant entre l'espérance et la crainte, d'un entier abandon aux volontés de son *généreux protecteur!* Le génie de Napoléon remplit les pa_ais d'Aranjuez, de Madrid ; ses agens d'intrigue agitent la capitale et divisent la cour, lorsqu'encore les Espagnols se croient de bonne foi placés sous les auspices de l'empereur des Français, et se flattent de bientôt devoir à son influence la régénération politique à laquelle ils se sont préparés. Il semble qu'un pouvoir surnaturel entraîne à sa perte cette antique famille de rois. Son aveuglement dure encore, quand le voile s'est déchiré pour la nation espagnole, quand la nation française est éclairée sur ce grand forfait, quand l'armée elle-même condamne cette guerre, dont elle prévoit, non les dangers, mais la honteuse issue.

La conséquence immédiate de l'invasion de l'Espagne fut une insurrection générale contre l'oppresseur. Un gouvernement provisoire fut organisé ; et le cabinet britannique, trop habile pour ne pas faire tourner cet événement à son avantage, et au désavantage de son ennemi, devança le vœu de la nation opprimée, par l'offre

d'un secours prompt et puissant. Il répondit,
avec une générosité digne d'un grand peuple,
à cette faveur inattendue de la fortune. Il vit dans
cette entreprise de Napoléon un grand attentat
dont l'impunité entraîneroit le renversement de
tout ordre politique ; et, dans la guerre à laquelle il s'obligeoit envers l'Espagne, un titre à
la considération de tous les peuples ; un motif
pressant pour les princes coalliés de confier au
ministère anglais la direction des moyens qu'exi-
geroit la défense commune. Qui ne jugea pas
alors que l'influence de l'Angleterre étoit prodigieusement accrue, que la résistance de l'Espagne, comme celle du Portugal, occuperoit
et consumeroit successivement les meilleures
troupes de Napoléon, qu'il disperseroit ses forces
quand les ennemis concentrèroient les leurs, et
qu'enfin la paix seroit rendue à l'Europe, soit
par sa résignation, soit par sa chute? Le présomptueux Napoléon fut le seul qui ne prévit
pas ces inévitables résultats de son usurpation.
Et à l'époque présente, ni durant le cours de
cette guerre, si injuste dans son principe, si
barbare dans ses moyens, les Français ne ces-
sèrent de manifester leur improbation avec un
courage dont ils ont manqué dans leur propre
cause. Ils ont constamment réclamé pour la nation espagnole des droits dont ils ont patiem-

ment souffert d'être dépouillés. Oui, l'histoire re-
cueillera ce singulier contraste ; elle dira que la
nation française, indignée, a réprouvé la prétendue médiation de l'empereur, et la guerre
impie qui en a été la suite; elle dira que l'armée,
tout en se soumettant aux lois de la discipline,
en se ployant sous le joug d'une passive obéissance, a déploré les maux et les pertes du peuple des Espagnes, qu'elle a pleuré sur ses propres lauriers, et redouté la victoire, cherchant
dans les décrets de la justice divine la cause de
ses défaites et de ses revers.

Le ressentiment du prince des Asturies contre
le prince de la Paix, la proscription du favori
que poursuit la haine populaire, que la noblesse
accuse de marchander avec une grande puissance
le trône des Espagnes, l'abdication forcée du roi 19mars1808.
en faveur du prince des Asturies, après des
émeutes qu'on reproche à celui-ci d'avoir soule-
vées, la publication des intrigues de Godoï, également imputée à ce prince ; révélation non
moins imprudente que coupable, puisqu'elle
déchiroit le voile dont le respect envers le roi
et une sorte de pudeur publique couvroient cette
masse accablante de honte et d'infamie ; la fuite
de Ferdinand et des autres princes auprès de
Napoléon, la réunion du roi, de la reine et du
favori à Baïonne, dans le palais de l'empereur,

qui feint d'attendre des souverains, et n'attend, en effet, que des prisonniers, tels sont les préliminaires du traité que le foible Charles souscrit en faveur de Napoléon ; traité que dicte une seule des parties contractantes, qui dépouille le successeur légitime ; traité négocié à la manière de l'Algérien et du Tartare, et qui déshonore celui qui en accepte les conditions, plus que celui qui les a consenties ; traité qui offense une grande nation et lui fait un devoir de la vengeance , qui consacre , au mépris des lois divines et humaines, un genre de déloyauté et de foi punique que les Français, non moins offensés que les Espagnols, doivent eux-mêmes punir par un éclatant désaveu.

Tandis que Charles, la reine, et le prince de la Paix sont traînés dans la royale prison de Compiégne, et les princes traduits à Valencey (le motif qui détermina le choix de cette résidence est connu), le prince Murat forme un parti à Napoléon, au sein même de la capitale. Une armée en présence assure le succès de ses négociations. Il compose une junte ; il commande d'une part des députations ; de l'autre, il découvre où feint de découvrir des rebelles. Il signale les opposans ; il punit la résistance. Pour l'exécution des ordres de l'empereur, il falloit employer le ressort de la terreur, subordonner et corrompre. Tandis que le sang coule à flots dans les rues de Madrid, la voix de quelques hommes, traîtres à leur patrie, annonce aux Espagnols l'indulgence et les bienfaits de l'empereur, qui, n'écoutant que sa clémence, quand des *rebelles* provoquent les rigueurs de sa justice, veut bien cimenter avec eux une nouvelle, une inaltérable alliance, et accorder pour roi son frère Joseph, au vœu de la nation espagnole.

Napoléon-Joseph monte sur le trône des Castilles sans éprouver d'obstacles. L'opposition se renferme dans les cœurs avec la haine et la soif des vengeances. Joseph lui-même rétrocède le royaume des Deux-Siciles à l'empereur, qui en fait la dotation de sa sœur, épouse du prince Murat. Ces deux grands événemens sont communiqués au sénat avec l'appareil le plus imposant. Les pères conscrits descendent à la plus extrême bassesse, pour célébrer la plus extrême injustice. Ils louent Napoléon-le-Grand, non moins habile à *subtiliser* un trône qu'à le conquérir. Ils érigent, en titre de gloire, le facile succès qu'ont obtenu la perfidie et la violence. L'encens fume sur les autels qu'il a relevés ; la religion prodigue à son restaurateur les louanges qu'ont méritées les rois selon le cœur de Dieu. Les autorités suprêmes donnent le signal des adresses de félicitation et d'éloges ; les feuilles

15 juillet
1808.

publiques les transmettent aux muses de la Seine, aux chansonniers des provinces. Tout ce qui parle, tout ce qui chante, célèbre à l'envi cet accord miraculeux du génie de Napoléon et des faveurs de la Providence, cette politique profonde, qui semble aux esprits vulgaires s'écarter des règles que la raison et la justice ont consacrées, mais dont les raisons d'état motivent les écarts. Et c'est ainsi que la flatterie et les ambitions serviles justifient les grandes ambitions et conseillent les abus de la force contre la foiblesse.

Cependant l'indignation des peuples et des souverains est universelle ; mais elle est contenue par la terreur dont ils sont frappés. Un sentiment général d'équité réprouve cette subite occupation de l'Espagne. On oublie des torts, pour s'affliger sur le sort des victimes. La nation française repousse la honte d'un attentat dont elle est innocente. Elle se détache, à haute voix, pour sa justification, des hommes qui se nomment la tête de l'état, et rejette sur ces complaisans conseillers du prince les malheurs, le sang que le crime réclame et qui ne l'expieront pas. La péninsule espagnole, embrasée du nord au midi, est le théâtre sur lequel deux nations, rivales de valeur et de haine, vont se livrer d'horribles combats, par des motifs et sous des auspices bien contraires. Dès l'ouverture de cette lutte entre un gouvernement généreux et un injuste ravisseur, les vœux du monde se prononcent en faveur de l'Angleterre ; Napoléon a contre lui les hommes et les dieux. Cependant n'anticipons pas sur les événemens; attendons l'issue de cette guerre, que la constance et le dévouement des Espagnols rendront à jamais célèbre pour payer avec discernement à cette puissance, leur alliée, un tribut mérité d'éloges et d'admiration. Après tant de sacrifices, au moment où la politique de l'Europe semble s'asseoir sur de plus solides bases, l'Angleterre doit ce grand exemple au monde, d'avoir triomphé pour la cause commune, et de ne pas séparer son propre intérêt de l'intérêt général de tous les peuples.

Le temps, les circonstances, le haut degré de civilisation où l'Europe est parvenue, tout favorise le vœu des nations pour une paix durable et pour la liberté légalement garantie. Il n'est plus d'autre gloire pour les grands souverains que celle de réaliser ces espérances. Qu'ils règlent, la balance à la main, tous les droits, tous les intérêts ; qu'ils soient conciliateurs et protecteurs ; que tous les différends viennent expirer au pied d'un tribunal suprême, et que le canon ne soit plus l'arbitre des querelles des rois. Vous qui tenez les deux extrémités de l'union européenne,

dites au puissant, dites au foible : « Plus d'ennemis ».

Les décrets dont Napoléon a frappé le roi
Charles et sa famille, ont expliqué la subite entrée
des Français dans le royaume de Portugal, et
l'apparition dans la Vieille-Castille d'une armée
commandée par le prince Murat. Elle alloit, disoit-on, seconder les opérations du général Ju-
not. Ainsi, l'alliance et l'amitié couvrirent le
dessein perfide d'une diversion sur Madrid, liée
d'avance au succès du traité que l'empereur négocioit en personne dans son palais de Marrac.

Les alternatives fréquentes de victoires et de
défaites qui distinguent cette guerre impie, les
places fortes prises et reprises, les marches savantes opposées à l'impétuosité française, l'attaque imprévue prévenant, déjouant la tactique du
temporiseur, des siéges où toute action est une
action d'éclat ; celui de Saragosse, mémorable
répétition du siége de Sagonte : quelle immense
matière pour l'histoire ! que d'intéressans épisodes
confondus avec tous les excès des passions, avec
toutes les fureurs du fanatisme patriotique et religieux ! Les malheurs sont égaux pour les deux
nations ; les pertes sont égales. Le caractère de
l'Espagnol, son opiniâtre courage, balancent la
valeur du Français, guidée par l'art et l'expérience. Mais la gloire ne pouvoit être partagée :

en est-il une pour l'injuste agresseur? Expirant
ou vainqueur, le premier n'a pas un instant
douté du triomphe de sa patrie. Cette confiance
étoit le prix de son dévouement ; elle étoit toute
sa gloire.

Je laisse à d'autres écrivains plus courageux ou
moins graves le soin de transmettre à la postérité
le règne et le gouvernement de Joseph ; car, en
pénétrant dans sa vie privée, il devient possible
d'égayer la triste et plate monotonie de sa vie politique. Je chercherai moins encore quel parti
peut tirer la satire de ce roi Joseph, vu dans son
intérieur, que je ne chercherai ce qu'en fera l'histoire, vu, revu, tourné et retourné, mais roi et
seulement roi. Laissons donc là ce monarque,
ridicule Sosie, imprudemment interjeté au milieu
des scènes tragiques que la main de son frère a
ourdies. Il me suffit d'avoir lié son éphémère apparition sur deux trônes au vaste plan de Napoléon; d'avoir prouvé, par la coïncidence des événemens politiques et des mesures militaires, que
celui-ci tenoit dans sa main le fil des intrigues
qui divisèrent la cour d'Aranjuez ; qu'il n'a pas,
comme on l'a prétendu, profité des circonstances;
mais qu'il les a fait naître, et qu'il a sacrifié à ses
intérêts personnels, à l'intérêt de chaque indi-
vidu de sa famille, ses devoirs, les droits et la
gloire des Français, la morale publique et le code

des nations : et cela pour abaisser la royauté,
pour avilir le rang suprême, sans élever ceux
qu'il plaçoit sur des trônes.

Un seul des frères de Napoléon a mérité sa
haute fortune, puisqu'il l'a dédaignée, puisqu'il
a condamné les usurpations et le frénétique orgueil de ce fier conquérant. Il a repoussé d'illé-
gitimes bienfaits : Français, époux et père, il
n'est pas déshérité de sa patrie. Ces noms sacrés,
les nœuds qu'ils consacrent, les devoirs qu'ils
imposent, le dispensent d'en mendier une, bien
qu'exilé par lui-même, errant, méconnu au sein
des nations. Napoléon peut bien embraser ses
autres frères de l'ambition dont lui-même est
dévoré : mais peut-il également leur communi-
quer son génie, ses passions, son audace? Leur
médiocrité croise ses-intentions. Ils sont vus plus
haut et de plus loin ; mais sans aucun prestige.
Leur mesure étoit prise avant leur exhaussement :
deux seront des vice-rois peu dignes de sa confiance. L'indocile légèreté de l'un, la mollesse et
l'incapacité de l'autre, marqueront le côté foible
de sa puissance colossale. Pressé par l'honneur et
la vertu, le troisième descendra du trône, em-
portant les regrets et l'estime d'un peuple qu'il
ne peut plus défendre contre la tyrannie de l'empereur son frère. En s'éloignant de sa patrie
adoptive, il appelle sur la Hollande l'intérêt et

l'appui de tous les peuples, de tous les souverains.

Le prince Murat étoit monté au rang de grand-duc de Berg, et de beau-frère de Napoléon, par le chemin de la gloire. Les justes appréciateurs des talens et des vertus militaires ont regretté qu'il ait terni ses lauriers par des exécutions sanglantes contre les habitans de Madrid, et qu'il ne doive la couronne de Naples qu'à sa déférence envers l'oppresseur d'une famille, dépouillée, en Italie, par la violence; en Espagne, par la plus insigne violation de l'alliance et de l'amitié. Pourquoi ce vassal ne seroit-il pas un jour l'instrument de cette éternelle justice qui plane sur les têtes superbes des rois, et tôt ou tard les atteint et les frappe? Pourquoi, impatient du joug, ne revendiqueroit-il pas la libre disposition de son armée, l'indépendance de sa couronne; et, pour mettre fin à tant de royales injustices, à tant de calamités répandues sur le monde, ne solliciteroit-il pas de plus légitimes alliances, et, ne concourroit-il pas à la pacification de l'Europe?

L'empereur, ébloui par tant et de si faciles succès, enivré de sa gloire, s'entourant de grandeurs et de majestés dont il est adoré, ne connoîtra pas désormais ou connoîtra mal sa véritable situation. Son orgueil sera le faux point de perspective d'où partiront ses regards : sa vue trompée

égarera son jugement ; il ne se défiera pas du repos où se tiennent les puissances qu'il a humiliées
ou soumises; il prendra le silence pour la résignation, le calme pour l'épuisement et la foiblesse ; il fera qualifier de révolte, de rebellion
le patriotisme espagnol, et il ne verra pas que
la nation est armée; que, pour la subjuguer, il
auroit à peine assez de toutes ses forces réunies,
et que plus il aura conquis de territoire, moins
les esprits et les volontés lui seront soumis. Tous
les peuples attentifs épioient le moment où ils
sortiroient de l'état violent et servile auquel leur
mésintelligence, autant que la fortune de l'empereur Napoléon, les avoit réduits : c'est un
ressort qui tend d'autant plus à se rétablir, qu'il
est plus comprimé. Toutes ses fautes sont observées; ses ridicules saisis et commentés, même
à Paris. On regarda comme une aberration de sa
raison et de son étoile la pompeuse généalogie
par laquelle il voulut, à cette époque, attester au
monde sa haute naissance, comme un titre qui
justifioit le Destin, ou, si l'on veut, la Providence. Cette prétention décela sa vanité, amusa
les cours, et bien des illusions s'évanouirent. On
entrevit sa décadence; on n'espéroit pas encore
qu'elle dût être plus rapide que n'avoit été son
ascension. Il est possible de le tromper, disoit-on,
puisqu'il s'impose à lui-même; de le pousser au

piége, puisqu'il poursuit des chimères loin de
ses premières voies ; d'émousser ses armes révolutionnaires, puisqu'il se place dans l'ordre régu-
lier des potentats héréditaires.

Cependant Napoléon s'irrite de l'*insolente* résistance des Espagnols, et fait marcher du Nord
dans la péninsule une partie de ses vieilles légions, ne doutant pas qu'une prompte soumission ne lui permette bientôt de les rappeler à de
plus importantes conquêtes. Il déprime dans ses
bulletins l'armée anglaise, qui fuit à l'approche
d'une poignée de Français : mais il ne dit pas
que cette sage lenteur déconcerte ses plans, ses
moyens, et traîne en longueur une guerre, sur
l'issue de laquelle le cabinet britannique fonde
l'espoir d'affranchir l'Espagne du joug de Napoléon, et d'ébranler sa propre puissance. Il ap-
prendra trop tard qu'il n'a pas à combattre,
comme le publient des journalistes à gages,
comme le répètent à son oreille de plus graves
adulateurs, quelques hordes de brigands, de vagabonds, de fanatiques révoltés, un parti que la
nation désavoue, mais la nation elle-même, mais
son gouvernement, dont le ministère anglais est
l'ame et le conseil, mais des citoyens fidèles à la
patrie, à la religion, à l'honneur, qui jamais ne
composeront sur leur indépendance, et qui sont
résolus à périr ou à se venger.

3.   12

Pour résister à l'Europe coalisée et pour la vaincre, les Français de 1792 et 93 ne complèrent que sur l'énergie de leur patriotisme et sur leur indissoluble union. Les Espagnols ont de plus à opposer à Napoléon le fanatisme religieux, qui, par son affinité avec l'enthousiasme patriotique, et plus encore avec l'impitoyable passion de la vengeance, élève le caractère national, sous le ciel brûlant de l'Espagne, à ce degré de constance et d'héroïsme, de valeur et d'impassibilité, d'activité et de patience, où l'homme semble être en contradiction avec la nature, et trouver dans le désordre de ses passions et de ses pensées une force et des facultés qu'elle lui a refusées. Au milieu de ses provinces occupées, de ses villes ouvertes à l'ennemi, un peuple reste indépendant et libre. Les guerres nationales ne se font et ne se terminent pas comme celles que des ministres, par des motifs frivoles, ont concertées, qui finissent comme elles ont commencé, et dont presque toujours les combattans ignorent la cause et les résultats. Dans ce dernier cas, le soldat exerce son art et gagne son salaire. Il ne demande pas qui le paye, mais qu'on le paye. Dans le premier, le même intérêt lie, les mêmes passions animent le soldat et le général, le gouvernement et les citoyens.

L'aveuglement de Napoléon ouvre enfin les yeux au conseil et à l'empereur d'Autriche. L'occasion d'armer et de tenter de nouveau le sort des combats lui paroît favorable. Elle l'eût été, si l'Autriche s'y fût plus long-temps préparée, si elle eût su former une coalition plus générale et plus fortement cimentée. Elle paiera chèrement son erreur. Napoléon, dont le grand art est de devancer son ennemi, de prendre sur lui l'offensive, et presque d'offrir la bataille, ou de l'y forcer, lorsqu'on croit l'avoir surpris au dépourvu, a rempli les cadres de tous les corps, et ordonné de nouvelles levées. Ses armées font un mouvement. Il attaque en même temps l'empereur d'Autriche dans l'Italie et dans l'Allemagne. Partout il est vainqueur. Il gagne des batailles, et contient, par la terreur, les cabinets les plus intéressés à prévenir la ruine de la monarchie autrichienne, à s'opposer à ce système de conquête et de spoliation qui enveloppera l'Europe, si elle n'adopte pas enfin un plan de confédération générale et indissoluble. Ce changement de direction pourra seul l'affranchir d'une accablante et honteuse domination. Par un inconcevable renversement des principes politiques et de toutes les considérations d'intérêt, les nations les plus puissantes servent contre l'Autriche l'ambition de l'empereur des Français; et

Vienne, pour la seconde fois, est réduite à lui ouvrir ses portes. Un bombardement et plusieurs batailles perdues ont mis en problème le sort de l'Empire et de son souverain. Le prince Charles, mal secondé, a néanmoins, dans plusieurs combats, soutenu sa réputation et l'honneur de sa maison. Sa prudence et son habileté nous ont fait chèrement acheter nos dernières victoires.

Cette brillante campagne est couronnée par la paix de Vienne, qui confirme et accroît, en faveur de Napoléon, les concessions stipulées dans le traité de Presbourg. La Bavière et les princes de la confédération du Rhin sont appelés au partage des dépouilles de l'empereur d'Autriche. La Hollande est punie pour n'avoir pas pris une part assez active au système du blocus continental. Elle perd la Zélande et la liberté. Bientôt elle cessera d'être comptée parmi les nations. Par le même motif, ou sous le même prétexte, le pape est dépouillé de ses états, Rome réunie à la France, et le sort du chef de l'Église réglé par un sénatus-consulte. Dans le nord un roi descend révolutionnairement du trône; et cet événement est un résultat de l'influence de Napoléon. Cependant cette paix, trop humiliante pour le vaincu, l'obligera de recourir à des moyens que la politique suggère et dont la nécessité de sauver l'Etat sera l'excuse.

Tandis que Napoléon déconcerte la politique de tous les cabinets de l'Europe, imprime à la sienne un mouvement plus accéléré, assigne pour but à de nouvelles hostilités de nouvelles invasions ; le conseil de Vienne, en tout temps circonspect et prudent, prend, par degrés, un tout autre caractère. Il couvre d'un voile épais la dissimulation qu'il s'impose. Il immole l'orgueil de son prince, pour tromper la vanité de son ennemi. Le salut de la monarchie et le salut de l'Europe obtiennent cette extrême résolution, à laquelle se portent les peuples des républiques dans un extrême danger, de ne considérer, dans le choix des moyens, que la nécessité de sauver la patrie. Opposer la doctrine de Machiavel à la diplomatie conquérante de Napoléon ; telle parut à l'Autriche la suprême loi et sa dernière ressource.

Cependant l'empereur des Français laisse entrevoir l'intention de se rapprocher de l'empereur d'Autriche. Il tire avantage du mal qu'il ne lui avoit pas fait. Ce monarque paroît insensible à ce qu'avoit d'offensant cette affectation de générosité. Au désir de l'alliance politique se joint bientôt celui d'une plus étroite alliance. Ce vœu téméraire est accueilli par le cabinet autrichien qui a pressenti le piége auquel Napoléon viendra se prendre. Il pouvoit braver des haines, des vengeances. Il fut sans défense contre les illusions de la vanité. Elles firent reconnoître une partie vulnérable dans cet homme de la fortune, qui parut hors des comparaisons tant qu'il resta hors des rangs ; et le premier, tandis qu'il se tint dans l'indépendance des préjugés des cours. Il ne fut plus le héros qu'environnoient tant d'imposans prestiges, alors qu'il fut descendu au rang des rois héréditaires ; vu de plus près, il fut soumis à la mesure commune ; et lorsqu'on put le moins admirer, on crut aussi qu'il étoit moins à craindre. Une aussi grande alliance n'étoit rien moins qu'une rétrogradation, qui rompoit la chaîne de ses vastes combinaisons, qui le détournoit de la route qu'il s'étoit tracée, et qui comprimoit le mouvement révolutionnaire, jusqu'alors irrésistible, de ses armées.

C'étoit trop et de trop faciles prospérités pour un homme qui modéroit d'autant moins son ambition, que la fortune lui prodiguoit plus de faveurs ; qui, par un simple décret, s'approprioit les royaumes, accabloit de tout le poids d'un régime déprédateur les peuples que lui livroit leur foiblesse, et qui enveloppoit toute l'Europe dans un même plan de destruction et de servitude, soit par l'abus de la force, soit par un machiavélisme insidieux ; qui n'estimoit dans les sciences que leur application aux siéges, aux combats, aux fortifications des camps et des places ; qui réduisoit tous les arts à l'art de tuer plus d'hommes dans un moindre temps, à de plus grandes distances ; qui condamnoit tous les talens à louer un maître, toute magistrature à servir un despote, toutes les volontés à l'aveugle obéissance.

Napoléon arme contre lui la justice du temps, d'autant plus inévitable qu'elle est plus tardive et plus voilée. Le jour approche où les excès de sa tyrannie réclameront pour les nations et pour les rois ces principes d'éternelle vérité qui marquent l'immuable limite du pouvoir, et celles où cesse l'obligation d'obéir. Ces principes nous apprennent que, dans l'ordre naturel, des êtres individuels, isolés, las de subir la loi du besoin, constituèrent l'ordre politique, instituèrent la famille, composèrent l'état de société, et créèrent l'homme moral. De ce principe certain, la raison déduit cette conséquence évidente, qu'on ne peut, sans offenser Dieu, sans contrarier notre propre intelligence, supposer que tous les droits d'un peuple à la liberté, à l'égalité civile, à l'emploi de ses facultés, passent immédiatement et sans réserve aux mains de son délégataire ; en un mot, que les peuples existent pour ler rois, bien que les rois soient institués pour les peuples.

Pour bien apprécier leurs rapports mutuels, leurs obligations réciproques, il est nécessaire que le prince en découvre l'origine, et que les sujets dépouillent un instant la royauté de tous les protocoles qu'ont inventés l'adulation et l'idolâtrie servile des cours. La réaction de l'Europe contre Napoléon produira ce retour des hommes sur eux-mêmes, cet examen des droits et d's devoirs, également heureux pour les peuples et pour les rois, et qui ne pouvoit résulter que d'une crise universelle, d'une longue lutte de la raison contre les préjugés, des passions naturelles et légitimes, contre les passions factices. Que le lien social soit rétabli pour toute la famille européenne dans sa pureté primitive, qu'une charte immuable, et légalement consentie, consacre les droits, détermine les obligations, garantisse à chaque nation toute faculté dont la charte n'a pas prescrit le sacrifice, et nous verrons renaître une mutuelle confiance entre le prince et le sujet, s'effacer le souvenir de nos longues discordes, et tous les germes de la prospérité publique fécondés par les soins et sous les auspices d'un gouvernement éclairé.

J'ai dit que Napoléon ne prenant conseil que de sa vanité, se livreroit à la discrétion du cabinet autrichien. Il n'est aucun titre de gloire et de grandeur humaine qui ne justifie l'orgueil de la maison d'Autriche. Il est héréditaire comme ses trônes et ses souverainetés. Le vainqueur d'Austerlitz et de Wagram, le superbe monarque du premier de tous les empires vient de le mettre, ce fier orgueil, à une épreuve pénible et dangereuse. Il a demandé la main de Marie-Louise. Le conseil applaudit en secret et s'enveloppe de formes diplomatiques, tandis que la cour s'étonne jusqu'à l'indignation. L'embarras apparent du gouvernement comprime ce mouvement d'improbation presque générale. La terreur se peint sur tous les visages, circule dans tous les palais. Comme père et comme roi, François parut, dit-on, flotter dans un doute cruel. On assura qu'il ne s'étoit élevé aucun combat dans le cœur de la princesse, et qu'elle avoit formé le vœu secret d'être unie à ce héros à l'instant où elle n'avoit plus vu d'obstacle à cet hymen.

Il ne fut pas difficile au conseil aulique, mu par le seul intérêt de l'état, de calmer les scrupules du père, en représentant ses devoirs au souverain, de modérer les élans d'une fierté humiliée, qui s'offroit sans défense au blâme universel de presque toutes les cours. Il n'eut qu'à dévoiler l'avenir, qu'à montrer aux regards de l'empereur la perspective de tous les avantages que lui promettoit cette alliance. Ils étoient fondés sur des probabilités qui avoient tous les ca-

ractères de la certitude. Les intentions du cabinet de Vienne furent pénétrées. Un rapprochement de cette nature, dans de telles circonstances, parut à tous les hommes d'état un piége
auquel devoit s'enlacer le présompueux Napoléon. Dans sa propre cour, et près de sa personne, on s'étonnoit de son aveuglement ; mais
qui auroit osé lui exposer quelles seront, du
moins quelles pourront être les suites de ses
nouveaux engagemens envers l'Autriche, et de
ceux qu'il contractera envers lui-même ? En effet, cette alliance, comme une sorte de talisman,
déplacera tous les objets, trompera sa vue ; égarera son jugement. A Paris, comme à Londres,
on remarque cette contradiction de Napoléon
avec son propre système ; et les mêmes résultats
y furent prévus avec des sentimens bien opposés.
Lui seul fut sans défiance. Il reconnoîtra trop tard
son erreur.

Dans la langue des cours, et selon les maximes
du monde, il est permis de dire que l'empereur
d'Autriche combla lui-même par le sacrifice de sa
fille, la mesure des humiliations que la fortune
lui avoit fait subir. Napoléon avoit été le sévère
ministre de la fortune. Cette considération, fortifiée par de certaines disconvenances, ne pouvoit
être immolée qu'à des intérêts très-puissans. La
maison d'Autriche, en effet, avoit à se rassurer

sur son existence politique, deux fois menacée,
à recouvrer son rang, à réparer des pertes immenses, en territoire, en armées, en considération politique et militaire. Deux grands motifs
déterminèrent le cabinet et le monarque, le danger d'un refus, la nécessité de tromper Napoléon. Toujours préparé contre la vive force, il
falloit, par une alliance offensive et défensive,
exciter sa témérité, le pousser à de plus péril-
leuses entreprises, forcer la victoire à lui devenir
contraire, et l'abandonner à lui-même, quand la
fortune l'auroit abandonné.

Le mariage de l'empereur avec l'archidu- 1810.
chesse Marie-Louise est solennellement annoncé
au sénat et au corps-législatif. Aussitôt la haute
sagesse de Napoléon et sa politique profonde
sont célébrées dans le sanctuaire des lois par les
hommes qui les prononcent et par ceux auxquels
la garde en est confiée; tandis que, dans ce même
sanctuaire, les lois, invoquées par l'opinion publique, attestent la légalité, la sainteté d'un premier hymen : hymen scellé par le temps, par
une union exemplaire, par des adoptions obli-
gatoires, par l'auguste solennité du couronnement. De plats épithalames ne balancent pas ce
désaveu de l'opinion et des lois. On gémit dans
le silence. On déplore cette atteinte portée aux
mœurs, à la religion, et même, dans la pensée

de quelques hommes d'État, aux vrais intérêts
de l'empire. On craint avec raison que l'empereur ne se livre à de trompeuses séductions, et
qu'il ne recule plus loin le terme de la carrière
de conquête et de vaine gloire qu'il a déjà trop
courue. La morale naturelle réclame en vain eu
faveur de la morale publique. L'Église fléchit,
compose; et le scandale qui souille l'histoire des
temps les plus barbares, se reproduit dans un
temps de lumières et d'urbanité, dans ce temps
où les princes, comme en tout autre, peuvent
abuser du pouvoir, mais où plus qu'en tout
autre temps, ils respectent les mœurs et l'opinion publique.

Ici l'impératrice Joséphine est une victime ab-
solument passive. Elle se résigne *pour le bien de
l'État* à la douleur, à la honte, à une sorte d'exil.
Ce n'est pas pour épargner la sensibilité d'une
femme délaissée que Napoléon écarte le mot de
divorce; c'est pour ménager la délicatesse de sa
nouvelle épouse; et, qui le croiroit! pour ob-
tempérer à ses propres scrupules. Transformé en
dissolution du nœud conjugal, le divorce n'effraie pas la conscience de l'empereur. Avant tout
examen, les raisons de nullité sont convenues et
arrêtées dans son conseil privé; et, sans discussion, leur évidence a frappé et convaincu les
interprètes de la loi divine, comme ceux de la

loi humaine. Cependant personne n'a bien senti, aucun publiciste n'a sérieusement prouvé qu'il fût d'un indispensable intérêt pour les Français d'être gouvernés par la dynastie directe et naturelle de Napoléon, plutôt que par la dynastie adoptive. Cette question discutée auroit pu même être résolue en faveur de la dernière dynastie. Seul il caressa sa chimère, source de maux trop réels. Car l'impudent langage des courtisans, des vers commandés à des muses vénales, ne furent pas les élémens dont l'opinion publique se composa dans une aussi grave circonstance.

Cet hymen se forma donc sous de sinistres auspices. Nos craintes seront bientôt justifiées; bientôt nous apprendrons qu'il couvroit des événemens prévus, préparés avec un profond secret par une politique adroite et prévoyante. Bientôt les sentimens de justice et de pitié, ce vif intérêt d'une grande nation, qui ont accompagné Joséphine dans sa retraite, nous les devrons, à plus juste titre, à la vertueuse Marie-Louise, tendre mère, fidèle épouse, fille respectueuse, deux fois immolée.

Mais n'anticipons pas sur l'avenir, cet avenir prévu, comme on voit les choses passées, calculé avec une certitude que garantissent la présomptueuse vanité de Napoléon, son empirique orgueil, son ambition délirante. Il ordonne des fêtes à Paris et dans l'empire, en même temps qu'il couvre d'un crêpe funèbre tous les signes de notre liberté; et ne connoissant plus de frein ni de limite, il renonce à sa marche progressive, à un ménagement gradué qu'il a cru devoir employer envers la *grande nation;* et les actes, dépositaires des droits de cette nation, de ses suffrages répétés, de ses bienfaits envers Napoléon, ces actes auxquels, tout vains qu'ils sont, s'attachent de beaux souvenirs et quelques lueurs d'espérance, sa main ingrate les déchire; et, comme un Alaric, un Attila, il ne veut devoir ses grandeurs qu'à son épée. Il révoque une préférence qu'il n'a pas méritée, pour s'affranchir de toute obligation et pour régner en despote par sa seule volonté. Mais le despotisme entre dans les cœurs avec de noirs soucis, avec des passions cruelles. La crainte, la défiance, les soupçons s'en emparent, s'y agitent; le despote est une sorte de frénétique ou d'insensé qui se débat contre des fantômes que son imagination déréglée enfante. Napoléon ne rougit pas, en présence des hommes ou des objets qui lui rappellent la république, la constitution, les lois. Les premiers auteurs de son élévation blessent ses regards. Le nom de patrie l'importune, le mot *liberté* l'irrite; il craint ceux qui furent ses égaux. Il redoute plus encore le réveil de l'honneur, l'indépendance de la pensée, l'autorité d'un grand nom. Il opprime le talent, s'il ne peut le corrompre. Pour réprimer ou punir tout élan de vertu patriotique, pour fermer toutes les carrières où peut s'élancer le génie inspiré par la noble passion de l'humanité, il institue, sous des noms divers, le plus inévitable espionnage ; il crée un ministère explorateur et inquisiteur ; d'autres temps, d'autres ministres.

Napoléon avoit depuis long-temps conçu le dessein d'enchaîner le talent, ou de le proscrire, de l'attacher à ses intérêts par un subside, ou de le condamner au silence par la terreur. Par une singulière précaution de sa prévoyance, une assemblée de muets représentoit les départemens ; et craignant qu'il ne survienne des circonstances où un grand effort, inspiré par cet auguste caractère de représentans de la nation, délieroit leur langue, et leur rendroit l'usage de la parole, il les dépouille du titre et du caractère qu'il redoute, et les réduit à la servile condition de revêtir de leur approbation les lois délibérées dans son conseil. Mais l'éloquence, interdite au corps législatif, étoit, par la nature même des fonctions déléguées aux tribuns, appelée à illustrer la tribune de ce corps délibérant. Déjà il répondoit avec un brillant succès à l'attente de la nation. Sa dissolution fut résolue ; et, pour

Nouvelle organisation du corps législatif. Suppression du tribunat. 1808.

châtier (expression des despotes) des orateurs qui parloient au nom du peuple et sous la garantie des lois constitutionnelles , l'empereur bannit à jamais l'art oratoire de la France asservie , comme autrefois le sénat chassa les philosophes grecs de la superstitieuse Rome.

Comment expliquer la terreur dont le frappoit une pensée forte et librement exprimée, un sentiment généreux et populaire , lorsqu'on pense que cet homme , intrépide dans les batailles , a couvert plusieurs fois la terre de cadavres et rougi de sang humain tous les fleuves , de l'Ebre à la Vistule , du Danube au Nil , au Tibre , à l'Adriatique ; lorsqu'on se souvient de sa correspondance avec le directoire , où le général s'énonçoit en citoyen vertueux et libre ? En conservoit-il le souvenir ? craignoit-il qu'on n'opposât Napoléon à lui - même ? que le cours de ses excursions militaires ne fût traversé par des mouvemens intérieurs, par des résistances à ses décrets oppresssifs , par des écrits éloquens, par tout ce qu'il laisseroit, loin de lui , de Français, impatiens d'abjurer une servilité , trop long-temps consentie, une trop douloureuse abnégation des affections les plus chères , un trop pénible sacrifice de leurs enfans et d'eux-mêmes ?

CHAPITRE XI.

Progrès de la servilité. Symptômes de ty-
rannie. Les spectales, les arts, la presse,
tout est asservi. De l'Angleterre ; impuis-
sance et danger des mesures prises contre
elle par Napoléon. Guerre contre la Russie,
et par quels motifs. État militaire de Na-
poléon.

Lᴀ garde de l'empereur n'étoit rien moins
qu'une armée ; mais la force d'opinion l'aban-
donnoit à mesure qu'il témoignoit à ses préto-
riens plus de confiance. Rassuré au milieu de
nous par la seule présence de ses nombreuses
légions, ses inquiétudes, ses alarmes croîtront,
dans la proportion des distances, lorsqu'il les
conduira à de nouvelles conquêtes. Il jette loin
de lui le masque de la dissimulation. Descendu de
la magistrature consulaire à la royauté, il se
précipite de la royauté au despotisme militaire :
tout despote guerrier est tyran ; c'est une conséquence du régime (1). L'empire, à cette époque,

_____

(1) En s'interdisant de commander leurs armées en
personne, les rois d'Angleterre ont souscrit, envers la

3.   13

est un camp, Paris une place de guerre. Le concours d'une police secrète et d'une police armée
en a banni la gaîté, les plaisirs. L'espionnage
cerne les premiers corps de l'état, souille jusqu'au sanctuaire des lois, obsède les familles,
obstrue les lieux publics, et traîne chaque jour
de nouveaux hôtes dans les cachots, de nouvelles victimes devant les cours spéciales.

Plus Napoléon s'isole de la nation, et concentre
dans lui seul l'exercice du pouvoir suprême, plus
il éprouve la nécessité et le danger de suppléer
aux limites naturelles du pouvoir, par des limites
artificielles et tyranniques. Il veut tout voir, tout
entendre; et son ministre de confiance est un véritable inquisiteur. Les magistrats, les ministres
de la religion, les spectacles, les papiers publics,
tout est soumis à la plus gênante inspection,
tout subit les capricieuses investigations d'une
sorte de visir qui, chaque jour, comme la re-

---

nation, la plus forte garantie de leur attachement à la
constitution. Il est bien difficile, peut-être même impossible qu'un guerrier, quelque gage qu'il ait déjà donné
de sa modération et de sa libéralité, ne franchisse pas les
limites qui circonscrivent le pouvoir royal. Le gouvernement est tout entier dans les mains de celui qui dispose
immédiatement de la force armée. Dans ce cas, la représentation nationale n'est plus rien, et toute autre autorité est absorbée.

nommée, recueille le vrai et le faux, et porte, à son gré, le trouble ou le calme dans l'ame de son maître, irrite ses passions, ou dissipe ses terreurs. Et quels sont les intermédiaires entre les tyrans et de tels ministres ? Tacite les a peints. Les hommes sont semblables sous de semblables régimes.

Toutes choses se nivèlent pour la servitude, même les sciences, la littérature et les arts. Des pièces de théâtre que le temps et l'admiration de deux siècles ont consacrées, comme une propriété nationale, sont interdites ou mutilées ; celles de telle époque, de tel auteur, plongées dans l'oubli. Les pièces nouvelles subissent un long et minutieux examen. Les fortes pensées, les expressions énergiques, disparoissent sous le stilet d'un barbare censeur. Les élans du génie ressemblent trop aux accens de la liberté. La guerre est déclarée au génie. Peu d'auteurs de notre temps sont atteints ; aucun ne mourra de ses blessures. Quelquefois la représentation est permise, comme dernière épreuve ; le public tue la pièce, s'il y découvre une allusion. Le parterre est coupable, et l'auteur est puni. Le premier nuit à l'art en voulant venger le second des dégoûts dont l'abreuve la censure.

Quels terribles aveux sortent de la conscience d'un souverain qui, dans tout écrivain, suppose

13.

un ennemi ; dans l'homme de génie, un conspirateur ; qui se voit lui-même dans un portrait
odieux ; qui craint d'être jugé par les arrêts qu'a
prononcés l'histoire, et qu'à des noms trop
fameux le sien ne soit substitué par la haine publique! Excès de malheur et d'infamie! Conséquence immédiate et nécessaire de l'excès et de
l'abus du pouvoir !

La tyrannie inquisitoriale n'atteint pas seulement les auteurs dramatiques. Elle enveloppe de
ses recherches, l'écrivain qui fait parler la raison,
et celui qui met en scène les passions humaines.
La proscription est générale. Napoléon redoute
l'indépendance de la pensée ; sous quelque forme
qu'elle se présente, et sur quelque sujet qu'elle
s'exerce. Poète, philosophe, historien, vous su-
birez la même destinée! L'audace du génie, les
pinceaux créateurs du poète, le burin de l'histoire seront également réprimés, et, pour ainsi
dire, pressés sous une direction commune. Mais
ces magistrats littéraires, qu'on nomme censeurs,
auront-ils donc chacun plus que du talent et du
génie ? — Non, leur ministère n'en exige pas.
C'est assez qu'ils aient ce qu'il faut d'esprit et de
vagues connoissances pour humilier un penseur
profond, un savant illustre, un littérateur du
premier ordre. — Mais quel homme est donc le
directeur? — Il est dirigé lui-même ; et c'est pré-

eisément pour cela que toute réclamation, lorsqu'il a prononcé, seroit vaine ou coupable. Cependant, comme un peu de bien est quelquefois à côté de beaucoup de mal, soyez humble et résigné; humiliez votre plume jusqu'aux basses flatteries; souillez votre nom par de complaisans mensonges, et tous ces gens-là vous protégeront auprès du dispensateur des places, des cordons, des dignités.... Honneur, estime à l'homme de bien qui dit au tyran : «Qu'on me ramène aux carrières. »

Enfin l'organisation complète du despotisme militaire est consommée. Tout Français est élevé pour les combats. Les jeux de l'enfance en présentent l'image, en inspirent le goût. Dans les écoles publiques, dans les lycées, dans les académies, les discours oratoires roulent sur les guerres qui ont désolé la terre, et proposent pour modèles à la jeunesse les héros qui l'ont dépeuplée. Mais c'est principalement Napoléon, ses victoires, ses conquêtes d'Afrique et d'Europe, qu'on lui apprend à célébrer. Les grands hommes de l'antiquité ne figurent dans les essais d'éloquence et de poésie, que comme des ombres dans un tableau. Les émules qui ont su allier l'art et la délicatesse à l'exagération de la louange, sont signalés à l'empereur comme des sujets de grande espérance. Telle étoit la direction que

les ministres donnoient aux lettres et aux arts,
que lui seul occupoit la pensée des maîtres et
des élèves, et que toute sorte de composition se
rapportoit à lui, comme au plus parfait modèle. S'il arrivoit, soit par négligence, soit pour
surprendre un téméraire écrivain sur le fait,
qu'on lui permît d'imprimer autre chose que de
fades louanges, ou des sottises, ce qui est à peu
près égal, on saisissoit son livre avant qu'il ne fût
publié ; on le ruinoit ; et, par cet exemple, on
glaçoit d'effroi les talens, on encourageoit l'audace à calomnier des grands-hommes, à former
un parti contre la philosophie ; à souiller du venin que distilloit sa plume vénale, un siècle qui
a légué de grandes lumières et d'utiles vérités
aux siècles à venir.

Vainement le despotisme repoussé la vérité
et s'arme contre elle. Elle est, en quelque sorte,
imprimée sur le temps, qui toujours avance,
éternelle comme lui-même. La lumière a vaincu
les ténèbres. L'Europe est aujourd'hui le domaine de la philosophie ; elle y règne, même
combattue. La persécution accroît le nombre,
enflamme le zèle de ses défenseurs. S'il est des
rois qui la proscrivent, il en est de
qui la font asseoir à côté d'eux sur leur trône.
Au degré où s'est élevée l'intelligence humaine,
elle brave toutes les tyrannies. Nul effort ne

peut arrêter ni limiter ses progrès. La raison
universelle étend ses bienfaits, comme le soleil
les rayons de sa lumière.

Voilà par quelles mesures violentes et arbitraires Napoléon se flatte d'avoir établi solidement son absolu pouvoir. Fondant sa sécurité
sur la terreur de tous, sur le silence des hommes
de bien, sur les hommages des admirateurs intéressés dont il s'entoure, il croira pouvoir satisfaire, au gré de son ambition et de son orgueil,
sa frénétique passion pour la guerre. C'est ici
que commence à se développer le plan, aussi
hardiment conçu qu'habilement conduit, de la
politique autrichienne.

On s'est généralement étonné qu'aussitôt
livrée à Napoléon, la fille de l'empereur François ait paru étrangère à sa famille. Les larmes
d'une mère manquoient à la pompe nuptiale.
Mais un oncle, une sœur, un frère pouvoient,
par leur présence, voiler les motifs du sacrifice.
Assise sur le premier trône du monde, aucune
attention visible ne l'a rapprochée d'eux; et l'on
doute que le plus intéressé à faire cette remarque
en ait tiré, s'il l'a faite, les conséquences qu'en
déduisoient les hommes d'état chez toutes les nations, et tous les bons citoyens dans l'empire
français.

Jusqu'ici l'Angleterre a soufflé les discordes.

sur le continent, allumé les guerres contre la
France, et cimenté les coalitions; quand l'empereur a marché contre elles, et prévenu, par
de subites invasions, des attaques préméditées, il
les a pu motiver dans ses manifestes par les préparatifs hostiles des puissances subsidiaires du
gouvernement britannique. Mais lorsque, disposant des trésors, des flottes et de l'armée d'Espagne, observant la cour de Madrid, comme le
grand-seigneur observe des pachas, suspects d'infidélité ou de rebellion, il accusoit le roi et les
ministres d'entretenir de secrètes intelligences
avec le cabinet de Saint-James, cette accusation
n'étoit-elle pas la querelle du fort contre le foible?
La légation française affectoit une conviction
qu'elle n'avoit pas, que démentoient hautement
les faits et les circonstances : insidieuse diplomatie qui couvroit le monstrueux dessein de détrôner le père par le fils, de dépouiller celui-ci,
et de s'approprier un grand royaume, comme
un faussaire ravit un héritage, en prenant le nom
d'autrui, en supposant des titres.

La même cause a fait éclater, à des époques
diverses, les guerres qui ont embrasé l'Allemagne et l'Italie. Venise et Gênes, la Hollande
et les villes Anséatiques, suspectes ou prévenues
d'avoir favorisé le commerce de l'Angleterre,
ont subi le joug d'une réunion forcée à l'em-

pire de Napoléon. Sa main de fer a déchiré leur charte antique ; ces chartes que l'Helvétien et le Batave ont scellées de leur sang. Ces nations ont disparu du système social des nations européennes. Napoléon décrète la radiation d'un peuple, l'éclipse d'une république, aussi promptement qu'un despote asiatique expédie le cordon fatal à son grand visir. Veut-il s'emparer des trésors qu'il suppose avoir coulé et s'être accumulés dans la ville de Hambourg, il l'envahit comme étant l'entrepôt des marchandises anglaises. Cette métropole du commerce, centre de confiance et de liberté pour tous les peuples, est changée en une place forte, et sa douce magistrature en un gouvernement militaire, d'autant plus dur, que les intérêts des habitans et de leurs hôtes sont plus froissés et la soumission moins volontaire.

Il est possible que les nations continentales, unies par le lien de la paix, interdisent l'approche de leurs côtes et ferment leurs ports aux vaisseaux d'une puissance qui s'arroge exclusivement, et à main armée, le commerce et la domination maritimes. Mais un blocus continental, exigé par la force, ne peut pas être maintenu par la guerre. Aller à la conquête de tous les états, pour tous les réunir contre un ennemi commun, c'est prendre la voie la plus longue et

la plus difficile ; ou plutôt c'est le rêve d'un insensé. Telle est pourtant cette chimère que Napoléon poursuit avec un risible emportement.
S'il fut jamais conçu un système monstrueux,
c'est celui qui met indéfiniment en opposition la
volonté et l'intérêt, qui commande à cent peuples
la guerre ou la famine ; qui renferme, dans son
expression simple, la plus absurde contradiction ;
et c'est pour cela même que Napoléon exigeoit
impérieusement le concours de tout le continent
à repousser les marchandises anglaises ou à les
incendier. Obtempérance ou refus, la guerre
étoit inévitable. Elle étoit pour lui un besoin
d'instinct ; mais il avoit encore ce reste d'égards
pour les Français et pour l'armée, de s'appuyer
d'un prétexte et de donner à sa cause une apparence d'équité. L'infidélité des cabinets à leurs
engagemens contre l'Angleterre étoit toujours
supposée. La plus active vigilance sur ce point
des traités étoit principalement recommandée
aux agens consulaires et diplomatiques ; et l'empereur étoit toujours préparé à punir les infractions. Dans les courts intervalles de paix, son
état militaire étoit un effrayant état de guerre ;
qui forçoit l'Europe entière à rester armée dans
la même proportion, d'où résultoit une marche
rétrograde de la civilisation à la barbarie. Les
peuples s'isoloient. Les communications com-

merciales étoient interrompues ; même celles
que l'intérêt des lettres et des sciences avoit
jusqu'alors préservées des effets de la guerre et
des rivalités nationales ; et, bloqués sur terre et
sur mer par l'abolition des droits de neutralité ,
foible image de la paix, quand la foudre sillonne
les mers et renverse les cités, les peuples se res-
serroient dans leurs limites, comme dans une île
inabordable.

· Tout-à-coup le monde retentit des plaintes de
Napoléon contre l'empereur Alexandre. « Ses
ports sont ouverts aux vaisseaux anglais. Son conseil et ses ministres se sont vendus au cabinet de
Saint-James. Le colporteur de leurs secrètes
intrigues, c'est un Français transfuge et désho-
noré, le plus mortel ennemi de sa patrie ». A'
ces graves accusations succèdent des injures qui
n'épargnent ni le sénat, ni la nation, ni le prince.
Nos journaux frappent à-la-fois les peuples d'é-
tonnement et de terreur. Ils présagent un em-
brasement universel. Les égards que se doivent
les chefs des nations y sont méconnus. Chaque
article est un virulent manifeste. On ne conçoit
pas qu'un gouvernement se respecte si peu lui-
même, qu'il descende au style acerbe, aux grossières invectives par lesquelles un pamphlétaire
anonyme se fait acheter et mépriser. Quel Français n'a pas gémi quand le plus noble ministère

s'est ainsi dégradé, en adoptant un langage, un ton, des formes, réservés aux rixes vulgaires? Cette étrange nouveauté pouvoit-elle produire un autre effet que celui de nationaliser les haines, les vengeances, et d'accroître les maux inséparables de la guerre, de tous ceux que ces passions engendrent? Du moins il procuroit à des souverains nés sur le trône, l'occasion de se montrer plus généreux, plus grands que ne savent l'être ceux que les révolutions, la guerre ou la fortune y ont élevés. Sous ce rapport, le sentiment des convenances, l'amour-propre délicat, la fierté bien entendue, ont distingué les proclamations, les manifestes d'Alexandre, des rois ses alliés, et du prince de Suède (1), tandis que les mêmes sentimens ont totalement manqué aux écrits de Napoléon, qui affectoit, sans pudeur, l'orgueil des cours asiatiques envers leurs tributaires et leurs vassaux.

Il importe de remarquer ici que le traité d'alliance de l'empereur des Français et de celui d'Autriche obligeoit chacun des deux souverains à fournir à l'autre, en cas de guerre, une armée de trente mille hommes; que les hostilités entre la Porte et la Russie, entre les État-Unis et l'Angleterre formoient des diversions dont Napo-

---

(1) *Voyez* sa lettre à Napoléon dans les pièces officielles.

on se promettoit les plus grands avantages. Il comptoit pour certaine une prépondérance de forces qui n'étoit qu'hypothétique, et considéroit comme des auxiliaires, invariablement enchaînés à son char de triomphe, les troupes napolitaines, celles de la Prusse et de la Confédération du Rhin, les insurgés polonais, et les régimens que les Suisses tenoient à sa solde.

Des forces aussi imposantes auroient pu séduire un prince moins présomptueux que Napoléon, et lui inspirer la vanité de les opposer à un monarque qui balançoit son influence. Pouvoit-on espérer que ce fier vainqueur, pour qui tout prétexte étoit un motif légitime de guerre, qui disposoit, au gré de son ambition, de si nombreuses et de si vaillantes armées ; qui, non moins superbe qu'Agamemnon, comptoit parmi ses lieutenans des rois et d'illustres capitaines, se défendroit de la tentation d'aller planter ses aigles sur les tours de Moscou et de Saint-Pétersbourg; qu'il ne se précipiteroit pas aveuglément dans une lutte où il aura à combattre les hommes, les élémens, le climat ; où les ennemis les moins difficiles à vaincre seront un peuple fanatique de bravoure et de devouement à son prince ; une innombrable armée, conduite par des généraux offensés dans leur honneur, et plus encore dans la personne de leur souverain ?

CHAPITRE XII.

Entrée de Napoléon sur les possessions russes; ses fautes; sa politique à l'égard de la Pologne. Conquête de la Lithuanie. Victoires de l'empereur. Incendie désastreux de Moscou. Retraite plus désastreuse de l'armée française.

Au mois de juin 1812, l'empereur, que toute la France croyoit occupé du noble et utile soin de procurer à la Pologne une constitution, un gouvernement, une armée, entroit inopinément sur le territoire russe. Une proclamation, dont la jactance va remplir d'une secrète joie le cabinet de Saint-James, sans porter aucune alarme dans celui de Saint-Pétersbourg, annonce à l'armée française qu'au mois de juillet elle aura planté ses aigles sur les tours de cette capitale; et la Pologne, qu'il abandonne, arme, en faveur de Napoléon, sa noblesse et le peuple des campagnes. Après s'être long-temps flattée d'unir bientôt ses armes à celles des Français, à titre de puissance alliée, elle continue de le servir, comme protégée et sujette. La gloire de créer un peuple aura peu d'attraits pour le prétendu pro-

tecteur, tandis qu'il trouvera des peuples à subjuguer, des états à conquérir. Alexandre répond
par une déclaration de guerre franche et motivée.
Il fait un appel à ses peuples; et, par des considérations puisées dans leur intérêt, il sollicite
ceux de la Prusse et de l'Allemagne à réunir tous
leurs efforts pour repousser l'ennemi de leur
commune indépendance (1).

Arrêtons-nous sur cette époque à laquelle se
lient tant de funestes événemens, tant d'intérêts
contraires. Que l'on considère ici Napoléon
comme chef de l'armée, ou comme chef de
l'empire, il sera accusé d'imprévoyance et de
témérité par les hommes d'état et par les hommes
de guerre. Cette faute décisive anéantit les espérances des Polonais, relâche le lien de la confédération rhénane, et détermine le mouvement
de l'Europe contre la France et contre lui-même.
La Prusse, armée en apparence contre la Russie, aspire à rentrer dans le système qui, seul,
lui garantit son existence. Le cabinet d'Autriche
sourit à une entreprise dont il feint de partager
les dangers, pour en dérober aux regards de
Napoléon toutes les chances, et qu'il a peut-être
indirectement conseillées. Ah! si, ne bornant pas
sa protection et ses bienfaits à de vaines pro-

_____

(1) Pièces officielles.

messes, il eût donné ses premiers soins à la
Pologne, fixé son sort et ses limites, organisé
son gouvernement et son armée, effacé la tache
de son ancienne servitude; si, au lieu de l'en-
traîner avec lui dans les déserts de la Russie, il
lui eût appris à couvrir ses propres frontières
contre les subites invasions des kosaques, ses
ennemis naturels; si, voulant en faire la première ligne de défense pour la Germanie et le
nord de l'Europe, il l'eût mise en état de se défendre elle - même, au moins de soutenir un
premier choc; il est présumable que le cabinet
russe eût respecté un aussi noble emploi des
forces et de l'influence de Napoléon; ou que,
s'il eût opposé les siennes au rétablissement de
la Pologne, c'auroit été sans aucun succès; et,
dans cette hypothèse, la guerre contre la Russie,
juste et légitime, auroit été entreprise avec les
précautions convenables et l'opportunité du temps
et des circonstances. Il est certain que la France
entière blâma cette invasion, dont les moindres
inconvéniens étoient ceux que rencontre nécessairement une armée à laquelle s'offrent, en
perspective, d'immenses déserts, vingt-six degrés de glace, une famine certaine. Elle paroissoit déterminée par une autre cause que l'ambition. On y voyoit la précipitation ordinaire de
la vengeance. L'infraction du blocus continental

n'en étoit que le prétexte. Napoléon ne savoit ni déguiser ni pardonner une offense..... Dans cette circonstance, l'orgueil égara à tel point sa raison, qu'il se persuada que la Russie seroit sa plus facile conquête, et que les peuples de ce vaste empire l'attendoient comme un libérateur. Il jugea, dans son délire, les hommes, le temps, et le climat tels qu'il les lui falloit. Mais ce qui nous semble aujourd'hui un problème inexplicable, c'est que son erreur ait eu l'effet d'une contagion, qu'elle ait gagné toute son armée, et produit une sorte d'enchantement. Ces terres boréales, immobilisées, et pressées sous un hiver de neuf mois, étoient désirées par l'officier et le soldat comme des terres promises, où couloient en abondance le lait et le miel, où s'étoient accumulés pour eux les richesses de l'Inde et l'or du Pactole. Ils y couroient comme sur une proie qui ne seroit pas disputée. Ils rêvoient la fortune au terme de leurs nobles travaux ; tandis que l'élite de la jeunesse française s'y précipitoit pour la gloire, et de vieux généraux, pour y cueillir leur dernier laurier.

Que d'espérances seront déçues ! que de passions seront punies ! Cependant la marche de l'armée présente l'aspect d'un triomphe. Les villes s'ouvrent sans résistance ou tombent sous le canon. Les victoires se succèdent comme les

3. 14

jours , mais disputées et chèrement achetées. Le
voile des illusions s'épaissit. L'empereur entre à
Moscou , ville impériale et sainte , à Moscou où
l'attendoit la fortune , pour l'offrir en exemple
aux conquérans incendiaires et dévastateurs .Son
armée , un moment retenue aux portes de cette
capitale , prépare , orne de trophées le char du
triomphateur. Napoléon envoie proposer une
paix honteuse. Alexandre répond : « Pour vous,
la campagne est terminée ; elle commence pour
moi. » L'ordre est donné ; et le Moscovite livre
aux flammes cette immense cité , où l'ennemi se
proposoit d'établir ses arsenaux , ses magasins ,
ses hôpitaux , où seroient forgées les foudres qui
devoient détruire Saint-Pétersbourg ; et renverser l'empire ; dévouement sublime qui manque
à l'histoire du peuple romain. Les flammes qui
dévorent Moscou ont sauvé la patrie de ces antiques Slaves , d'autant plus attachés à leur sol
que la nature est pour eux plus constamment sévère. Ils se sont ployés à sa rigueur ; la constance , et toutes les autres qualités de leur âpre
climat sont passées dans leurs mœurs, dans leurs
habitudes , dans leur caractère. L'incendie de
Moscou est le signal que semblent attendre le
vent du nord et les frimas; et c'est à l'approche
des plus inévitables désastres que l'empereur
goûte la puérile satisfaction d'allumer de sa propre

main les flammes qui consument l'antique palais des czars. L'hiver, l'impitoyable hiver surprend tout-à-coup dans leur fuite précipitée nos divers corps d'armée.; devant eux est un désert de glace ; autour d'eux, des monts de neige ; le double fléau de la famine et du froid leur montre la certitude et toutes les horreurs de la mort. Tout ce qu'elle n'aura pas moissonné tombera aux mains de l'ennemi ; trop peu subiront cet heureux sort. Et l'auteur de tant de maux, dont tout-à-l'heure le dépit insultoit l'ennemi qu'il désespéroit de vaincre, traversé en fugitif, à la faveur d'un humble déguisement, la plage glacée qui le sépare de la Pologne. Son char roule sur des monceaux de morts et de mourans ; et lui-même ne meurt pas. Ce n'est point par une faveur des dieux qu'il échappe à tant de dangers; leur justice veut qu'il vive dépouillé de toute sa terrible puissance.

Ah ! si, durant cette fuite, pour lui seul, si honteuse, l'orgueil, irrité plus qu'humilié, n'a suscité dans l'âme de Napoléon que des mouvemens de haine et de vengeance ; si le souvenir de l'armée la plus valeureuse et la plus dévouée en est effacé ; si, pour distraire sa pensée du tableau qui a fatigué ses regards, il dénombre les hommes qu'il peut encore dévouer au dieu de la guerre, il invente des formes par lesquelles

14.

il puisse envelopper jusqu'au dernier Français capable de porter les armes, ne nous en étonnons pas. Les contradictions aigrissent son caractère jusqu'à la fureur. Dans cet état qui touche à la démence, il se révolte contre le malheur, ou il l'impute à des causes qui ne pouvoient être prévues ; il s'absout de ses fautes et de ses revers avec une assurance préméditée et dont il a calculé les effets. Il a traversé rapidement la Pologne et l'Allemagne, afin de prévenir des jugemens contraires à ses desseins. Il suit de près ce désespérant vingt-neuvième bulletin dont il redoute le premier effet. Il arrive, il se montre, et ses esclaves interrogent ses regards, avant de proférer une parole, d'exprimer un sentiment. Ils savent ce qu'il faut croire concernant l'armée et lui-même ; mais ce qu'il en faut dire, lui seul doit l'ordonner. Il avoue enfin ses infortunes. Il en accusse la nature. Aussitôt les organes du peuple français condamnent, en quelque sorte, la douleur publique ; et l'empereur est loué pour n'avoir pas désespéré de l'empire ; il l'est surtout, pour avoir, dans sa fuite solitaire, résolu de confondre ses ennemis ; pour avoir cru que la nation rassurée, heureuse par sa présence, se leveroit toute entière ; pour avoir compté sur nos dernières ressources, sur le sacrifice volontaire de la vie des pères et des enfans.

Cependant le deuil est général ; mais il se renferme dans l'intérieur des familles. Des adresses concertées , des journaux soudoyés ont beau répéter que l'heureux retour de Napoléon rachète toutes nos pertes , que son génie réparera nos maux ; la France se couvre d'un voile funèbre ; et les mères éplorées redemandent les fils qui ne sont plus , à celui qui veut arracher de leurs bras le seul fils qui leur reste. Aux visites solennelles , aux hommages de l'adulation , succèdent les décrets, les sénatus-consultes , les proclamations. Tout fléchit : et ce n'est pas seulement par obéissance. L'opinion fait justice de tous ces actes où la bassesse répond si complaisamment à la tyrannie ; et cependant la nation , toujours fidèle à l'honneur , toujours soumise à la voix de la patrie , prévient le vœu du prince par des offres volontaires. Le dévouement est unanime et sans doute trop généreux. Car, réduit à cette extrémité de devancer l'époque des prochaines conscriptions , et d'appeler tout ce qu'il restoit d'hommes des conscriptions antérieures, elle eût dû prescrire la destination et l'objet des nouvelles levées, des taxes extraordinaires qu'elle s'imposoit, et vouloir la paix pour condition de son dernier sacrifice. L'excès des maux présens , la perspective d'un avenir plus désastreux encore, tout imposoit aux premiers corps de l'état l'obligation d'opposer à la tyrannie la volonté nationale , de s'exposer aux ressentimens de l'empereur, en lui déclarant, en déclarant à l'univers que les Français, irrévocablement résolus à n'entrer désormais qu'à titre d'alliés ou d'amis sur le territoire des autres puissances, ne resteront armés que pour défendre leur indépendance et l'intégrité de nos limites ; et que sur tous les points de l'enceinte sacrée, l'étranger agresseur trouvera des Spartiates, commandés par des Léonidas.

Tels eussent éclaté les sentimens et les principes des pères du peuple, si le peuple eût été dignement représenté. Aucune voix ne rompit le lugubre silence dont le despotisme s'étoit entouré ; nos vœux parvenoient jusqu'aux ministres ; aucun d'eux n'osoit les porter au pied du trône. Si, dans les délibérations du sénat, il arrivoit qu'une généreuse réclamation se fît entendre, elle étoit aussitôt étouffée par l'improbation tumultueuse d'une servile majorité, et peut-être le magistrat vertueux étoit-il dénoncé. Car l'homme libre et juste est odieux à l'esclave, autant que redoutable au tyran. Le premier l'accuse, celui-ci le punit. Sous un régime despotique, l'homme de bien est une proie abandonnée au délateur ; et, s'il étoit possible que la verge de fer eût anéanti tout germe de vertu, le monstre la supposeroit dans l'homme dont il envieroit la dé-

pouille. Nous n'en étions pas encore à ce comble
de bassesse et d'infamie., quoique arrivés au
dernier terme de la servilité. On l'avoit trop rapidement atteint, pour que tous ses résultats
pussent s'être développés. Plus flatteurs que méchans, les esclaves ordinaires de Napoléon se
mettoient à prix, sans trop songer à nuire, et
s'enrôloient, sans savoir quel seroit leur emploi.
Ceux qui occupoient les hauts rangs n'avoient
pas encore tous jeté loin d'eux le masque de la
pudeur. Parmi les nombreux suppôts d'un maître
irascible, mais encore modéré dans ses haines et
sobre de vengeance, les plus méprisables étoient
ceux qu'il recrutoit parmi ses ennemis naturels :
courtisans dissimulés, serviteurs hypocrites, d'autant plus soumis qu'ils souffroient plus d'affronts,
et s'imposoient plus de contrainte, que leur
condition présente étoit plus opposée aux opinions qu'ils avoient précédemment professées ,
et que des souvenirs récens appeloient sur eux la
défiance et les soupçons. Mais Napoléon se re-
paissoit avec une puérile vanité de la présence de
ces hommes, eux-mêmes si vains autrefois, si
humbles aujourd'hui sous la livrée de la servitude; et bouffi de cette sorte d'orgueil, plus
qu'asiatique, il s'aveugloit sur le danger.

Ainsi tout se passe dans l'empire au gré de   1813.
Napoléon, et comme s'il étoit revenu de Moscou.

à Paris par un chemin jonché de lauriers. On oublie, ou l'on feint d'oublier cinq cent mille Français, victimes de son imprudence, pour célébrer
le magnanime courage avec lequel il a soutenu
ce revers de fortune, pour dévouer de nouveau
un égal nombre de citoyens à une mort certaine.
Plusieurs corps d'armée se forment dans l'intérieur et sur les rives du Rhin. Plus d'armes, plus
de munitions, plus de chevaux, tout a été détruit
ou pris; tout est réparé comme par enchantement. Serait-il donc vrai que la terreur obtient
plus que l'amour? Malheur aux peuples dont les
gouvernemens ont consacré cette cruelle maxime!
Opposons-leur celle du bon Henri qui disoit :
« Mes trésors sont dans les coffres de mes sujets. »

Mais où court cette jeunesse inexpérimentée ?
Quel service attendez-vous de ces chevaux sans
exercice, de ces cavaliers sans instruction ? Où
traînez-vous ces cohortes qui réclament en vain
la foi de vos promesses, ces cohortes composées
de vétérans, d'officiers qui ont vieilli dans la retraite, qui ont quitté leurs foyers, leurs épouses,
leurs enfans, pour veiller sur nos côtes à la sûreté de l'empire ? Napoléon répond : « Les conscrits, les cohortes figureront dans les batailles.
Ils seront bons pour tomber sous le canon de
l'ennemi. » Et toi qui te joues ainsi de notre
confiance, qu'as-tu fait de l'invincible armée,

des braves qui sauvèrent la France à Fleurus;
qui, dans l'Italie, et sous le ciel brûlant de l'É-
gypte; qui, à Hohenlidden, à Marengo, à Austerlitz, à Iéna, à Friedland; enchaînèrent la
victoire à tes drapeaux? Ils ne sont plus; les zones
brûlantes et les zones glaciales les ont dévorés;
et, le sourire sur les lèvres, le mépris des hommes
dans ton barbare cœur, tu commandes à nos
enfans de suppléer par le dévouement à la foiblesse, de combattre contre des armées, sinon
victorieuses encore, du moins guéries des préventions qui paralysèrent long-temps leur courage, non-seulement contre des armées, mais
contre des nations qu'animent les plus justes ressentimens.

Vainement, à cette époque de nos plus grands
désastres, un ministre, affectant la voix perfide
des syrènes, veut persuader à la nation qu'elle
croît en nombre, en puissance, en industrie, à
mesure que les conscriptions sont plus rapprochées et plus générales : non moins dérisoire
qu'absurde, son adulation est sans objet. Le
cœur de Napoléon étoit fermé aux remords; les
nôtres à l'espérance. Mais elle peint les hommes
et le temps.

CHAPITRE XIII.

Dernière armée de Napoléon ; sa dernière campagne ; ses vaines négociations pour la paix ; son abdication forcée. Conséquences de cette rapide révolution. Réflexion sur le sort que doivent éprouver les princes dont la politique est en opposition avec les lumières du temps, les dispositions des peuples et les convenances locales..

1813. L'IMPATIENT Napoléon a tout disposé pour une nouvelle campagne : elle s'ouvre par des succès ; prélude trompeur des revers que lui ménage la fortune. L'heure approche où le tocsin de la haine soulevera contre la France, ou plutôt contre leur orgueilleux protecteur, les princes confédérés ; où cette haute puissance qui, sous le voile d'une alliance nécessaire, a savamment préparé la trame dans laquelle le téméraire Napoléon doit se prendre, nous expliquera, en se déclarant partie active de la coalition, la marche insignifiante de son armée, dans la dernière campagne ; et dans celle-ci, ses hésitations, ses secrètes intelligences. Cependant cet état de choses, tout désespérant qu'il était, laissait encore ouverte une voie de salut pour la France, si l'empereur pouvoit enfin se résoudre à prendre conseil de tout autre que de lui-même. La défection de l'Autriche rompoit le lien de la confédération du Rhin, et entraînoit toute l'Allemagne dans la coalition. Mais ce concours de toutes les forces germaniques, russes et suédoises, avoit très-évidemment la paix pour objet. La fin des tyrannies qui pesoient sur l'Europe, en étoit alors l'unique condition : elle fut proposée et presque sollicitée par les princes coalisés, avant et après ces sanglantes batailles, qui, perdues ou gagnées, étoient également funestes à Napoléon. Il pouvoit conclure un traité, non moins avantageux qu'honorable, s'il l'eût voulu de bonne foi. Mais il prétendoit dicter la paix, et non la négocier, se remettant dans la situation politique et militaire où il étoit avant l'hiver de 1812.

En tournant ses armes contre la France, l'empereur d'Autriche ne cesse pas d'être médiateur entre l'empereur son gendre, et les princes ses coalliés : caractère auguste, prééminence respectueuse que ces princes lui défèrent à l'envi. Ce témoignage de leur confiance envers le père de notre impératrice, parut à toute l'Europe le gage d'un rapprochement plus prochain, d'une paix

ardemment désirée. Par son adhésion à ce vote
universel, Napoléon auroit expié des fautes, des
erreurs que nous avons bien chèrement payées ;
il auroit, sinon réparé, du moins reconnu les
injustes agressions dont il s'étoit rendu coupable : il auroit plus fait encore ; il eût sauvé ses
plus beaux titres de gloire ; car, en n'exposant
pas ses dernières ressources à de nouveaux hasards, les ennemis même, malgré leur grande
supériorité, pouvoient douter à qui le sort réservoit l'honneur et les avantages de la campagne.
Un capitaine tel que Napoléon, ne commandant
qu'à des soldats français, autorisoit ce doute.
L'opinion publique, juge suprême des souverains, étoit disposée à l'indulgence. Même auprès
de cet inflexible tribunal, des victoires, d'im-
mortels lauriers sont de puissans défenseurs.
Déjà on se plaisoit à mettre sur le compte d'une
nature invincible les déplorables résultats de sa
campagne de Moscou : du moins c'eût été dans
l'histoire une de ces questions problématiques
sur lesquelles la critique s'exerce et qu'elle n'ose
résoudre. L'empereur n'avoit qu'à changer de
système pour s'assurer la conquête la plus glorieuse, l'affection et la reconnoissance d'un grand
peuple, pour recouvrer les titres d'époux, de
père, de roi, qu'il avoit jusqu'alors sacrifiés à
son effrénée ambition. Celui de conquérant ex-

clut ou flétrit tout autre titre ; comme la passion de la guerre absorbe tous les sentimens doux et humains.

Napoléon joue les plénipotentiaires, réunis à Dresde, ensuite à Prague ; il trompe ses propres ministres : le congrès lui semble une conjuration, et l'état de paix un état d'agonie. Cependant un armistice est conclu. Tandis que les peuples et l'armée en tirent un favorable augure, il emploie le temps de sa durée à réformer les vices d'une organisation précipitée ; il préside en personne à l'instruction des corps nouvellement formés. La reprise des hostilités est résolue dans cette tête inflexible, si accoutumée à froidement compter ce qu'une campagne coûtera de générations à l'humanité, de citoyens et de pleurs à la patrie : la guerre est rallumée dans son impitoyable cœur. Insensé, qui force l'Autriche à tourner contre lui ses nombreuses légions ; qui fait une extrême nécessité aux divers états germaniques de se concentrer en un seul corps de nation, de confondre leurs intérêts, de faire cause commune avec la Russie, dont cette même Allemagne a tant de motifs de redouter l'influence. Quelle barrière sera désormais assez forte pour retenir les hommes du nord dans leur âpre climat ? Les limites ont été franchies : la route est tracée ; et la pente natu-

relle qui les porte à s'élancer sur les contrées
méridionales, fortifiée par des souvenirs récens,
par des narrations exagérées, par des chants de
victoire, peut acquérir le caractère d'une irrésistible passion. Le Rhin même ne rassureroit
peut-être pas la France, si la Germanie étoit
menacée. Le sceptre des Russies, tenu par Alexandre, réprime aujourd'hui la grossière cupidité
des soldats kosaques, fléaux dévastateurs, qui se
répandent en avant, en arrière des troupes ré-
gulières, et qui, dans la guerre, comme dans la
paix, méconnoissent le frein de la discipline militaire et l'empire des lois. Mais les vertus ne sont
pas héréditaires comme les couronnes. Commode
fut le successeur de Marc-Aurèle; Tibère l'avoit
été d'Auguste.

Les véritables causes des avantages que les
troupes alliées ont obtenus seront connues; et
les gouvernemens respecteront une nation qui a
éprouvé tous les malheurs, hors la honte d'avoir
été vaincue. Bientôt revenus de leur étonnement,
recueillant les bienfaits de leur charte constitutionnelle, rappelant à leur pensée le rêve trompeur de la république consulaire, et le trop mémorable régime impérial, les Français se de-
manderont les uns aux autres: Napoléon eût-il
pu défendre sa capitale, arrêter plus long-temps
l'ennemi sur la rive gauche du Rhin? Des trahi-

sons ont-elles traversé son plan de défense ?
Questions qui seroient aujourd'hui prématurées,
mais que la postérité, mieux instruite, résoudra.

Déplorons ici le délire des rois et la destinée   1813.
des peuples ! Le même jour on négocie la paix,
on livre des batailles : des combats partiels, que
Turenne eût évités, sont les préludes de celle de
Bautzen, la plus sanglante et la plus opiniâtre
dont l'Allemagne ait jamais été le théâtre. Plus
de trente mille morts couvrent le champ de
bataille ; et les deux armées s'attribuent la victoire. A Berlin, à Saint-Pétersbourg, à Paris,
on offense le ciel par des actions de grâces. Non,
ce n'est pas le père des hommes, ce n'est pas le
Dieu des chrétiens que vous invoquez, en invo-
quant le dieu des armées ; le dieu des armées,
c'est votre orgueil, insatiable de pouvoir et de
vengeance !

L'espérance de la paix s'est évanouie : tout
s'apprête pour de nouveaux combats. Il en faut
convenir, la continuation de la guerre ne promet que des chances heureuses aux princes coalisés ; et cependant la paix, le repos du monde,
sont constamment le but de leur union. Napoléon ne devoit s'attendre qu'à des revers ; les
signes de réprobation étoient marqués par son
opiniâtreté, par ses imprudences, par des fautes
que sembloit lui commander un pouvoir surna-

turel ; et cependant la guerre étoit le but des
fallacieuses négociations de Napoléon. Dans ce
conflit de prétentions, justes ou exagérées, la
Russie étoit seule désintéressée ; et cette distinction répandoit sur Alexandre, offensé et pacifica-
teur, le pur éclat de la véritable grandeur et de
la solide gloire. A ce rare exemple de modération, Napoléon répondoit par le cri de guerre :
il cédoit un jour quelques parties de ses conquêtes ; il les refusoit le lendemain : et le canon
étoit le juge entre les opprimés et l'oppresseur.
C'est pourquoi le temps qu'il accordoit aux négociations, il le comptoit comme perdu ; c'est
pourquoi son repos étoit toujours menaçant et
presque hostile : d'où il résultoit que l'état de
paix, sous les rapports des dépenses, des levées
d'hommes et d'impôts, ne différoit pas de l'état
de guerre.

On a dit, et l'on croit aujourd'hui, que la
guerre avec la Russie étoit prévue dans le traité
d'alliance entre la France et l'Autriche ; que
Napoléon s'y obligeoit à restituer à l'empereur
François, Fiume et Trieste, dès l'entrée en campagne de l'armée autrichienne ; et que la violation de cet engagement fut le motif de la conduite équivoque du général autrichien durant la
campagne de Russie, et de la défection de l'Autriche dans celle de Dresde.

Les succès et les revers se balancent, avec cette différence que les pertes de l'ennemi sont aussitôt réparées ; que nos pertes sont irréparables, et que la victoire épuise l'armée française non moins que les défaites. Partout où elle se porte, l'habitant est armé ; toutes les villes sont des places de guerre, les forteresses d'immenses dépôts d'armes, de munitions, de soldats : partout elle a à conquérir le pain de chaque jour. Ce n'étoit pas une lutte entre deux armées, c'étoient de nombreuses populations insurgées contre les Français. Cependant l'empereur ne vouloit pas arrêter ses regards sur les dangers certains d'une semblable position ; et, poursuivant une victoire décisive avec une incroyable témérité, il consumoit, dans des combats partiels, ses dernières ressources. Maître de Leipsick, il se renferme dans la ville de Dresde, qu'il fortifie et qu'il dévaste, plus que ne l'eût fait une prise d'assaut : sa longue résistance dans cette capitale compromet l'existence politique du royaume et du monarque son allié. C'est de là que partent chaque jour des bulletins remplis de forfanteries mensongères, dont la nation française devoit s'offenser, plus encore que les princes contre lesquels elles étoient dirigées.

La Suède, la Russie et la Prusse soutenoient encore seules tout le poids de la guerre. Cette

3., 15

époque est immortelle pour les Prussiens et pour leur roi ; elle signala à la considération , au respect de tous les peuples , le peuple que le grand Frédéric a formé à la discipline , à l'amour de son pays. Que cet exemple si rare de dévouement national , d'union entre les sujets et le souverain , apprenne aux peuples opprimés par des héros déprédateurs , que le nombre constitue moins la force , que la résolution de périr en défendant son indépendance et ses foyers. Mais ces trois puissances pouvoient dès-lors considérer l'armée autrichienne comme une réserve dont l'activité mettroit bientôt un terme à cette sanglante alternative de combats douteux , d'inutiles effusions de sang humain. A la bataille si meurtrière de Bautzen succède celle de Dresde , également meurtrière et non plus décisive : dans l'une et dans l'autre, l'intrépidité des Français et l'habileté des généraux enlèvent aux enemis les avantages qu'ils se promettoient de leur supériorité numérique , et de l'abondance de leurs approvisionnemens en tout genre, quand tout manquoit à nos soldats.

L'empereur François avoit déclaré son union avec les princes coalisés : il l'avoit motivée sur le besoin urgent d'une paix générale , sur l'obstination de Napoléon à rejeter toutes les conditions justes , et même honorables, qui lui ont été

proposées (1). Mais la justification de ce monarque est évidemment un acte d'accusation contre
l'époux de sa fille. Si sa conduite est digne d'é-
loges, elle réfléchit des torts graves sur celle de
Napoléon. La monarchie autrichienne, deux fois
menacée de périr sous les ruines de sa capitale,
étoit exposée à subir enfin le joug sous lequel
gémissoient tant d'autres états, si la France con-
servoit ses conquêtes et son influence militaire.
Cette considération ne prescrivoit-elle pas à son
gouvernement la politique qu'il a adoptée, et la
conduite qu'il a tenue? Quoi qu'il en soit, la
correspondance de l'empereur François avec Napoléon n'a pas un instant cessé d'être pacifique ;
et s'il a enfin coopéré à l'invasion de la France et
à la chute de Napoléon, ce n'est qu'après avoir
tenté tous les moyens de le sauver, lui, sa
famille, et l'empire.

Il n'étoit plus possible à l'empereur de se soutenir dans ses positions et de ramener la victoire
sous ses drapeaux ; mais il pouvoit prévenir de
plus grandes disgrâces, sauver de puissans, d'illustres débris, en ralliant à lui ces nombreuses gar-
nisons qui occupoient alors Dantzick, Glogau,
Magdebourg, et d'autres places fortes de la mo-

1813.

_____

(1) *Voyez* le manifeste de l'empereur d'Autriche,
dans le recueil des Pièces officielles.

narchie prussienne ; il auroit bordé le Rhin , et
garni nos lignes de fortifications , de troupes d'autant plus invincibles , qu'elles auroient eu , non
des peuples à dévaster , mais leur propre patrie
à défendre ; et que , respectées par l'ennemi durant le cours d'une retraite opérée avec ordre
et à propos , elles n'auroient pas éprouvé ce dé-
couragement que laisse le souvenir d'une fuite
précipitée et traversée par d'inévitables revers.
La gloire d'une retraite savante manque aux nombreux lauriers de Napoléon : il semble qu'il ait
craint de mettre à cette épreuve son art et son
génie. Par ce retour aux principes de modération , qui conviennent plus particulièrement aux
grandes puissances , il auroit cessé d'être l'effroi
et le dominateur du monde ; et ce monde , désarmé , eût recherché son alliance et son amitié.
Si , dans cette hypothèse , ils n'eût pas dicté la
paix , la France du moins ne l'eût pas reçue d'un
vainqueur. S'il eût renoncé à ses conquêtes , il
n'auroit rien perdu , sous le rapport de la puissance et de la vraie grandeur ; il auroit beaucoup
gagné sous celui de la gloire et de la considération.

Pour effacer le ridicule dont il s'étoit couvert ,
en avouant le titre que lui avoient si prématuré-
ment décerné d'impudens adulateurs, Napoléon
devoit désormais donner tous ses soins au gouvernement intérieur de l'empire , cicatriser avec

prudence des plaies qui pouvoient saigner long-
temps encore, et, reconnoissant la vanité de ces
renommées surprises ou payées par le sang des
peuples, réformer les abus intolérables de son
administration, tant civile que militaire, la première excessivement despotique, celle-ci destruc-
tive et barbare. Il avoit à réorganiser sur la base,
seule légale, des vrais besoins de l'état, son
administration financière, modèle odieux d'une
fiscalité rapace et toujours plus insatiable; sur la
base de la justice et d'une fidèle exécution des
lois, l'administration départementale, adulatrice
et servile, tyrannique et corrompue; sur la base
de l'ordre et d'une sage prévoyance, l'administration de la police générale et de la police de
Paris, devenues, sous sa direction propre, comme
elle l'avoit été sous les triumvirs, inquisitoriale,
oppressive, et plus qu'orientale. Mais l'oreille de
Napoléon, toujours ouverte à la flatterie, se fermoit aux justes plaintes de la nation; de cette
grande nation à laquelle il dut sa gloire, avant
de lui devoir l'autorité, et qui, couvrant de son
indulgence l'abus qu'il avoit fait de cette même
autorité, attendoit de lui l'aveu solennel des
droits qu'elle réclamoit, en expiation de tout le
sang qu'il avoit versé.

L'orgueil égare la raison de cet homme, si
nouveau dans l'art de gouverner, despote si pro-

fond et si résolu. Le destin qui l'éleva a marqué
le moment de sa chute. Elle est présagée par
son refus obstiné d'une paix juste et durable; elle
est écrite dans la déroute de Leipsick. Napoléon,
à Dresde, abandonné de ses alliés et de la fortune,
balançoit, seul, l'influence de l'Europe coalisée.
A Prague la paix ne lui eût coûté que des resti-
tutions, les unes promises, les autres prescrites par
la justice ou conseillées par son propre intérêt ;
enfin, après une retraite qui ne fut qu'une conti-
nuité de combats et de désastres, retraite signa-
lée à l'histoire, à la postérité, par sa désertion,
par sa fuite précipitée à travers des routes jon-
chées de morts sans sépulture, de mourans privés de secours, il put signer à Francfort, à des
conditions honorables pour la France et pour
lui-même, cette paix, si universellement désirée. Et certes, sa grande armée ayant été deux fois
anéantie, le talisman de sa renommée brisé,
enseveli sous les ruines du pont de Lindenau (1),
c'étoit imposer encore assez aux vainqueurs que
de leur inspirer la crainte d'abuser de la victoire
et de manquer d'égards pour le malheur. Dans la
situation respective des princes alliés et de Na-

_____

(1) L'empereur fit rompre ce pont après l'avoir passé,
et livra ses troupes à l'ennemi pour se soustraire à sa
poursuite.

poléon, la modération honoroit les uns, sans offenser l'autre, puisque la nation française, pour étouffer les fermens des contestations et des guerres, pour cimenter le lien des alliances, et pour garantir une longue paix, demandoit à rentrer, à se renfermer dans ses limites natu- relles des Alpes, des Pyrénées, du Rhin et des deux mers. L'empereur auroit ennobli l'abandon de ses conquêtes, dont sa condition présente lui découvroit la nécessité, s'il eût fait au peuple français, rassasié de gloire, le sacrifice irrévo- cable de ses vanités, de son orgueil, de sa fré- nétique passion pour la guerre.

Cependant Napoléon, dominé par son in- flexible caractère, recueille les foibles restes de ses braves légions, appelle les conscrits de 1814 et de 1815, retire une partie des troupes qui défendent le peu de terrain qu'il occupe dans le royaume d'Espagne, et compose à la hâte une armée, qui, dans d'autres temps et d'autres cir- constances, auroit contenu, peut-être rejeté sur lui-même, le torrent qui déjà débordoit sur plu- sieurs de nos provinces. A côté des soldats vé- térans, les soldats novices se signalèrent par un rare dévouement, par de brillans faits d'armes. La résistance de ces braves n'eût pas manqué d'être fatale aux nombreuses armées des princes alliés, si l'esprit public eût concouru avec eux à la défense de la patrie ; si les habitans des villes et des campagnes eussent, partout où se présentoit l'ennemi, pris une attitude hostile, et nationalisé la guerre ; si, feignant de négocier la paix, les agens des princes n'eussent pas négocié les trahisons. Le courage des troupes et l'activité de l'empereur leur faisoient craindre l'issue d'une lutte trop prolongée. Mais dans le midi, plus encore que dans le nord de la France, la disposition des esprits se manifestoit en sens contraire de la valeur et du dévouement des armées. De longues oppressions avoient comprimé l'énergie nationale ; Napoléon s'étoit détaché de la nation en sacrifiant les fortunes et les générations à ses propres intérêts, à l'élévation de sa famille. Des Français, sous le joug du despotisme, n'aspirent qu'à le secouer. Ils avoient le droit de le punir, ce despotisme prémédité, tramé, cimenté, avec un art perfide ; mais les Français repoussent cette dangereuse maxime, « qu'il est des circonstances dans lesquelles le patriotisme et l'intérêt public sont l'excuse du traître. »

C'est ainsi que Napoléon perd toutes les occasions que lui offre la fortune, favorable ou contraire, de réparer d'éclatantes iniquités, de se montrer enfin, grand, généreux, et digne du rang où la nation lui a permis de monter. Il pouvoit devancer la loi de la nécessité, et fonder sur dès titres avoués par les contemporains et par l'histoire une considération plus réelle, une influence plus positive que celles qu'il avoit conquises par la force et la terreur. Il rétrograde avec honte, ayant pu céder avec honneur. Le traité qui délivre Ferdinand de sa longue captivité, ridicule monument de bassesse et d'orgueil, témoignage authentique d'injustes prétentions et d'impuissance, consacre une époque unique dans l'histoire, celle qui expose aux regards de la terre, dans la personne d'un grand monarque allié et ami, un conciliateur perfide, un violent usurpateur. Et le souverain pontife qu'il a promené de prison en prison, ajoutant le scandale à l'insulte, qu'il retient dans les fers à Fontainebleau, après l'avoir dépouillé de ses états, qui, attiré au piége dans lequel la cour de Rome s'est trop souvent laissée prendre, s'est en quelque sorte mis en contradiction avec sa doctrine et condamné à d'inutiles repentirs, quand les lui restitue-t-il, ses états et sa liberté? lorsque la nécessité lui en impose la loi, et lorsqu'il craint que les princes alliés ne délivrent le pontife et ne fassent de son retour à Rome le sujet d'un triomphe religieux.

Je ne retracerai pas ici cette lutte trop mémorable, que de sanglantes vicissitudes de succès et de revers ont prolongée pendant trois mois, et dont l'issue a si heureusement calmé nos cruelles incertitudes. Qui n'a pas encore présent à sa pensée ce tableau de nos pertes, de nos douleurs, ce long jour de bataille qui présageoit un lendemain de ruines, d'incendies, de servitude, et qui fut un jour de bienfaisance et de consolation; un de ces jours si rares où Dieu se plaît à descendre sur la terre.

Depuis que les départemens qui environnent Paris étoient successivement des théâtres de guerre, notre véritable situation étoit mieux connue. L'affreuse vérité nous parvenoit sans voile et par des communications directes. Nous n'ajoutions plus aucune foi à ces relations officielles, à ces bulletins qui, si long-temps, ont abusé notre confiance. Vainement ils exagèrent les pertes de l'ennemi, quand chacun de nous s'empresse d'aller reconnoître un fils, un frère, un ami dans les hospices de Paris, changés en hôpitaux militaires. Là furent entassés pendant plusieurs mois les débris de notre dernière armée. La mort en a dévoré le plus grand nombre, malgré les prompts secours que les habitans de Paris leur ont prodigués. Quel spectacle offroient ces saints temples de la charité chrétienne au père de famille, à la tendre mère qui cherchoit le fils que la conscription venoit de lui enlever, parmi ces soldats, blessés, mutilés, mourans!

Pour se former une idée de l'infatigable activité des sœurs hospitalières, de leur courage qui multiplie leur nombre, tant il accroît leurs forces et leur zèle, il faut les avoir vues, dans ces jours où les asyles du pauvre devinrent le refuge du soldat; où, par une industrieuse intelligence, elles suppléoient tout-à-coup, et sans trouble, à l'exiguité des salles, au défaut d'approvisionnemens. Combien ce tableau de calamités et de misère s'agrandit, si nous parcourons les départemens qui ceignent la capitale, si nous visitons les cités que l'ennemi a occupées, si nous interrogeons ces vastes et nombreux cimetières où sont réunis les pères et les enfans, le soldat et le citoyen paisible! et parmi ces ruines patriotiques, que de braves dont de nobles cicatrices condamnent cette passion effrénée de conquêtes et de vaine gloire qui brave toutes les lois divines, qui rompt tous les rapports naturels et politiques de la famille humaine!

La décadence de Napoléon sera plus rapide que n'a été son étonnante ascension. Après l'évacuation de la péninsule espagnole, quelques restes d'une armée, plusieurs fois recrutée, accourent pour opérer une diversion favorable à la foible armée qui défend l'approche de Paris. Mais les innombrables troupes des princes alliés ont acquis sur tous les points l'avantage de l'offensive, et celui

bien plus grand encore de pouvoir relever des
corps fatigués ou battus, par des troupes fraîches.
et non encore entamées. Ainsi l'ennemi est toujours supérieur en force, quand chaque jour
notre armée décroît, sans espérance de recrutement, quand nous avons autant à craindre les
victoires que les défaites. La postérité croira-t-elle
que, dans cette situation, sur le bord de l'abîme,
l'empereur ait refusé de signer une paix satis-
faisante ; qu'ayant demandé l'avis du sénat et de
son conseil, il ait été pressé d'en accepter les
conditions, et que, taisant son mécontentement,
il ait continué les hostilités ? La dissolution du
congrès de Châtillon n'a précédé que de peu de
jours l'entrée des souverains alliés dans la ville
de Paris. Cette entrée, il est vrai, eut tout l'éclat
d'un triomphe ; mais ce triomphe fut celui de la
modération, célébré par l'admiration et la re-
connaissance. Que tous les arts retracent à la
mémoire des hommes cette auguste et touchante
solennité, exemple rare de magnanime vertu,
non moins honorable pour la nation qui en est
l'objet, que pour les souverains qui le donnent.

Ne nous permettons pas d'élever des doutes
sur les motifs et les causes de la capitulation qui
fut stipulée sous les murs de Paris ; écartons le
soupçon d'une convention préméditée, qui ré-
duiroit à un acte de justice le noble et libre mou-

vement de la généreuse bienfaisance de trois grands souverains.

Il ne faut pas s'étonner que de vieilles bandes, dont la victoire a cent fois récompensé la valeur, supposent des trahisons pour repousser la honte d'une défaite, pour trouver une consolation dans cet extrême malheur. Il seroit vrai, dans cette hypothèse même, il seroit juste de reconnoître que les princes alliés ont déployé, dans le cours et au terme de leurs prospérités, le plus noble caractère; qu'ils ont pressé les événemens, pour conserver, en prévenant d'inutiles efforts, toute l'autorité de la discipline sur des troupes dont l'irritation, la fureur, les vengeances se seroient accrues dans la proportion des résistances. Ils vouloient la paix pour prix de la victoire, et la victoire, sans user des droits de la guerre; ils vouloient se montrer dignes d'un siècle dont ils apprécient les lumières et ambitionnent l'estime; c'est du haut des trônes que doit descendre, jusqu'aux derniers rangs des sociétés humaines, la raison, dégagée de tous les préjugés, de toutes les erreurs. Que les rois, organes de la justice, le soient de la vérité; que les plus puissans condamnent désormais ces jeux terribles, où sont donnés en spectacle des hommes, égorgeant d'autres hommes; où des armées se présentent, les unes contre les autres, dressées en dociles gladiateurs; jeux barbares dont, jusqu'à nos jours, l'issue n'a eu d'autre résultat que plus d'accord et de concert entre les rois contre les peuples; que plus de fermens de-haine, de discorde, et même de rebellion chez les peuples contre les rois.

Le 31 mars, Paris est menacé d'être la proie des flammes, de subir le sort d'une place prise d'assaut. Une soldatesque, contenue par le frein de la discipline, réclamoit le droit de répré-sailles. Tandis que Napoléon délibère à Fontai-bleau, une poignée de braves arrête des flots d'ennemis, et balance, pendant les deux tiers du jour, la victoire. Le plus grand ordre est maintenu dans la ville par la garde nationale. Grâces soient rendues à cette troupe civique, qui exécuta hors des barrières tout ce qui se con-cilioit avec les devoirs qu'elle avoit à remplir au-dedans. La capitulation étoit signée, et l'empe-reur ignoroit encore que le canon des alliés leur avoit ouvert les portes de la capitale; que, dès le matin, son frère Joseph l'avoit désertée, après nous avoir bercés d'insidieuses espérances, après avoir invité les Parisiens à se défendre, sans doute afin qu'un grand holocauste illustrât la chute de Napoléon.

Annibal, après la bataille de Cannes, devoit-il attaquer les Romains dans Rome? Est-il vrai qu'il ne sût pas profiter de sa victoire? Ce problème historique n'est pas encore résolu. Les politiques et les grands capitaines déduiront peut-être, de l'événement du plan défensif de Napoléon, un problème non moins difficile à résoudre. La cause de plusieurs nations, l'intérêt d'un grand empire, le sort d'une autre Rome, la renommée d'un héros, que le malheur recommande à la justice des temps, tout ici réclame cet examen. Napoléon devoit-il disséminer ses forces, précipiter les attaques, multiplier les combats? Ne devoit-il pas, au contraire, se réserver l'avantage d'une affaire générale; car c'est là qu'il développoit toutes les ressources de son art, toutes les puissances de son génie. C'est lorsqu'il avoit à mouvoir de grandes masses que sa vue acquéroit l'étendue, la sûreté, la précision qui, dans ces grandes épreuves, manquent aux hommes ordinaires. Enfin, devoit-il sommeiller dans son quartier-général de Fontainebleau, soit qu'il connût, soit qu'il ignorât la marche des armées ennemies, et confier à tout autre qu'à lui-même les destins de l'empire, évidemment liés aux destins de Paris?

On conçoit sans doute que, pour discuter ces questions, il faut se détacher de tout intérêt personnel ou local, de toute opinion de parti; et que, si les contemporains sont ad-

mis au débat, il n'appartiendra qu'à la postérité de les résoudre. Qui n'apporteroit pas aujourd'hui, dans cet examen, des préventions
trop favorables ou contraires? Attendons que le
souvenir de nos maux soit affoibli, qu'une plus
heureuse situation ait relevé nos ames au-dessus
de tous les ressentimens et de toutes les affections. Nous userons mieux de notre raison. Le
bonheur inspire la justice et l'indulgence à tout
homme dont l'esprit est sain, dont le cœur n'est
pas dépravé. Quoi que fussent les lâches et les
ingrats qui brisent l'idole qu'ils ont si bassement
adorée, qui accusent le despote dont ils ont
flatté tous les caprices, à plus haute voix que
ceux dont il lui plut de faire ses victimes, qui
méndient les faveurs d'un pouvoir nouveau, en
insultant au pouvoir qui n'est plus, et qui se
permettent de punir, quand la providence et l'humanité sont satisfaites, la gloire de Napoléon
ne sera pas séparée de celle du peuple français.
A son nom resteront à jamais attachés de beaux,
ainsi que de funestes souvenirs ; et si nous pou-
vions être injustes envers sa mémoire, elle auroit
pour défenseurs les peuples mêmes qu'il a tant
de fois vaincus, et, dans des siècles plus reculés,
les témoignages de l'histoire.

Le premier avril fut un jour de fête pour les
habitans de Paris, un jour de triomphe pour

l'empereur Alexandre et le roi de Prusse. On se
souvenoit à peine du canon et des dangers de la
veille. Quelques larmes couloient, mais dans le
secret des familles. Le deuil fut en quelque sorte
mystérieux. Rien ne trouble le bonheur présent, ni l'espérance du bonheur prochain. La
police militaire, également répartie entre la ligne
et la garde nationale, fut de part et d'autre également vigilante et protectrice. Sous les auspices
des princes alliés, le sénat forma un gouvernement provisoire dont la douce autorité nous
parut comme l'aurore d'une monarchie représentative, fondée sur les bases immuables de la
souveraineté des peuples, de la division des pouvoirs, de l'inviolabilité du prince, de la responsabilité des ministres, du libre consentement de
l'impôt, de la liberté politique et civile garanties par la liberté de la presse. La déchéance
de l'empereur fut prononcée par ce même sénat,
qui, seul, dans cette imminente nécessité de
fixer les opinions et les sentimens, dut représenter la nation, interpréter sa volonté sou-
veraine, délibérer, asseoir sur des principes certains le plan d'une constitution libérale, digne
de la nation qui en revendiquoit le bienfait, et,
comme l'a dit le magnanime Alexandre, conforme aux lumières du siècle. La France, tout-
à-coup affranchie du joug qui épuisoit sa force,

et qui, par un charme inconcevable, n'avoit pas
encore lassé sa patience, recouvre son énergie,
avec sa liberté, et confirme par un vœu unanime
la charte proposée et le retour des Bourbons.

Quelles réflexions s'offrent en foule à notre
pensée, si nous comparons le sénat à lui-même,
à deux époques si rapprochées ! Napoléon descend du trône à la voix des hommes qui l'y
ont élevé, qui l'y ont adoré, qui ont consacré
les droits successifs de sa dynastie, qui ont lé-
gitimé son despotisme, si le despotisme pouvoit
l'être, qui ont justifié ses nombreux attentats aux
droits des nations, et, dans chacune de leurs
humbles délibérations, déposé à ses pieds leur
autorité constitutionnelle. Instruisez-vous par cet
exemple, vous dont le noble et pénible fardeau
est de gouverner des empires ! Les peuples ne
vous ont pas remis le sceptre pour en être écrasés.
Ce colosse qui accabloit l'Europe de son poids,
une campagne a suffi pour le renverser. Ne cher-
chez pas la cause de cette catastrophe dans les
desseins secrets de la providence. Elle est naturelle, et ses effets étoient certains. L'excès du
pouvoir a détruit le pouvoir. L'impuissance est
résultée de l'abus de la force : on n'a pas refusé, mais on a cessé d'obéir. Napoléon étoit
abandonné de ses peuples avant de souscrire
son abdication.

Mais ses généreux vainqueurs l'honorent dans son infortune. Sourds à la haine, ingrate d'une cour qui le délaisse, de familles de tout rang qu'il a salariées dans sa police et dans ses antichambres, d'une caste qui, tout à l'heure, faisoit retentir la voûte des temples en faveur de Napoléon, de tout ce qu'ont de plus pompeux, de plus adulateur, les paraboles sacrées et les cantiques orientaux; ils respectent leur propre grandeur dans sa grandeur passée, et traitent avec lui de souverain à souverain. A toute rigueur, cette noble conduite est une justice : car un procédé contraire auroit terni leur gloire, et n'auroit pas empêché que Napoléon, séparé du monde politique, ne l'eût encore rempli de son nom et de sa renommée. Comme s'il n'étoit plus, son ombre apparoîtra long-temps chez tous les peuples; et cette ombre imposante peut n'être pas étrangère aux délibérations des cabinets. L'obscur asile où Napoléon s'est renfermé, peut devenir célèbre comme lui-même. Dans l'humble Lemnos reposèrent long-temps oisives les flèches auxquelles étoient attachés les destins de Troye. C'est au monarque qui préside aux destinées de la France; c'est aux souverains qui stipulent en ce moment la paix et le repos du monde, qu'il appartient de prévoir et de détourner ce danger alarmant, tandis qu'il est possible.

16.

Mais pourquoi supposerions-nous que Napoléon soit indigne de l'épreuve à laquelle la fortune vient de le soumettre? Pourquoi celui qui,
dans les jeux sanglans de la guerre, sut gagner
des couronnes, ne sauroit-il pas s'en passer, après
les avoir, à ces mêmes jeux, hasardées et perdues? Heureux; il ne le sera pas sans doute:
trop d'images importunes s'offrent à sa pensée,
et repoussent la paix de son cœur. Qu'a-t-il à
faire? A conquérir le seul empire qu'il a trop
dédaigné; à se montrer, dans sa retraite, tel
qu'il eut dû se montrer sur le trône, fort de son
génie, et roi de lui-même.

Maintenant la philosophie réclame Napoléon,
et l'univers l'observe. La postérité lui assignera
une place dans l'histoire, si lui-même ne l'a pas
marquée. Tels ont été son pouvoir et l'usage
qu'il en a fait, qu'il ne lui est point permis de
regretter le haut rang dont il est descendu, ni
de regarder en arrière, si ce n'est pour déplorer
des maux qu'il n'a plus le droit de réparer. Empereur et roi, arbitre des peuples, tyran des souverains, que fut-il dans sa cour? son premier
esclave. Qu'il soit désormais dans sa solitude libre
de ses fougueuses passions. C'est honorer cette
ame altière, que d'attendre d'elle ce noble effort.
S'il étoit vrai qu'il négociât avec elles, qu'il at-
tendît le retour de la fortune et la faveur des

événemens!....... Les hommes justes aiment à croire que ce soupçon est suscité par les haines trop méritées qui le poursuivent.

Il en est des révolutions politiques comme de celles qui ébranlent les fondemens de la terre. Dans les unes, ainsi que dans les autres, souvent le calme est trompeur, et la sérénité du ciel perfide. Mais le peuple voisin des volcans est averti par des signes certains que les élémens qui l'embrasent et s'élancent en laves brûlantes, vont être épuisés. Ce thermomètre manque aux observateurs de l'horizon politique. Il faut le suppléer par une prudente temporisation. Dans cet état de paix que procure au monde la chute d'un grand monarque, celui-ci excite un vif intérêt, et les opinions conservent long-temps des directions contraires; les partis sont dissous; mais l'esprit qui les créa s'agite encore. Aux causes premières de nos discordes, d'autres causes peuvent se réunir. Une foible étincelle allume un grand incendie, lorsqu'elle tombe sur des matières qui n'aspirent qu'à s'enflammer. Notre ciel est-il encore dégagé de tous les points nébuleux d'où sont sorties tant d'horribles tempêtes? Aucune mesure de sagesse et de justice ne doit, dans de telles circonstances, être différée ou omise.

J'exprime des sollicitudes, qui sont de publiques

sollicitudes, avec la confiance qu'inspire un roi ; le descendant et l'émule du meilleur des princes. Henri IV aussi monta sur un trône ensanglanté par les discordes civiles, sur un trône dépouillé par des factions des droits de la royauté, des prestiges de la grandeur ; et, par son aimable franchise, autant que par ses vertus, il effaça toutes les démarcations, et conquit les chefs de la Ligue.

La France a reçu de ses vainqueurs la paix et la liberté : double bienfait dont notre bon-- heur sera pour eux la plus précieuse récompense. Que manquera-t-il désormais à la nation française, libre sous l'empire des lois, exerçant les arts, jouissant du droit de penser et d'écrire, s'abandonnant à son industrieux génie ? Rien, si nous savons jouir des biens dont la nature nous comble, et qu'une administration éclairée nous garantira. Après une si longue période d'erreurs et de crimes, de tempêtes et de bouleversemens, sous quel abri la civilisation, la morale, la religion, tous les droits enfin devront-ils être placés ? Quelle main cicatrisera nos plaies, et comblera l'abîme que tant de révolutions et de si longues guerres ont creusé sous nos pas ? Cet abri, c'est une constitution libérale, légalement délibérée, librement acceptée. Cette main réparatrice, c'est la main d'un roi dont la justice guidera la bonté, dont le caractère ferme et résolu réfléchira la raison même de la loi. Cette constitution est voulue par le monarque lui-même : volonté solennellement proclamée à l'époque où la nation rétablit en sa faveur des droits perdus, et par un libre choix le rappelle, lui et sa famille, sur un trône où nulle autre puissance ne l'eût fait monter.

Les états périssent le plus souvent, parce que l'autorité ministérielle tend constamment à l'arbitraire, et à ployer avec adresse la volonté du prince à ses propres volontés. Plus les ministres s'efforcent d'éluder toute responsabilité, plus doivent être vigilantes et sévères les chambres législatives. Les ministres qui la craignent s'accusent eux-mêmes. Dans les monarchies tempérées, la liberté des peuples repose uniquement sur l'indépendance, le courage, le désintéressement de leurs représentans. Ces vertus sont les premiers obstacles qu'il importe aux agens du prince d'écarter ou de vaincre, bien certains de franchir ensuite toute autre barrière. Notre état social est assis sur trois bases principales : la division des pouvoirs, la liberté de la presse, la responsabilité des ministres. Qu'une de ces colonnes soit ébranlée, l'édifice perd son à-plomb, chancelle et s'écroule. Un despote et des serfs, c'est tout ce qui reste, après tant de combats et de sacrifices. Heureux les peuples dont le gouvernement marche, précédé du flambeau de la censure! il accueille toutes les lumières qui viennent éclairer les avenues du trône, et se presser autour de l'enceinte où le législateur interprète les voeux de la nation! Les reflets de la vérité s'étendront de rang en rang, des palais jusqu'aux chaumières. L'adulation sera discrète, et les corrupteurs plus circonspects. Le plus haut degré de vertu dans les cours n'est guère autre chose qu'une vertu négative. Les communications familières avec les agens du pouvoir royal sont les écueils ordinaires où celle des législateurs va se briser; et, lors même qu'ils y touchent sans faire naufrage, ils encourent une sorte de disgrâce populaire; ils provoquent contre eux la défiance et le soupçon.

La confiance du roi en la chambre des pairs, sa haute estime pour la chambre des députés, l'accord des deux chambres et du roi, pour maintenir, dans toute son intégrité, la charte constitutionnelle : tels sont les motifs de notre sécurité et les garans de nos droits.

CHAPITRE XIV.

De l'abdication de Bonaparte et du traité de Fontainebleau. Motifs secrets de cette abdication. Bonaparte dans l'île d'Elbe : de quelle considération il y pouvoit jouir. Son projet de retour en France. Des causes sur lesquelles il fonde le succès de son entreprise. Son plan; son débarquement à Cannes; sa conduite à Grenoble, à Lyon ; sa marche triomphale jusqu'à Paris. Juste appréciation du parti qui se montra en faveur de Bonaparte; ses proclamations ; sa persévérance dans son despotisme militaire, prouvée par le désaveu de ses proclamations populaires.

La nation française, quinze ans courbée sous le joug de Bonaparte, s'étoit vainement flattée, pendant onze mois, qu'entre elle et le solitaire de l'île d'Elbe, tout lien étoit à jamais rompu, et qu'il ne nous restoit de lui que le souvenir de sa tyrannie.

La mer d'Italie le séparoit de nous et du reste du monde. Si sa vie politique se fût là terminée, nous n'aurions qu'une ébauche de son caractère ; il nous seroit moins bien connu. Bonaparte est une grande erreur de la nature, qu'elle ne peut deux fois commettre ; son système de politique, fortement conçu, est hors des proportions humaines, et presque idéal ! Il n'eut pas de modèle ; il n'aura pas d'imitateurs ; il s'offre néanmoins aux races régnantes comme un sujet de méditation et d'étude ; car, sans être son émule, un prince peut encore être bien funeste à ses peuples. Il faut lui montrer les voies que Bonaparte s'est frayées pour qu'il apprenne à les éviter. Ce n'est pas seulement les institutions qu'il vouloit changer, mais l'espèce humaine.

Pour consommer son œuvre et combler nos malheurs, il avoit trompé les rois et dissimulé avec Dieu lui-même, témoin et gardien du serment des hommes. Lorsqu'il put balancer les dangers et les moyens d'une invasion, lorsqu'il jugea que les hommes et les événemens favorisoient son audace, la mer ne fut qu'une foible barrière. Déjà il a renoué les fils de la trame qu'il avoit précédemment ourdie pour nous asservir.

Cette entreprise, que tant de hasards environnent, paroît d'abord couronnée par un merveilleux concours de circonstances : c'est pourquoi des espérances renaissent, des cœurs ulcérés aspirent à la vengeance, les rôles sont distribués, l'action commence, les bons citoyens frissonnent d'horreur et d'effroi.

Nous éprouvons des maux qu'un gouvernement ferme et sage peut guérir; toutes nos pertes ne sont pas irréparables; mais il est à craindre que l'humiliation d'un peuple qui fut grand par la puissance et par la gloire, le premier par les arts et le génie, ne rejette pour long-temps ce peuple dans cet état d'inertie et de langueur, qui, plus que la tyrannie, enchaîne la force physique, paralyse les facultés morales, et qui tient dans une sorte d'immobilité servile le chef et les membres du corps social jusqu'à des temps où l'existence politique d'autres rois et d'autres peuples est remise au hasard des événemens, où la balance des droits et des intérêts reprend son équilibre, où l'humanité se régénère. L'homme est lui-même l'arche où se conserve le code de la nature.

Lorsque, dans le chapitre précédent, et dès les premiers mois du règne de Louis XVIII, j'énonçai mes pressentimens sur le retour de Napoléon, j'interprétois des craintes et des désirs encore vagues, et qui se renfermoient dans les cœurs par des motifs divers. En présentant cet événement comme possible et surtout comme funeste, j'appelois sur l'île d'Elbe l'attention des puissances intéressées à le prévenir. On n'en donna aucune aux signes de ce triste présage 1814, Essai historique, t. III, ch. 51.

de jour en jour plus expressifs; que de fautes
et de malheurs sont dérivés de la même cause,
depuis Cassandre jusqu'à nos jours!

Napoléon n'eût jamais franchi, par ses propres
moyens, les étroites limites de son nouvel empire; déjà tout s'arrangeoit dans le monde politique pour le lui faire préférer à des grandeurs
qui, toutes démesurées qu'elles étoient, n'avoient
pu remplir son ame. L'île d'Elbe sembloit s'éri-
ger en un temple qui attendoit une divinité; les
illusions, trop tard dissipées pour nous, s'éten-
doient et prenoient de la réalité, en parcourant
la terre, en passant de peuple en peuple. Objet
de curiosité et de cette admiration dont les
hommes payent la gloire, on accouroit déjà
de toutes parts pour visiter, dans sa retraite,
cette illustre victime de la fortune. Bientôt on
eût recherché l'honneur de le voir et de l'entendre avec cette impatience qu'exprime le voyageur, ami des arts, de contempler la docte antiquité dans les ruines augustes qui couvrent le
sol classique de la Grèce et de l'Italie. Sa gloire
passée, sa rapide décroissance, cette image colossale de l'univers armé contre un seul homme,
les conditions qu'il a imposées à ses vainqueurs,
comme si son abdication étoit volontaire; le
retour supposé d'un tel homme sur lui-même,
sur sa vie politique et militaire, tout en Napo-

léon, eût commandé désormais les égards, les
déférences et cette vénération qui s'attache à des
héros, à d'illustres souverains résignés sous les
coups du sort. Assis sur son brûlant rocher,
il eût reçu le salut des rois, les hommages des
peuples qui, tous, n'auroient vu dans sa chute
qu'une éloquente leçon, qu'un mémorable exemple; et la France elle-même, si long-temps sa
proie et sa victime, auroit tout oublié de lui, si
ce n'est ses beaux jours de gloire, nos courts
momens d'espérance; si ce n'est le motif de son
abdication, éminemment vertueux, s'il eût été
sincère; car, retardée ou douteuse, il exposoit
la capitale à toutes les horreurs d'une invasion
forcée (1).

Les dispositions que fit Napoléon dans l'île
d'Elbe, tant pour sa sûreté que pour embellir
sa résidence, sembloient définitives. Il donnoit
ses soins à la construction d'un palais convenable à sa situation, mais sain et commode;
surtout à réparer les ports, à ouvrir des communications faciles, à mettre son île en état de

_____

(1) Il hésita long-temps avant de la souscrire; il menaça plusieurs fois de la révoquer après l'avoir souscrite.
Ce combat et l'effort qu'il fit sur lui-même releveroient
le mérite de cet acte, s'il ne se promettoit pas alors d'en
briser le sceau dans un temps plus opportun.

défense et à l'abri d'une surprise de la part des corsaires qui infestent les mers de l'Italie. Il ne négligeoit aucun des exercices pénibles dont il avoit l'habitude ; il se les prescrivoit comme un régime (1). On a dit qu'il lisoit peu et méditoit long-temps, chaque jour, à des heures fixes. Sa physionomie annonçoit assez ordinairement le calme et la sérénité ; elle se couvroit par intervalles de sombres nuages. Cette disposition étoit antérieure à sa disgrâce. Dans cet état, il parcouroit seul de grands espaces comme pour se fuir lui-même, ou il se renfermoit, évitant tous les regards. Des souvenirs, des regrets, peut-être d'importuns remords étoient les causes naturelles de ces fréquentes alternatives : pouvait-il ne pas s'accuser de tant de maux qu'il avoit faits, pouvant faire tous les biens? et si, comme je n'ai pas craint de le dire, son cœur étoit fermé à toute affection humaine, du moins il n'en pouvoit chasser ses propres passions chaque jour évoquées par des feuilles, échos fidèles de l'animadversion publique, par des pamphlétaires qui exposoient au grand jour de la vérité sa frauduleuse politique, et qui épuisoient sur lui les

---

(1) On a remarqué cependant que son corps avoit acquis de l'embonpoint et perdu de son agilité ; une lourdeur sensible avoit succédé à sa grâce martiale.

traits de la satyre sans craindre d'être injustes.

La haine de ses ennemis, le zèle de ses partisans étoient également les colporteurs assidus
des journaux et de toutes les productions qui sor-
toient du sein agité des deux chambres, des cabinets des ministres. Ainsi lui étoient signalés
deux inconciliables partis : l'un qui méconnois-
soit, l'autre qui défendoit les principes d'une
constitution monarchique, représentative. Celui-
là sembloit avoir pour but d'aigrir les ressentimens de Bonaparte par de grossières injures ;
celui-ci, de tromper ses douleurs par le charme
de l'espérance ; tous provoquoient le réveil de
son ambition ; et, quoiqu'en effet il ne fût l'idole
que d'un faible parti, il put se persuader qu'en
mettant le pied sur le territoire de la France, il
seroit accueilli comme son héros et son libérateur.

Napoléon avoit un premier obstacle à vaincre,
en apparence insurmontable ; il lui opposa son
audace et cette inflexible résolution qui lui avoit
valu de si prodigieux succès. Il trompa la vigilance des croiseurs, par des dispositions qui sembloient leur livrer Bonaparte et sa fortune. J'ai
dit, de ce premier obstacle, qu'il paroissoit insurmontable ; c'est tellement vrai que l'on a supposé une connivence entre eux et l'empereur ;
opinion qu'il a lui-même accréditée, lorsque,
pour attirer dans sa cause des généraux et les

corps qu'ils avoient sous leurs ordres, il affir-
moit que le cabinet britannique avoit autorisé sa
fuite de l'île d'Elbe, et qu'il avoit négocié son
retour en France, celui de l'impératrice et de
son fils, avec les empereurs de Russie et d'Autriche (1). Quelques hommes, recommandables
par d'utiles et de glorieux services, ont chèrement payé la foi qu'ils ont donnée à cette asser-
tion. L'empire de la discipline militaire et l'habitude de l'obéissance enchaînent la pensée,
intimident la raison, captivent le jugement.

Le lecteur s'aperçoit déjà que je franchis
l'année de la restauration royale; pour rattacher
au trop long règne impérial de Napoléon son
règne de trois mois, plus théâtral et plus funeste.

Il vit, cet homme étonnant, cet homme qui,
plus qu'aucun autre mortel, autorise la vertu
même à douter de la providence! il vit, il respire
sa détestable immortalité. Dans la plus noire
retraite, sous le ciel brûlant du tropique, les
titres de sa gloire, les lieux témoins de ses
triomphes se reproduiront à son souvenir. Im-
puissant, il rumine, il savoure le long, le fatal
emploi qu'il a fait de son génie et de sa puissance;
dans cet isolement absolu, le dernier de ses re-

(1) Cette opinion se fortifie de plus en plus en ce qui
concerne l'Angleterre.

vers, et pour un tel homme le plus insupportable, il peut éprouver l'ingratitude de ses amis, l'abandon de sa famille, l'offensante pitié des rois ; jamais l'oubli des peuples : mais aussi il vit une seconde fois, comme personnage historique et justiciable de la postérité. Non moins que les cinq lustres qu'il a remplis de prodiges, balançant long-temps les biens et les maux, comme s'il hésitoit entre la vraie et la fausse gloire, entre le crime et la vertu, le dernier et rapide épisode de sa carrière est une propriété précieuse de l'histoire. Et cependant il n'aura plus ni existence ni rang dans l'univers politique. Il n'est plus sur la terre que pour contempler le ciel, ce ciel dont la constante et belle harmonie accuse les conquérans et les despotes ; comme un séjour enchanté, et dont le charme est détruit, l'île d'Elbe s'est évanouie pour lui. Il la cherche en vain ; il ne découvre qu'un affreux rocher battu par une mer immense ; il ne sera jamais ce qu'il fut un instant, ce qu'il pouvoit toujours nous paroître. Les peuples, rassurés, le cherchoient sur les traces de sa renommée : ce n'étoit déjà plus l'île d'Elbe qu'ils voyoient ; leur imagination en reculoit l'enceinte, comme pour lui laisser toute sa première grandeur ; elle lui dressoit un trône autour duquel elle appeloit les hommes de toutes les contrées, pour contempler dans cet illustre débris

3.   17

nos superbes vanités, nos fragiles systèmes de puissance et de domination. L'île sembloit se détacher des eaux, s'élever et s'environner d'une atmosphère poétique. S'il étoit possible que Napoléon, livré par lui-même à ses ennemis, leur imposât une seconde fois l'obligation d'être, à son égard, indulgens ou généreux, pourroit-il de même se placer à ce point de perspective où venoient se réunir et se concentrer tous les rayons de sa gloire passée? Retrouveroit-il ce rocher enchanté, où, soit vérité, soit illusion, les nations pacifiées l'eussent honoré plus qu'il ne le fut jamais par les hommages des peuples asservis et des rois humiliés?

Le même principe, qui soumet au jugement de l'histoire la vie militaire et politique de Napoléon, interdit à l'historien d'écrire la vie des princes régnans, et de prévenir, par un examen anticipé, par un jugement sujet à révision, les arrêts de la postérité; ses louanges et ses censures seroient également suspectes. Quelle est la garantie de son impartialité, tandis qu'il peut servir l'envie, la haine, ou mettre à prix ses talens? Et quand les factions ne sont pas encore dissoutes, le feu des discordes civiles entièrement éteint, l'auteur, placé dans une atmosphère de préjugés qui se combattent, de passions qui se heurtent, peut-il, à travers tant de mouvemens contraires ou divers, se frayer une route où son esprit, exempt de toute affection et de toute crainte, marche guidé par la justice et la vérité? Je ne le pense pas. C'est pourquoi je ne parlerai de la première année de la restauration qu'autant que mon sujet l'exigera, et j'en parlerai avec la réserve que me prescrivent les convenances et mon respect pour le prince.

Peu de personnes croient aujourd'hui que Napoléon ait souscrit de bonne foi à Fontainebleau l'acte d'abdication qui termina la campagne de 1814, qui ouvrit les portes de la capitale aux princes alliés, et celles du royaume à Louis xviii. En cédant à la nécessité avec une prévenance qui flatta le vainqueur, et par un motif qui lui acquéroit un titre à la reconnoissance des habitans de Paris, il se proposa d'intéresser ses ennemis mêmes à sa personne, et d'imposer, en quelque sorte, à l'*Alexandre* du Nord l'obligation de le traiter en *roi*.

Par un seul acte de sa puissante faculté de concevoir, Bonaparte lioit un grand nombre d'idées, embrassoit un grand espace de temps, traçoit un plan vaste, du présent concluoit l'avenir, déterminoit les mesures d'exécution et même les événemens avec une assurance que le succès a souvent justifiée. Il dit : « Abdiquons, c'est un acte de souveraineté ». En conséquence, il né-

gocia, il stipula des conditions qui correspon-
doient à ses desseins ; et, fixant lui-même son
sort, choisissant sa résidence, conservant son
titre, ses honneurs, ses amis, et ne déposant que
le pouvoir, lui seul jugea que ce dernier sacrifice pouvoit n'être que temporaire.

Supposons que les souverains alliés eussent
offert et garanti à Napoléon la possession en
toute propriété, héréditaire, soit d'une île riche
et populeuse, soit d'un vaste territoire dans le
continent américain ; que seroit-il arrivé? Celui-
ci se seroit tout-à-coup trouvé dans la nécessité
d'accepter l'offre, ou de motiver la préférence
qu'il auroit donnée à la possession viagère de
l'île d'Elbe ; et probablement cette explication
eût compromis son secret. Car l'homme le plus
avide de pouvoir et de domination arbitraire, le
plus dévoré de la passion des conquêtes, le plus
indépendant de toute loi divine et humaine, préférant à un royaume, dans un hémisphère où son
génie eût pu s'exercer et son ambition s'étendre
sans effort et sans obstacle, une île étroite, un
rocher brûlant dont l'aspect annonce un repaire
de forbans ou une prison d'état ; un tel homme,
dis-je, eût appelé sur ses desseins une juste défiance, et révélé sa plus intime pensée.

Napoléon considéroit sa retraite de choix,
comme un observatoire d'où son œil se porte-

roit librement sur l'Italie, sur la France, et sur
tous les points de la croisière qui l'enveloppoit.
De la proximité même de la France, il déduisoit
les chances les plus propices ; et cette faveur lo-
cale n'échappoit pas au gouvernement royal.
Ses réclamations, à cet égard, répétées par les
échos de l'Elbe, avancèrent probablement l'exécution de l'entreprise projetée par Napoléon.
Quant à la chaîne d'observation qu'il auroit à
franchir, il comptoit sur la négligence ordinaire
de gardiens long-temps stationnaires, et plus
encore sur son audace.

Les spéculateurs politiques bâtissoient alors un
système de coopération entre Bonaparte, Murat, et le parti qu'on supposoit armé pour l'indépendance de l'Italie. Cette absurde et ridicule
confédération n'exista que dans quelques têtes
exaltées, dans des relations mensongères ; et
cependant elle fit des dupes en France, en Italie
des victimes. Napoléon méprisoit l'*ingrat*, l'*infidèle* Murat ; et cependant il accrédita le bruit
de leur rapprochement, du concours de leurs
armes, et fit valoir cette confédération pour
grossir son parti, et gagner des officiers et des
chefs de l'armée ; il n'attendoit rien de la part
d'un roi qui avoit si mal connu sa position,
et si sottement conclu un traité d'alliance avec
ses ennemis naturels contre son allié nécessaire ;

il ne vouloit rien de ce faux frère, son complice
à Madrid, sa créature en Italie, de ce roi désa-
voué par les princes ses alliés, alors même qu'il
se dévouoit pour eux. Bizarre jouet de la fortune, objet ridicule d'une mystification politique
dont la malignité et l'envie firent leur profit,
Joachim accéléra la chute de Napoléon, et ne fit
qu'ajourner honteusement la sienne.

Napoléon connoissoit l'esprit et les dispositions du soldat; cet esprit électrique, ces dispositions étoient son propre ouvrage; il avoit pu
renouveler l'armée, la refondre plusieurs fois,
sans que son dévouement éprouvât la moindre
altération; l'abandonner en lâche ou en traître
en Egypte, dans les plaines glacées de la Russie,
après la déroute de Leipsick, et toujours dire:
« Mon armée », plusieurs fois réduite à quelques
débris, elle se survécut toujours. Son caractère
admirable se retrouvoit tout entier dans ses recrutemens : un sous-lieutenant, un sergent, un
soldat suffisoient pour pénétrer les masses des
conscrits de cet esprit martial, de cette idolâtrie
qui circuloient dans tous les rangs de l'armée
française, depuis les batailles de Lodi, du Caire,
de Marengo. « Mes soldats, pouvoit-il dire, ne
seront pas ceux d'un autre »; et ce fut là une des
bases de son plan. Ce trône, qu'il avoit fondé
par l'armée (et sans la nation), il savoit qu'il ne

le pouvoit reconquérir que par elle. Aussi, pour
se dégager de toute reconnoissance envers les
généraux, les chambres législatives, les fonctionnaires de tout ordre, il a dit et répété souvent
en leur présence et dans ses revues : « Ce sont
mes sous-officiers et soldats qui m'ont ramené à
Paris ». Cet aveu répond à bien des accusations.

La grande majorité de la nation, principalement la plus active, modifiée par les institutions
militaires de Napoléon, imprégnée de ses fausses
idées de grandeur et de gloire, voyoit en lui
seul la France, la patrie : dans ses décrets, la
constitution et les lois. Il se souvenoit qu'à sa
voix l'artisan avoit déserté ses ateliers, le la-
boureur ses champs ; ce qu'il avoit pu, il se
flattoit de le pouvoir encore. Lorsque dans cette
capitale le travail avoit manqué à un peuple
d'ouvriers, ce peuple, loin d'accuser l'empereur
de sa misère, se dévouoit au métier des armes ;
et, lorsqu'après une campagne de lointaines dévastations et de deuil pour la patrie, il commande que des trophées et des arcs de triomphe lui soient élevés pour en éterniser la mémoire, les ouvriers et les artistes lui rendent
des actions de grâces. Ceux-là croient ne devoir
qu'à ses soins paternels leur salaire du jour,
ceux-ci le célèbrent comme le protecteur éclairé
des beaux arts, le Périclès de la France. Cette

faveur, plus que populaire, avoit tous les caractères d'un aveugle fanatisme ; et comme elle s'étoit formée de ces élémens grossiers qui opposent une longue résistance à l'opinion des classes supérieures, il se promettoit bien de mettre à profit de si favorables dispositions, avant d'avoir à combattre des dispositions contraires; et ce fut encore une des bases de sa prévoyante politique. Toujours, et partout, homme de guerre, il manœuvroit la nation en partisan ; et s'il la gouverna, par intervalles, en homme d'état, si une administration florissante relevoit nos espérances à quelques époques de la période consulaire, cet espoir ne tardoit pas à s'évanouir. Bonaparte ne dirigea que foiblement les sciences vers leur objet utile ; et le dieu des beaux arts ne fut pour lui qu'une divinité de fantaisie.

Mais c'étoit surtout de la composition de la cour, de celle du ministère et du premier élan de l'esprit réactionnaire qui se manifestoit autour du roi, que Bonaparte attendoit les faveurs les plus promptes et les plus certaines. Les méprises, les erreurs, les plus faux calculs, effets de la nouveauté de toutes choses sur des hommes qui revenoient avec leurs préjugés et leurs passions pour gouverner un peuple révolutionné dans ses lois, dans ses mœurs, dans sa religion et dans ses goûts, marquant tous les

pas de l'autorité attestoient l'impuissance de la
raison et de la sagesse du monarque. Presque
tous les personnages qu'il s'étoit cru tenu de placer auprès de sa personne et dans les premières
fonctions de l'état, étoient connus de Bonaparte. Il déterminoit avec certitude le degré d'influence que chacun d'eux exerceroit dans l'administration intérieure ; par quelles décevantes
illusions le roi seroit entraîné au-delà des limites que lui traçoient l'esprit public, le caractère régénéré de la nation et les principes irrévocablement consacrés par elle. Car, à cet égard,
les constitutions précédentes nous sont restées,
bien qu'abolies. Signalant d'avance les fautes et
les débats qu'elles produiroient au-dehors et dans
l'intérieur des chambres, il assignoit le jour et
l'heure, où, sans être rappelé par le vœu de la
nation, il n'auroit qu'à frapper de son pied le
sol de la France pour y ressusciter cet enthousiasme populaire, cette admiration exclusive
dont il avoit tant abusé, et pour se voir une
seconde fois élevé sur le bouclier par ses vieilles
légions.

Si Napoléon eût pensé que le roi tiendroit
d'une main indépendante les rênes de l'état,
qu'il ne laisseroit pas divaguer la marche de la
législation et le cours des affaires au gré de quelques hommes, devenus étrange rs à la France,

sous le rapport de son administration ; que, régnant par lui-même, gouvernant par ses propres
lumières, il s'assoiroit sur le trône de ses pères sans
qu'auprès de lui on osât méconnaître les droits de
la nation, il eût désespéré de l'en faire jamais
descendre et de s'y replacer lui-même. Le caractère du roi ne lui étoit pas moins connu que ses
lumières, que son excellent jugement ; mais il
croyoit impossible qu'il appliquât à son gouvernement les fruits de ses études et l'expérience
qu'il avoit acquise à l'école du malheur. Il pré-
voyoit et les prétentions de l'ancienne noblesse
et les tentatives du clergé ; dans l'une, l'exaspé-
ration intempestive de l'orgueil, les efforts im-
puissans, mais opiniâtres de l'autre, pour rallu-
mer les torches de la guerre civile et pour imposer de nouveau de honteux tributs à la crédulité.

La présomption étoit dominante dans le caractère de Bonaparte ; elle franchissoit, sans s'y
arrêter, les difficultés et les obstacles ; c'est pourquoi sa résolution d'usurper le trône lui parut
une conséquence naturelle de la nécessité où il
s'étoit trouvé de le céder à ses premiers pos-
sesseurs. Selon lui, la certitude du succès étoit
la démonstration de ses droits. Comment un tel
homme n'eût-il pas tout tenté pour se ressaisir
du pouvoir, ayant si long-temps hésité de le déposer ? Il est même certain qu'après avoir signé

l'acte d'abdication et déclaré à ses généraux, aux chefs de sa garde, aux commissaires des souverains alliés, que le motif de ce sacrifice étoit d'épargner à la France qui, dit-il, avoit tant fait pour lui, les horreurs de la guerre civile, il différa plusieurs heures, et sous divers prétextes, son départ de Fontainebleau, flottant dans l'incertitude, et manifestant, par des phrases entre-coupées, le dessein de révoquer son abdication.

Il partit enfin, et pendant cinq jours, dont Mars 1814. les deux premiers présentèrent l'aspect d'une population qui perd son appui, son protecteur, ses espérances; les trois autres, un rassemblement continu de forcenés respirant la haine, les vengeances, altérés du sang d'un roi détrôné, on le vit agité de sentimens contraires; on put observer à loisir le tumulte de ses pensées, le combat de ses passions, et, par quelques paroles à demi articulées, juger qu'il rouloit dans sa tête divers projets. Tantôt, disposant encore du pouvoir dont il était dépouillé, tantôt adressant de vifs reproches à tel ou tel prince, menaçant tel autre de ses vengeances, il fronçoit ses noirs sourcils et se figuroit être armé du tonnerre. Tantôt résigné à la vie privée, se jetant dans les bras de la philosophie, se bornant aux consolations que le sage puise dans l'étude des sciences,

il aspire à la gloire d'en agrandir le domaine
ou d'en éclairer les profondeurs. Enfin, il s'annonce au monde littéraire comme l'historien de
la période qu'il a remplie de son nom et de sa
célébrité.

J'ai dit plus haut que Napoléon ne peut être
fidèlement peint que par lui-même ; c'est avoir
dit qu'il ne sera jamais complétement connu.
Peut-il nous révéler sans réserve tous les moyens
dont il s'est servi pour égarer, corrompre, maî-
triser les passions vulgaires ? quels instrumens,
quels secrets ressorts il a fait mouvoir pour précipiter des nations que leur vertu, leur courage
ont anciennement élevées à l'indépendance, à la
liberté, dans les immenses catacombes où le
despotisme retient les deux tiers de la race humaine, où des milliers de bras sont condamnés
aux travaux pénibles ou exercés dans l'art meur-
trier des armes, pour satisfaire aux besoins factices, aux caprices sanguinaires d'un tyran vo-
luptueux et féroce ? Et l'aveu de tant de passions
opposées dont il fut tantôt le maître, tantôt l'esclave, des soins qu'il prit long-temps pour dérober à tous les regards tout ce qu'elles présa-
geoient de funeste, du mystère dont il couvroit
sa vie privée ; l'aveu des faveurs qu'il a payées
par le mépris, de ses ingratitudes envers des
hommes dont il avoit exigé les plus pénibles sa-

crifices, celui de l'honneur, celui des devoirs envers la patrie; l'aveu de ce plan de conquêtes et
d'oppressions dont les dimensions embrassoient
tous les peuples de l'Europe : peut-on croire qu'il
les eût faits, ces aveux, ou qu'il les fasse jamais?
Non, Bonaparte ne peut s'exposer lui-même au
grand jour de la vérité, s'il n'est pas le plus
insensé des hommes. En effet cette espèce d'accusation contre soi-même, odieuse aux contemporains, rejetée comme pièce du procès par le
tribunal de la postérité, ne seroit considérée,
dans l'histoire, que comme un témoignage de
déraison et de démence. Quoi qu'il en soit de
l'opinion des hommes, Bonaparte ne publiera pas
sa confession. Quelques traits de sa vie ont prouvé
qu'il manque de ce courage philosophique par lequel l'homme jouit de la faculté de se replier sur
lui-même : Eh! quelle ne devroit pas être, dans
cet illustre coupable, l'énergie de cette faculté,
pour qu'il lui fût possible de fixer long-temps
ses regards sur son ame et sur l'usage qu'il a obstinément fait de son génie?

Toutes choses se passèrent et s'accomplirent
comme Napoléon l'avoit prévu. Vainement l'entrée du roi dans le royaume et dans le palais de
ses pères avoit présenté l'aspect touchant d'une
pompe nationale et d'une fête de famille. Vainement la nation et le prince s'étoient entendus,

et avoient contracté, à la face du ciel, de réciproques, de solennelles obligations; la volonté
royale fut constamment comprimée, ses intentions
croisées par de sourdes menées, sa sagesse dé-
çue; et, malgré lui, d'avides courtisans, un ministère à marche oblique, à vues étroites, l'obligè-
rent de régner à Paris avec les préjugés, les prétentions et les maximes surannées d'un temps
qui n'étoit plus, d'un temps que la révolution
avoit fait reculer de plusieurs siècles.

Il n'entre, ni dans mon plan ni dans mes intentions, de dénombrer les bévues et les erreurs
des ministres du roi. Je ne suivrai pas dans sa
marche rétrograde le gouvernement, qui, pour
régler l'avenir, omettoit dans ses calculs les lumières, les opinions, l'expérience d'une génération nouvelle, éprouvée par vingt-cinq années
de discordes civiles et de malheurs, comptant
pour non avenus les droits d'une nation qui
s'étoit exposée à tout, pour les défendre, même
contre la tyrannie militaire. Telle étoit l'a-
veugle confiance de ce ministère, qu'il seroit
difficile d'indiquer une opération administrative
qui ne fût pas directement ou indirectement
contraire aux dispositions des lois existantes, une
proposition de loi qui ne tendît à une infraction manifeste de la charte qui, elle-même, ne
présentoit aux esprits difficiles, en matière de

principes, qu'une modification révocable de nos
précédentes constitutions. Comment cette confédération entre des agens du roi, plus courtisans
d'autrefois que ministres d'aujourd'hui, entre
des hommes qui, par une chevalerie féodale,
s'étant eux-mêmes bannis de la France, avoient
observé ses nouvelles institutions d'un point trop
éloigné pour en saisir le lien et l'ensemble, et
n'avoient réellement rien vu qu'à travers le
prisme de leurs préjugés et de leur orgueil; et
d'autres hommes qui, sans s'être émigrés, ont
obstinément fermé l'oreille au bruit de nos débats, les yeux à tous les changemens qui se sont
opérés dans nos mœurs comme dans nos lois,
et qui, seulement sensibles aux offenses qu'ils recevoient dans leurs vanités et dans leur fortune,
ignorent par quelles causes nos calamités au-
dedans se sont accrues parallèlement avec nos
triomphes et notre gloire extérieure; comment,
dis-je, cette confédération pouvoit-elle se flatter
de vaincre celle des lumières et de l'opinion publique, combinées avec une foule d'intérêts conquis, de prétentions nouvelles, avec des principes hautement admis par l'immense majorité
de la nation? Affranchie du joug de Napoléon,
le profond souvenir qu'elle en conserve, plus
que le raisonnement, lui démontre l'évidence,
la presse d'obtenir la jouissance irrévocable de

ces principes d'indépendance politique et de liberté individuelle, qui garantissent aux peuples la justice des rois, aux rois la confiance, l'obéissance et l'amour des peuples.

Autour et auprès du prince, on ne déguisoit pas l'intention de rétablir la monarchie absolue sur les ruines du système représentatif. Eh ! qui ne voyoit pas que l'on se servait de la représentation nationale elle-même, pour l'anéantir ? Ces hommes, plus qu'étrangers à la France, sinon par leurs sentimens, du moins par leurs opinions, se croyoient assez puissans pour effacer de nos annales un quart de siècle qui avoit fixé l'attention de tous les peuples, ébranlé les trônes, assigné d'autres bases aux gouvernemens, et, pour ainsi dire, modelé pour tous le cercle de l'autorité légitime, en associant, sans les confondre, les droits naturels et les droits politiques. Dans cette union réside le principe de la sociabilité humaine. Le conflit de ces prétentions si contraires signala bientôt deux partis, dont chacun eut ses journalistes, ses pamphlétaires, sa police, sa correspondance. Le bruit de nos débats alloit frapper chaque jour le rocher de l'Elbe, et le rapprochoit de nos rivages. La guerre d'opinion se faisoit avec cette animosité qui prélude aux discordes civiles, et présage les guerres sanglantes. Les ministres s'étoient rendus les

maîtres des chambres, et avoient en quelque
sorte envahi la législation ; ils y dirigeoient, à
lenr gré, les délibérations ; d'autre part, on humilioit les chefs de l'armée, et l'armée elle-
même qui n'avoit que sa gloire pour la consoler
de ses malheurs. Des dénominations injurieuses
pour elle, comme pour la nation qui s'étoit inti-
mement associée à ses triomphes, lui étoient prodiguées par ceux mêmes qui avoient plus d'intérêt à l'attacher à la cause du roi. L'aliéner de
lui, c'étoit la rendre redoutable. Le cœur plein
d'amertume et de ressentiment, comparant son
état présent à ses victoires, à sa renommée, le
soldat emportoit dans ses foyers un levain de
mécontentement, mêlé de honte, qui aspiroit à
la vengeance et qui provoquoit le retour de
Napoléon.

Les hommes qui pressoient ainsi, au mépris
de l'opinion publique et même des sentimens
avoués du roi, le développement d'une contre-
révolution générale, qui menaçoient la nation
dans ses droits les plus chers, la liberté individuelle, la liberté de la presse, et le libre exercice
des cultes ; et les familles, dans la propriété des
héritages, dans l'égale répartition des charges
et des avantages de l'union sociale, ne voyoient-
ils pas qu'ils réveilloient des ressentimens af-
foiblis et prêts à s'éteindre, qu'ils légitimoient

des regrets et des plaintes que déjà personne
n'osoit plus exprimer , qu'ils suscitoient dans
Napoléon des passions, vaincues, il est vrai, mais
indomptées dans Napoléon, qui comparoit son
repos au sommeil du dominateur des plages africaines ? Pouvoient-ils croire qu'entre ce chef,
de si nombreuses armées et tant d'hommes, qui,
en le perdant , sembloient avoir tout perdu,
tous les liens fussent rompus , toutes les affections étouffées ? Que la crainte chez les uns,
l'espérance chez les autres fussent inactives, et
par de nombreuses voies n'arrivassent pas jusqu'à lui ? Les journaux ministériels affectoient
de blesser sa fierté , d'irriter son humeur irascible. Ils l'embrasoient du feu des vengeances ;
les journaux de l'opposition , d'autant plus éloquens qu'elle étoit plus combattue ; des écrits
qui réunissoient tout le sel de l'ironie , tout le
mordant d'une critique implacable , lui décou-
vroient chaque jour la marche inverse de l'autorité ministérielle et de l'opinion publique. Il
pouvoit calculer, avec une sorte de certitude,
les pertes de l'une et la rapide progression de
l'autre , et présque marquer le jour où la première n'auroit plus rien à perdre , la seconde
plus rien à gagner. Le signal du départ fut
donné ; et, comme le caractère d'un tel homme
ne peut jamais se démentir ; que, dans toutes ses

entreprises, la ruse a appuyé et secondé l'audace, Napoléon ordonne une fête, rassemble les habitans de l'île dans son palais impérial, court au rivage, appareille, trompe ou brave la surveillance des croiseurs, et débarque, avec ses fidèles compagnons de gloire et d'infortune, sur la rive opposée et dans la rade de Cannes.

Les hasards qu'il a d'abord courus, les nombreux recrutemens qui se sont formés autour de lui, sa présence à Grenoble, sa confiance dans la garnison de cette place au moment où elle le méconnoît, les paroles qu'il lui adresse, non moins mémorables que celles de César au patron de l'esquif auquel il se livre lui et sa fortune, son séjour à Lyon, les proclamations qui désavouent son despotisme, les adresses qui consacrent nos droits, sa marche triomphale à travers des départemens dévastés, incendiés, et des villes dont les ruines l'accusent, son entrée à Paris au milieu d'une multitude ivre de joie et d'espérance, toutes ces circonstances sont encore présentes à notre souvenir et n'ont été que trop solennisées.

Arrêtons ici nos regards, nous touchons à la principale difficulté de l'entreprise. A Lyon doit s'ouvrir ou se fermer à jamais, devant Bonaparte, le chemin de la capitale; il dut appréhender l'approche d'une cité alors honorée par la présence du frère du roi, protégée par celle d'un grand

18.

capitaine, fidèle à l'honneur, à ses sermens, à son prince; il s'y montre avec confiance. Cct habile conspirateur savoit bien que son audace résoudroit les doutes chez les foibles et doubleroit le courage des forts. La faveur d'une ville riche et centrale, d'une population nombreuse, imposante par son énergie, par ses relations de commerce et d'intérêt, étoit pour lui une conquête d'absolue et d'urgente nécessité. Il lui falloit un point de ralliement où les troupes se portassent avec assurance, un centre d'opinion où l'influence s'étendît assez loin pour écarter toute pensée de rébellion, pour donner à son parti une séduisante couleur d'opinion publique. Napoléon avoit de loin posé le problème et préparé les moyens de le résoudre; mais la solution en étoit douteuse, en ce qu'elle étoit nécessairement basée sur des suppositions et des hypothèses : aussi est-il vrai qu'il développa à Lyon un grand caractère et toute la capacité d'un homme d'état. Dans tous ses discours, il fut Français; dans ses écrits, il fut populaire; il enchanta le soldat; il séduisit les citoyens; et, par l'aveu de ses erreurs, prévenant toute explication, devançant les termes précis de la volonté nationale, il calma les craintes et changea l'espérance en certitude.

Mais la vérité n'étoit pour Napoléon qu'un rapide éclair de lumière, et la vertu qu'une ten-

tative impuissante. Voulut-il réellement abjurer,
son premier système au moment où il professa
la plus saine, la plus pure doctrine? sa conduite
à Paris a trop ouvertement démenti les principes
qu'il a proclamés à Lyon, pour qu'il ne nous
soit pas permis de croire qu'il revenoit, au milieu de nous, avec toutes ses passions, et peut-
être avec des intentions plus funestes.

Les vrais amis de la patrie se défendoient en
vain de l'enthousiasme que l'influence de la capitale communique bientôt par d'innombrables
voies à tous les départemens. Instruits par quinze
ans de perfides promesses, fixés sur la marche
imperturbable de son ambition, ils repoussoient
par leur silence et leur inertie les proclamations
emphatiques, la nouvelle profession de foi politique de Napoléon, commentées avec une adulatrice complaisance, et dans le sens d'un vœu
national, par des journalistes protées qu'abusoit
l'espoir du salaire, et par des poètes qui, se di-
sant dramatiques, épuisoient la fable et l'histoire
pour nous représenter Napoléon dans les demi-
dieux, dans les héros, dans les grands hommes
de l'antiquité. On couroit aux Français et à l'Opéra
pour les nobles allusions; aux Variétés, pour des
calembourgs; tout parut perverti, excepté la tribune de la représentation nationale; ses orateurs ne l'ont pas une seule fois souillée par des

louanges intéressées ; et c'est pour l'honneur de
la France, pour la défense des droits du peuple,
qu'interprétant faussement ces droits et cet honneur, ils perdirent le moment où l'abdication légale de Napoléon nous eût préservés et l'eût pré-
servé lui-même des malheurs qu'a entraînés une
abdication forcée et tardive. D'autre part, les
ministres à Paris, les préfets dans les départemens, s'empressèrent de prodiguer l'encens au
restaurateur de nos droits, au protecteur de la
liberté, au fondateur de la monarchie constitutionnelle. Ils composoient un ordre de choses
tout nouveau ; ils annonçoient un âge de paix
et de bonheur ; ils nous montroient assis sur le
trône, à côté de Napoléon, Minerve dépouillée
de son armure ; et tel fut le charme de cette perspective sur des hommes que l'amour de la patrie embrase, que le génie des arts inspire,
qu'ils purent le croire guéri de ses folles passions et capable de régner désormais par les lois.
Lui-même reconnoissoit ses fautes, et condamnoit les travers où l'avoient entraîné la présomption et l'orgueil ; et, faisant encore un plus grand
effort sur lui-même, il souffroit le blâme et
l'autorisait par la liberté illimitée de la presse.
Nous verrons bientôt que l'aveu de ce droit
n'étoit qu'une concession simulée et trompeuse,
qu'un piége pour les ames simples et géné-

reuses, qu'une tactique adroite dont le but étoit
de faire ressortir et réprouver avec plus d'éclat
les mesures répressives que les ministres du roi
avoient si précipitamment adoptées.

Il est donc vrai que la présence de Bonaparte
inspira plus de crainte que de confiance, qu'elle
prouva moins une satisfaction présente que le
mécontentement du passé ; et que si l'opinion
éclairée des bons citoyens, les sentimens véritables des classes intermédiaires furent comprimés par sa subite apparition, il le dut uniquement à tout ce que présentoient d'extraordinaire
et de merveilleux les moyens par lesquels elle
s'étoit opérée. Cependant l'admiration des uns,
la stupeur des autres n'affoiblirent que légère-
ment le sentiment plus profond, l'impression
ineffaçable qui s'étoient gravés dans tous les
cœurs vraiment français, lorsqu'après la campagne de 1814 et le traité de Fontainebleau, la
situation de la France nous fut mieux connue,
et que nous pûmes sonder l'abîme sur le bord
duquel Bonaparte nous avoit laissés.

Le 20 mars 1815, Napoléon arriva à Paris et
se retrouva au palais des Tuileries comme un
souverain qui s'est absenté pour visiter ses provinces. Toutes choses se remirent d'elles-mêmes
sur le pied où elles étoient avant son abdication.
Le 21, il se vit au milieu de sa cour comme

si ses levers n'eussent pas été interrompus, et se montra à son peuple comme un prodige. Ce n'étoit point de la joie, mais de l'ivresse; aussi n'eut-elle qu'une bien courte durée (1): le jour suivant il nous désabusa d'une erreur que probablement il avoit lui-même accréditée; il reprit le titre d'empereur, après s'être laissé annoncer sous celui de lieutenant-général de la régence. Bientôt il manifesta le dessein de changer de système, de vivre en paix avec les souverains, et de rétablir tous les rapports d'industrie, de commerce et d'amitié entre les Français et tous les peuples de l'Europe. Mais, à peine relevé, il ne peut se défendre de cette jactance impérieuse dont il avoit contracté l'habitude, lorsqu'il réduisoit le titre et l'autorité de plusieurs princes à la plus humiliante vassalité. Cette jactance même, le ton absolu, presque menaçant, qu'il mêloit à des propositions conciliatoires, déceloient ses inquiétudes. Il proclamoit en vain la résolution de ne régner que dans l'intérieur de l'empire et sous les auspices de la paix. Ses dépêches, repoussées par les cabinets des

-----

(1) Cette espèce de faveur populaire, justement appréciée, prouva moins l'affection que le désir de la nouveauté. Bonaparte avoit son peuple que nous ne confondrons pas avec la nation.

princes alliés, n'arrivèrent même pas jusqu'au seuil du palais de son beau-père. Tous, en apprenant l'infraction du traité de Fontainebleau et la subite usurpation du trône de la France, avoient d'avance répondu à Napoléon par un cri d'indignation et de vengeance.

Bonaparte, dans la composition du gouvernement, se conduisit conséquemment aux principes qu'il avoit professés avant son entrée à Paris ; plusieurs ministres, principalement celui dont on savoit qu'il redoutoit le caractère, furent considérés comme des garans de ses promesses. Il se conforma cette fois au temps et au vœu du public.

Cependant les débris de l'armée se rallient autour de Napoléon ; les soldats sortent à l'envi de la retraite à laquelle ils avoient été condamnés. Les plus âgés, décorés du signe de l'honneur, plus honorés, à leurs propres yeux, par le nombre de leurs campagnes et de leurs cicatrices, accourent de toutes parts lui offrir le sacrifice de leur noble repos ; ils lui consacrent leur inépuisable courage et tont ce qu'il leur reste de force et de vie. C'est le dévoûment des soldats de César vieillis dans les Gaules. On ne sauroit trop dire que la guerre et la conquête engendrent la tyrannie ; que la puissance armée prépare la ruine des états. La jeunesse française prévient par des enrôlemens volontaires l'époque d'une conscription qui a cessé d'être obligatoire. Mais son conseil reprend son allure, et rentre dans ses premières voies; comme auparavant, il délibère les lois, et ses conclusions sont toujours celles que prend l'empereur, quelque contradictoires qu'elles puissent être. Jamais conseil n'a plus discouru et moins conseillé que celui-là; ses fonctions, comme celles d'un corps de sapeurs, sembloient bornées à déblayer, à élargir la route que le despotime se frayoit sur le sol conquis de la liberté. Avec quel douloureux pressentiment de l'avenir, j'ai vu des membres de ce conseil, hommes d'ailleurs forts de pensée et de jugement, prévenus de cette opinion superstitieuse, que, dans l'administration générale de l'empire, aucune difficulté, aucun nœud, pour compliqué qu'il fût, ne résistoit à la sagacité de l'empereur; que son génie planoit sans effort, et comme en jouant, sur l'ensemble de ses propres affaires, et sur celui des intérêts qui lient ou divisent tous les peuples de l'Europe.

'De là cette pente rapide à la servilité dans les premiers ordres de l'état, et cette intempérance de basse flatterie; de là cette infaillibilité décernée à Bonaparte consul, à Napoléon empereur, et célébrée par des hymnes dans les fêtes publiques, par de graves discours dans les réunions

solennelles du sénat, des députés, des autorités
secondaires. Il est permis de croire que si Napoléon, modérant cette autorité révolutionnaire qui
suffisoit à peine à la turbulence de ses passions,
à la mobilité de son génie, eût permis aux dieux
de retarder la catastrophe qui l'a précipité du plus
haut rang où nul mortel, né dans la foule des vulgaires humains, se fût encore élevé, il eût été sup-
plié de recevoir le surnom de *divin*, et de souffrir
que, dans les affaires communes de la vie, comme
dans les grandes affaires de l'état, la vérité fût
attestée par la formule : *Jurare per Cœsarem.*

Il est donc bien reconnu qu'au mois d'a-
vril 1815, époque du retour de Bonaparte, son
parti ne se formoit que d'officiers isolés, de
soldats épars, d'ouvriers mécontens et d'une
clientèle ennoblie, dont la fortune étoit étroitement liée aux destinées de son patron. Depuis
long-temps cette partie grossière des nations,
que l'orgueil féodal désignoit autrefois si im-
proprement par le mot *peuple*, que, dans tous
les temps, les gouvernemens s'efforcent d'avilir
et de corrompre (1), n'élevoit plus sa tête au-

(1) Que le peuple gagne honorablement son pain de
chaque jour ; que les jours de fêtes publiques ne soient
pas des jours de débauche et d'intempérance ; que le vin
cesse de couler de nos fontaines, et que le mât de cocagne

dessus du limon où la retiennent son abrutisse-
ment, ses vices, sa misère ; elle ne se montre
pas dans les jours de douce température et de
sérénité, mais seulement aux époques où tout
ordre est renversé, et l'autorité des lois mécon-
nue; mais seulement lorsque son intervention
est nécessaire aux provocateurs de l'anarchie,
à des novateurs ambitieux. La nation, calme,
réfléchie, mais douloureusement affectée de sa
situation équivoque, n'échappant à un écueil que
pour être exposée à se briser à un autre, exprimoit ses plaintes avec une franche liberté. Mais
en séparant le roi de ses ministres, mais en se
confiant à ses lumières, mais en liant son propre
intérêt à notre cause, elle appeloit à son discernement de l'empressement des ministres à dé-
molir, pièce à pièce, le système représentatif,
œuvre du temps et des lumières, consacré par
toutes nos précédentes constitutions, et que la
main seule d'un conquérant, contempteur sacrilége de tout ce que la terre révère, s'est effor-

---

ne soit jamais planté; si l'on veut que cette honteuse
ligne de démarcation soit effacée. Faites plus encore,
étendez jusqu'à l'enfant du pauvre et de l'indigent le
bienfait de l'instruction élémentaire, de l'éducation morale et religieuse, et vous dessécherez le marais de la
corruption et du vice.

cée d'ébranler. Lorsque Napoléon put pousser les Français devenus libres par leur énergie, dans ces vastes déserts de la pensée, dans ce néant où gisent les peuples orientaux, nous pûmes nous-mêmes établir en calcul l'accélération de sa chute.

Osons le dire : chaque jour le ministère s'éloignoit du point constitutionnel d'où il étoit parti ; et, manœuvrant de force ou de ruse contre la volonté du roi, contre les principes que sa charte a consacrés, il imprimoit dans la même proportion plus de mouvement, il inspiroit plus de courage aux défenseurs des droits du peuple, il versoit officiellement sur la France des semences de soulèvement et de révolte, que bientôt un souffle de Bonaparte devoit féconder.

Tout annonçoit un grand changement, s'il ne survenoit pas une révolution dans le ministère lui-même. Le levier du gouvernement perdoit son point d'appui, et par conséquent sa mobilité, sa force. Ce point d'appui, c'est la confiance dans l'intention et dans la capacité. Le mécontentement étoit populaire, presque insurrectionnel, contre les agens immédiats du roi, et toujours respectueux à l'égard du roi lui-même. Ce n'est pas la flatterie qui nous montroit dans Louis xviii le bon roi Henri iv ; le cadre seul a pu nuire à la comparaison et gâter l'image.

Pour appaiser cette effervescence dans son principe, et avant que Bonaparte songeât à en faire
son profit, il suffisoit de remplacer des ministres,
vrais Français de 1788, par d'autres ministres,
citoyens français de 1815.

C'est donc sur la foi d'une fausse interpré-
tation de l'opinion publique, des rumeurs et
des plaintes dont les agens du pouvoir étoient
l'objet, que Napoléon fonda principalement
le succès de son entreprise. L'histoire en déver-
sera tout le blâme sur les hommes qui ont suscité cette lutte imprudente, autant qu'inégale,
de prétentions vieillies contre des droits recon-
quis, de la charte des priviléges contre le code
de la nature ; elle leur reprochera d'avoir mé-
pirsé la nation dans les choses présentes, de
l'avoir outragée dans son existence future, et, la
plaçant entre la servitude et l'insubordination,
d'avoir compromis l'autorité du monarque et la
stabilité de son gouvernement.

Cette situation de la France, les motifs réels
de son mécontentement, le vrai sens de l'opinion
publique, le peu qui restoit à Bonaparte de souvenirs favorables, toutes ces choses furent mieux
connues, lorsqu'il eut repris les rênes du gouvernement. Ses zélés partisans purent facilement
être comptés, et lui - même, moins présomptueux, moins aveuglé par la passion de régner,

eût reconnu qu'en repoussant les abus de l'ancien régime et l'ilotisme féodal dont elle venoit d'être de nouveau menacée, la nation n'entendroit pas se remettre sous le joug d'un conquérant accoutumé à dévorer les générations, dès leur entrée dans la vie sociale.

En effet, nous nous étonnions de notre longue patience. « Comment avons-nous souffert ce régime d'orgueil et de guerre éternelle? » C'étoit le reproche que chaque Français se faisoit à soi-même; cependant nous couvrions d'un oubli généreux l'ingratitude et les attentats de Napoléon, pour avoir moins à rougir de nous; nous remettions en scène le héros; nous prenions notre part de sa gloire, et ce que Bonaparte disoit pour nationaliser ses guerres, pour tourner la valeur française en fureur conquérante, nous le disions nous-mêmes pour affoiblir nos torts; nous répétions après lui : « La nation française est essentiellement belliqueuse. » Il mentoit pour nous séduire; nous mentions à nos consciences pour nous absoudre. Eh! non : la nation française, distinguée par la noble valeur, par tous les produits de l'intelligence, est celle des nations continentales que la situation et la richesse de son territoire dispensent le plus de la nécessité et du malheur d'être guerrière. Loin d'être essentiellement belligérante, elle est essentiellement spirituelle, industrieuse. Cet ordre physique et moral, Bonaparte l'a renversé; la force des choses, l'intérêt même des peuples le rétabliront.

Convenons de bonne foi que nous nous sommes livrés à lui plus qu'il ne nous a domptés; et que, plus dociles que les animaux façonnés au joug par la main de l'homme, nous nous sommes complaisamment courbés sous le sceptre militaire de Napoléon. N'en doutons pas, l'histoire justifiera l'excès de son ambition par celui de notre servilité, et l'insolence de son népotisme (1) par l'abandon que nous lui avons fait de notre liberté, de l'honneur national, de nos propres familles.

Le temps des illusions étoit passé; l'effet naturel de l'absence étoit produit; le héros avoit disparu; ce qu'il y avoit d'éclat et de gloire dans sa vie militaire étoit effacé par tout ce que sa vie politique présentoit de vanité, de faste, d'im-

---

(1) Je me sers du mot *népotisme* pour désigner l'élévation que procurent à leurs familles des hommes parvenus à la suprême puissance, quoique, dans son origine, ce mot n'ait signifié autre chose que les faveurs, les dignités, les principautés dont les papes ont doté leurs avides neveux, et quelquefois, sous ce nom, les fruits adultérins de leurs scandaleuses amours.

posture. La postérité avoit commencé pour lui ;
il ne s'en doutoit pas : nous découvrions les plaies
larges et profondes qu'il avoit faites à l'humanité ; nous percions d'un œil triste le voile de
deuil qui, depuis trois ans, s'épaississoit sur
notre patrie ; nous accumulions sur sa tête tous
les résultats de sa délirante ambition ; mais lui-
même ne cessoit pas de se regarder dans le miroir
infidèle avec lequel la flatterie, au temps de ses
prospérités, avoit familiarisé ses regards. C'est
pourquoi Napoléon reprit son ton, ses habitudes, son costume théâtral, et reparut sur la
scène avec les mêmes moyens, les mêmes acteurs secondaires, et pour le même but, qu'avant
la terrible épreuve qu'il avoit faite de son extra-
vagant système. Mais la baguette magique étoit
échappée de ses mains ; toute espèce de charme,
toute fascination étoit impossible pour nos yeux
désabusés ; on l'observoit avec inquiétude comme
un homme nouveau ; on pesait ses paroles, on
épioit ses pas, on lisoit avec défiance ses proclamations et ses décrets ; il ne fit pas une conquête
hors de son parti, et son parti même ne voyoit
plus, dans Bonaparte, l'envoyé de Dieu, l'homme
du destin ; preuve admirable des progrès que fit
la raison publique aussitôt qu'elle se sentit libre
du joug qui l'avoit tenue dans le silence et la stupeur. L'armée, si long-temps passive, procla-

moit, alors même qu'elle se rallioit à son chef
suprême, qu'elle étoit instituée pour défendre
les limites, l'honneur, l'indépendance de la patrie. Dans ses revues, dans ses communications
avec les généraux, cette profession de foi a re-
tenti plus d'une fois à son oreille, et sans doute
elle en étoit blessée. Car, qui peut douter que
cette maxime « les rois sont faits pour les peuples, non les peuples pour les rois » ne fût pas
désavouée dans son ame, quand son intérêt lui
prescrivoit de la proclamer? Dans cette ame
étrangère à notre nature, les passions avoient
toute l'impétuosité qui caractérise l'instinct des
animaux dominateurs, et la puissance de toutes
se concentroit dans la seule passion du pouvoir.
Il a pu la réprimer, séduit un instant par l'appât
d'une plus solide gloire, jamais la vaincre. Dès
sa rentrée en France, il caresse l'opinion publique, il flatte la nation; nos droits remis en
problème, il veut les garantir. Cette charte *oc-
troyée et révocable*, il vient la convertir en un
pacte qui sera l'expression de la volonté nationale. Il trouva des croyans : il y en a toujours
pour les miracles. N'attendez pas celui que vous
promet Bonaparte, c'est-à-dire sa conversion
aux sentimens, aux vertus dont se compose le
caractère politique et moral dans le souverain
d'un peuple libre. Entre sa cour et le peuple, il

se formoit une sorte de confédération d'hommes
éclairés et prudens qui l'observoient dans son
action , dans son repos, qui s'attendoient au désaveu de ses belles promesses , et se préparoient
à la lutte dont ce désaveu seroit le signal.

CHAPITRE XV.

Publication de l'acte additionnel. Convocation des colléges électoraux , sous le titre spé-cieux du Champ-de-Mai. Vues secrètes de Bonaparte. Chambre des représentans ; sa composition ; sa conduite ; sa résolution d'opposer une inflexible résistance au des-potisme de Napoléon. Organisation de l'armée ; son départ. Bataille de Fleurus et de Waterloo. Déroute de l'armée. Dé-part de Bonaparte ; son retour à Paris ; son abdication forcée en faveur de son fils : erreur des chambres à ce sujet. Gouverne-ment provisoire ; sa fin et celle des cham-bres en présence des armées alliées. Capi-tulation. L'armée française statiounée au-delà de la Loire , et rentrée du Roi à Paris.

Ce signal fut donné le 22 avril 1815, par la publication de l'acte additionnel aux constitu-tions, œuvre clandestine , écrite par des valets sous la dictée du maître. Dans cet acte , on voit le despotisme se voiler de quelque pudeur , tour-menter les principes , déguiser son venin , et pousser jusqu'à ses derniers termes la doctrine de Machiavel. Cet acte sort tout-à-coup du cabinet impérial, comme sortent du sein des ténèbres de lugubres météores, des lueurs pâles et vacillantes. Vainement cent voix le proclament comme, le complément des constitutions antérieures, de celle de l'an VIII, des sénatus-consulte organiques ; l'œil le moins exercé, le moins prévenu, ne découvre dans cet acte que le régime sous lequel nous avons gémi, mais paré et présenté avec plus d'art. Tout, en effet, y est prévu et coordonné pour enchaîner de nouveau la nation et soumettre ses représentans à la volonté du chef de l'état ; et Bonaparte, plus aveuglé sur nos dispositions, quand nous sommes plus éclairés sur son inflexible caractère, feint d'oublier que la France veut être régie par une constitution librement acceptée. Après tant de pompeuses protestations, comment acquitte-t-il ses promessses ? Il évoque d'antiques souvenirs, il rajeunit de vieilles institutions, il cherche à nous séduire par des dénominations e t des usages que notre vénération a consacrés, mais qui sont sans rapport avec nos institutions nouvelles. Déguisant, dans les formes, ses impostures et ses variantes politiques, il se persuade qu'il intéressera la moitié des Français à des représentations théâtrales ; qu'ils prendront le change touchant leur liberté, s'il étale à leurs yeux le signe de la liberté de nos pères; enfin, que, par respect pour des siècles barbares, nous renoncerons aux lumières du siècle où nous vivons. C'est ainsi qu'en l'an VIII, il décora de noms romains, symboles de la grandeur et de la liberté, sa dictature consulaire.

L'empereur, séduit par ses nouvelles conceptions, se croyant plus grand et plus fort, pour avoir parodié Charlemagne et Philippe-Auguste, convoque, avec une puérile ostentation, un Champ-de-Mai; il détermine les élémens et l'objet de cette réunion importante. Ces élémens sont les électeurs de la France; cet objet, c'est la révision et l'acceptation des articles additionnels. La renommée remplit le monde de cet hommage que Napoléon rend à la nation française, et en elle à tous les peuples. On projette, on exécute à grands frais le cirque autour duquel on verra rangée, par département, la représentation nationale, et le trône sur lequel l'empereur lui-même ne sera que premier représentant. A la veille du dénouement, on apprend que tout cet appareil n'est qu'une jonglerie; que les fonctions de ce congrès électoral se borneront à constater les votes individuels émis dans l'empire, pour l'admission ou le rejet de l'acte additionnel, et à parapher des registres

Avril 1815.

dont il est impossible d'établir l'authenticité (1).

Dès-lors cette prétendue solennité se change en une parade aussi mesquine que ridicule ; l'ironie et le sarcasme atteignirent l'empereur sans presque aucun ménagement ; et son parlement improvisé, rappelant les notables de 1788, ne parut qu'un coup manqué et le triste présage d'une révolution prochaine.

Sous un autre rapport, la politique de l'empereur fut en défaut ; il n'attendit pas la réunion, dans la capitale, des colléges électoraux pour réduire leur ministère à une simple énumération de votes individuels, quels que fussent les pouvoirs dont ils se croiroient investis. C'est pourquoi peu d'électeurs s'exposèrent à la honte qui les attendoit. Le plus grand nombre dédaigna de figurer dans cette parade, qui eût à peine réussi au temps de notre superstitieuse foi envers l'homme du destin. Il fallut remplir les places vides par des hommes sans mission ; les frais qui se firent pour donner à cette assemblée l'éclat et l'intérêt d'une fête publique, furent perdus.

L'empereur s'y rendit, entouré d'un nombreux cortége. Il attiroit sur lui les regards,

_____

(1) Votes accordés, presque tous, au besoin de conserver un emploi et le pain d'une famille.

et les cœurs sembloient s'en éloigner. Il est si facile de distinguer la curiosité de l'affection ! Chacun expliquoit, d'après ses espérances ou ses craintes, l'indifférence des spectateurs, les noirs soucis dont la physionomie de Bonaparte étoit, ce jour-là, profondément empreinte. Il joua son rôle jusqu'à la fin ; et, quoiqu'il pût découvrir de nombreux motifs de repentir à l'égard du passé, et de crainte pour l'avenir, dans le discours énergique qu'il fut forcé d'entendre, comme étant l'expression franche, irrévocable de la volonté nationale, il parla et voulut, en maître de la nation, devant un congrès de représentans immédiats de la nation.

Cet essai, que les électeurs venoient de faire de la politique et du caractère de Napoléon, eut des conséquences qu'il prévit peut-être (car il entendoit par l'organe de sa police jusqu'au plus léger murmure), mais qu'il n'étoit plus temps de détourner. Ils purent apprécier cet homme, que la plupart d'entre eux n'avoit jugé que sur la foi des journaux, sur le témoignage des poètes qu'il tenoit à ses gages, qu'à travers une épaisse atmosphère d'adulations et de louanges. Ils avoient mesuré sa force ; ils pouvoient calculer la résistance par laquelle elle seroit ou comprimée où vaincue.

Un gouvernement franchement militaire

étoit le seul dont le génie de Napoléon pouvoit s'accommoder. Les articles additionnels; comme je l'ai déjà dit, couvroient d'une sorte de voile ce détestable régime. Régner par les lois, gouverner un peuple libre, compter pour quelque chose ses inclinations, ses habitudes, ses mœurs, prendre en considération toutes les influences géographiques et locales qui déterminent ses goûts, son industrie, l'étendue et l'application de son intelligence, c'étoit, selon lui, abaisser la puissance devant les argumens d'une vaine idéologie, et soustraire les peuples à leur véritable destinée. Et quelle est cette destinée? celle du quadrupède qui tourne la roue, et dont on intercepte la vue pour qu'il ne soit pas distrait de son pénible labeur. Les théories libérales étoient hors de sa tête, parce que rien d'humain n'étoit dans son cœur. Il n'y souffroit d'autres images que celles d'un peuple soumis, de peuples subjugués, d'armées passives, que celle du despotisme nivelant tout, faisant tout par sa seule volonté.

A peine arrivés dans leurs départemens respectifs, les électeurs, en vertu du décret qui convoque les colléges, se réunissent, se communiquent leurs sollicitudes; et le résultat général de leurs votes donne une représentation presque homogène, sous le rapport des principes et du patriotisme ; tous les députés venoient remplir leur mandat, préparés à une lutte périlleuse, mais résolus à ne se séparer qu'après avoir placé les droits de la nation sous la garantie d'un pacte constitutionnel, délibéré par les chambres, accepté par elles.

Cependant Napoléon organisoit son armée, et réparoit, comme par enchantement, les pertes qu'elle avoit faites dans les trois dernières campagnes. C'est principalement dans cette partie de la science militaire que se faisoit remarquer la fécondité de son génie ; il créoit les ressources plus qu'il ne les découvroit ; il entraînoit tout dans son propre mouvement. Ne craignant pas de résistance, il n'en éprouvoit pas ; il est vrai qu'il les prodiguoit avec le même abandon, sans s'inquiéter de l'avenir, et comme si elles étoient inépuisables. Cependant l'Europe armée marchoit, et s'étendoit sur nos frontières. Elle sembloit s'avancer pour nous écraser, plutôt que pour nous combattre. Objet de cette invasion, Napoléon se précipite dans les hasards d'une campagne, combinée et calculée sur une échelle de suppositions et de probabilités, qui toutes furent trompeuses. Il n'y avoit aucune parité dans les moyens d'attaque et de défense ; il n'y en avoit pas davantage entre sa situation d'alors et celle d'où il s'élan-

çoit seul contre l'Europe. C'est ici, c'est dans
ce moment d'une existence politique si incertaine, que nous avons pu saisir, plus que dans
aucune circonstance de son précédent règne,
le trait dominant de son caractère, et surprendre
le sentiment qui l'occupe; il se défie de son
propre parti; il doute de lui-même. Sans se
faire illusion sur l'imminent danger qui le menace au-dehors, ses regards se tournent malgré
lui sur Paris; c'est là qu'il voudroit à la fois résister aux armées ennemies, et vaincre l'énergie
des chambres. Quand il expose son armée, son
unique armée, à des défaites certaines, il ne
songe qu'à sauver son despotisme; il observe la
contenance calme et imposante des représentans
de la nation, l'esprit patriotique qui les inspire et
les éclaire, l'opinion générale qui les protége,
avec une anxiété visible, qui révèle à ceux qui
l'entourent le trouble de son esprit, les agitations
contraires de son ame. Et telles sont les dispositions qu'il laisse entrevoir, à la veille d'une action
décisive, qu'il fait redouter la victoire et son
retour au milieu de nous, non-seulement aux
bons citoyens qu'il a entraînés dans sa cause, mais
aux autorités mêmes qui l'ont reconnu, et qui
le défendent encore contre les souverains, en
leur opposant le droit des nations libres et indépendantes.

La tribune de la chambre des représentans ne fut d'abord que bruyante et verbeuse ; elle sembloit se destiner à copier, ou à plutôt parodier les assemblées d'un autre temps, quand le temps et même les hommes étoient changés. Le talent oratoire perçoit, et s'évaporoit en vaines déclamations. L'assemblée prit enfin une attitude plus ferme, une marche plus régulière, et dès-lors on put remarquer dans ses délibérations un singulier contraste. Dévouée à Napoléon et à sa dynastie, tant qu'elle crut interpréter le vœu national, elle fut, par ses propres sentimens, constamment contraire au système de gouvernement qu'il avoit proposé. Elle allia, autant que le permettoient les circonstances, l'énergie et la dignité ; elle ne déguisa ni les maux passés ni les dangers présens. Mais, toute occupée de l'urgente nécessité de conjurer la tempête qui s'apprêtoit à fondre sur la France, elle compromit l'honneur et l'indépendance de la nation, précisément parce qu'elle en fut trop jalouse et qu'elle s'obstina à opposer à des violences et à la force étrangère des maximes inapplicables aux circonstances, et moins encore à Napoléon. C'est pourquoi, dans la France et hors de la France, on accusa les chambres, et probablement elles seront accusées par la postérité, d'avoir attendu le temps des batailles, que tout présageoit devoir être le

temps de nos plus grands revers , pour résoudre
la déchéance de Napoléon , ou négocier avec
lui-même son abdication. Falloit-il mettre le
salut du royaume, de la patrie, de notre liberté
au hasard d'un combat , quand la présence de
ce prince, armant de nouveau toute l'Europe
contre lui et pour les Bourbons , lioit à son
sort nos propres destinées ? Méritoit-il un
si généreux devoûment, celui dont l'unique sollicitude étoit de régner à tout prix ? les chambres
ne doutoient plus du sacrifice que Bonaparte
faisoit de nous et de notre liberté à son intérêt
personnel ; cette certitude les affranchissoit de
toute obligation envers lui, et leur dictoit celle
de prévenir de nouvelles effusions du sang français , de conserver l'armée , notre unique espérance , de ménager les moyens qui nous restoient
de traiter avec les princes alliés.

Cependant l'empereur suivoit de l'œil les armées ennemies ; il les voyoit s'étendre sur plusieurs points , couvrir la Flandre, s'épaissir sur
l'une et l'autre rive du Rhin, et tourner la France,
au midi, par la Suisse et le Piémont. Il affectoit un
calme, une confiance que sa physionomie et ses
incertitudes démentoient. Quel contraste s'offroit
aux observateurs dans la chambre des représentans du peuple ! Séparés, chacun d'eux prononçoit la déchéance et l'éloignement de Napoléon ;

réunis, ils soumettoient le plus absolu de tous les principes, le plus sacré de tous les intérêts, le salut de la patrie, à des considérations d'un ordre secondaire, et perdoient à délibérer ce qu'il leur restoit de temps pour agir.

Je n'ai pas l'intention de composer un plaidoyer contre Bonaparte. En déplorant tous les maux qu'il a faits au monde, en pleurant sur notre patrie, qui ne fut jamais la sienne, je n'oublie pas qu'il est vaincu, malheureux et dans les fers; j'oublierai moins encore que je dois exposer la vérité, sans blesser la dignité de l'histoire. La foudre de Napoléon a grondé sur ma tête; elle n'a pas éclaté, par considération pour des hommes intéressés à ma cause. Il s'asseyoit, enflé d'orgueil, ébloui de sa gloire, sur le trône des Césars, quand j'osai lui rappeler nos droits et ses devoirs. Il m'en a puni : aucun ressentiment ne m'anime. Ce qu'il a fait de grand et d'utile, je l'ai dit sans égard à la haine qui le poursuit ; et si j'expose avec une égale justice les coupables résultats de son odieuse politique, j'atteste que j'ai souvent éprouvé le regret de ne rien découvrir dans la dernière phase de sa domination qui balance les maux qu'il a accumulés sur notre patrie. Je dirai donc de son dernier règne ce qu'il convient d'en dire au siècle philosophique qui a produit un génie si contraire à l'esprit, aux mœurs de ses contemporains. Je dirai ce qu'il importe d'en savoir aux âges qui nous suivent ; chaque génération réclamera l'étude du caractère , s'appropriera le tableau de la vie de Napoléon , de cet être presque idéal , éminemment dramatique par ses passions comme par ses desseins , qui s'élança de l'obscurité sur le premier trône de la terre, qui fit des rois, comme les rois font des ministres , et qui , ayant pu long-temps balancer les destins du monde, tombe et se brise à la borne que Dieu s'est imposée, en douant l'homme d'un rayon de sa suprême intelligence. Ne cherchons pas la grandeur où n'est pas la vertu !

Ce fier conquérant se montra plus petit et plus bas dans les revers, qu'il ne fut grand et élevé au temps de ses prospérités. Est-ce le même personnage qui trouvoit étroites les limites de la terre, et qui consent à vivre seul sur un rocher brûlant ; qui promenoit naguère la foudre sur cent peuples, et qui préfère, pour lui-même, une existence ignominieuse et précaire au seul asyle qui lui convienne, la mort ? Est-ce le même qui , après tant de bruit , de bouleversement, de couronnes brisées sur sa tête , ne feint le désespoir et le mépris de la vie que pour réaliser la fable du Bucheron de La Fontaine.

Les monarques alliés ont fermé l'oreille à toutes les propositions de Bonaparte , et repoussé toutes

les tentatives de ses ministres. Le mot de négociation leur paroît une injure. Le cabinet de
Vienne se montre le plus inflexible ; il avoit à
écarter les doutes qui pouvoient naître de certaines considérations et de certains rapports.
Chacun des princes se croyant individuellement
offensé par l'infraction du traité de Fontainebleau,
tous resserrent le nœud de leur alliance. D'innombrables armées s'ébranlent à la fois et viennent à
marches forcées, et, par des routes diverses, investir, inonder la France. Ce mouvement est annoncé à l'Europe comme uniquement dirigé
contre Napoléon. La paix du monde, la chute de
l'usurpateur, tel est l'objet de la guerre ; telle en
doit être l'issue. Tous les peuples ont reçu, soli-
dairement avec le peuple français, cette promesse
des souverains. S'il arrive qu'elle soit violée, que
l'appareil d'une généreuse protection ait couvert
un système d'oppression et de cupidité, les peuples, interrogés par l'histoire, déposeront contre
les parjures. L'air s'épure dans les régions supérieures de l'espace, l'opinion publique atteint
aussi le terme simple de vérité, en roulant dans le
cercle des âges. Le rang n'absout pas le crime.

Cependant l'empereur presse les travaux qu'il
a ordonnés pour la défense de la capitale. Il prévoit que la supériorité des armées ennemies ne
lui permettra pas de tenir la campagne. On lui

reproche d'en avoir tracé le plan avant d'être
bien fixé sur la force et sur les positions militaires
des alliés, sur les obstacles physiques qu'il auroit à vaincre, avant de se porter à Bruxelles et
d'occuper la Belgique qu'il assignoit avec une
incroyable témérité pour sa première conquête.
On l'accuse avec encore plus de raison d'avoir
couru après l'effet de la victoire, comme au
temps où il pouvoit l'acheter par de grands sacrifices et la payer sans compter. Chacun de ses
soldats avoit à répondre à dix soldats ennemis; et
cette inégalité numérique d'hommes n'étoit com-
pensée par aucun des avantages que procurent
les guerres nationales (celle-ci ne l'étoit certainement pas). Tout prescrivoit donc à Napoléon
un système défensif; il devoit, par une opiniâtre
temporisation et sur un vaste théâtre, fatiguer
l'ennemi, user ses forces; mais il ne sut jamais
résister à l'appât, si souvent trompeur, d'une bataille gagnée. Après les journées du 16 et du 17,
qu'avoit-il à faire, qu'à recueillir l'effet moral de
la victoire de Fleurus? Il brusqua tout, il perdit
tout.

Quant à l'intérieur, sa conduite lui étoit tracée
dans celle même que tenoient les chambres. Il
devoit, par un prompt retour sur lui-même,
par une confiance entière dans les représentans
de la nation, ramener la nation flottant entre la

- 3. 20

crainte et l'espérance, à des dispositions plus
favorables, se dévouer pour elle, sans mélange
d'intérêt personnel, réveiller, au lieu de l'alar-
mer, le sentiment de la liberté; en réclamer toute
l'énergie, et prendre pour point d'appui des forces
matérielles et morales qu'il dirigeoit, la patrie,
les droits du peuple, une constitution acceptée
par les assemblées primaires et proclamée dans
tous les rangs de l'armée. L'attitude de la chambre des représentans, ce qui transpiroit des intentions secrètes des puissances alliées, l'influence
qu'exerçoit sur cette confédération d'intérêts présens et futurs, le cabinet de Saint-James, d'autres considérations pouvoient rendre à Bonaparte
la faveur nationale et celle de la fortune qu'il
avoit si justement mérité de perdre.

Il est possible, il est même vraisemblable que
cette conduite n'eût pas arrêté la marche des armées ennemies, et que la présence de Bonaparte
n'auroit pas cessé d'être la cause ou le prétexte
de la guerre. Il est au moins probable qu'elle eût
été bien différente dans son cours et dans son
issue, qu'elle eût pu prendre un caractère national, réduire toute opposition au silence, remettre en problème bien des intérêts, jeter de
l'incertitude sur de précédens calculs, et dé-
ranger bien des combinaisons hypothétiques. Il
n'est pas moins probable que le lien de la con-

fédération européenne se seroit relâché, rompu, peut-être, et que la France, ce contre-poids si nécessaire, aux états du midi contre les puissances du nord, ne fût pas long-temps restée sans alliés et seule contre tous. Enfin, il étoit possible que Napoléon, vainqueur, revînt pour river nos fers et cimenter son despotisme. Et qui n'en frémissoit pas? qui ne confioit pas ses craintes à son épouse, à ses enfans, à son ami?

Le téméraire Napoléon nous en délivra lui-même; mais il attira d'autres hontes, d'autres calamités sur notre belle patrie. Son propre destin n'étoit-il pas écrit dans le caractère de ce soldat ambitieux, toujours chef d'armée, jamais prince; toujours maître, jamais roi? Qu'avoit-il à faire dans ces pénibles circonstances? à se placer de bonne grâce dans la direction que prenoit l'opinion publique, à se détacher de lui-même, à se mettre hors de cause pour intéresser, sinon les rois, du moins les peuples, à la cause du peuple français. Sous le rapport militaire, il avoit à résister par l'adresse et la ruse plutôt qu'à combattre, à fatiguer l'ennemi plus qu'à le défier, à lui opposer les rivières et les montagnes plus que ses braves légions, à l'enlacer dans des piéges plus qu'à lui livrer des batailles. Il avoit surtout à traiter avec le temps; conseiller prudent, négociateur habile, le temps dont lui-même avoit éprouvé la puissance, qui, seul, pouvoit déjouer les secrètes prétentions des ennemis de la France, comme il avoit broyé son insolent orgueil ; le temps enfin, dont l'effet est d'autant plus certain que son action est plus mesurée et plus lente. Mais ce système d'ordre, de sagesse, prescrit par la nécessité, ne présentoit à l'esprit de Napoléon aucun point d'analogie avec les idées qu'il s'étoit faites du pouvoir, de l'obéissance, de l'administration d'un empire. Vouloir seul, seul diriger, seul exécuter, tel est le thême dans lequel il renfermoit la théorie et la science du gouvernement. S'il parut, avant son départ pour l'armée, troublé par de noirs soucis, agité par de tristes pressentimens, c'étoit parce que son attention se portoit à-la-fois sur ces armées dont il voyoit s'avancer contre lui les énormes masses, et sur ces chambres qui, par leur attitude et la liberté de leurs débats, montroient la résolution de briser dans ses mains le sceptre révolutionnaire. Au moment de jouer, au hasard d'une bataille, la couronne plus que mal assurée sur sa tête, il tournoit un regard inquiet sur les ames généreuses qu'il laissoit derrière lui, il compromettoit son pouvoir par la crainte ; sollicitude ordinaire des tyrans et des usurpateurs. Personne n'a douté que son empressement à livrer la bataille du mont Saint-Jean, contre l'avis de tous ses généraux, n'eût pour objet, moins peut-être d'arrêter la marche de l'ennemi, de le repousser au-delà d'Anvers, de se fortifier sur la ligne du Rhin, que d'en imposer aux chambres par un premier succès, que de relever son parti dans celle des pairs, et de contenir l'une et l'autre dans une respectueuse inaction, jusqu'au moment où il viendroit en personne influencer les opinions, paralyser les courages, et réduire, comme par le passé, à un vain simulacre de représentation l'autorité législative, nos droits et notre indépendance.

Cette observation est justifiée par les adieux que, la veille de son départ, il fit de vive voix à la chambre des représentans. Il ne sut ni taire ni déguiser ses craintes. Il oublie que son adresse aux Français, que ses proclamations, que la déclaration de son conseil d'état sont les titres à la faveur desquels il s'est avancé sur le territoire français et replacé sur le trône, et que l'accomplissement de ses promesses peut seul le faire rentrer en grâce envers la nation. Sa fierté s'abaisse, son humeur despotique s'amollit; il supplie que toute délibération sur l'extension ou la réforme des articles additionnels soit ajournée jusqu'à la paix, qui ne sera, selon lui, qu'une crise passagère. Son désir n'est plus reçu comme un ordre, ses communications comme des lois.

Il part, et la chambre déclare qu'elle s'occupera exclusivement de constituer la France.

Quel motif louable peut justifier le doute qu'on a élevé sur la légitimité des pouvoirs dont la chambre des représentans de la nation a fait usage? L'esprit de paix et de concorde, le besoin de nous réunir au roi, de concourir tous avec lui au salut de la patrie, imposoient silence à tous les partis sur une matière que dans tous les temps il est difficile, qu'au temps présent, il est dangereux d'éclaircir. D'abord, cette question est très-complexe considérée sous le rapport des principes, du temps et des circonstances. L'état d'extrême divergence où sont les opinions et les intérêts, nous interdit de chercher à la résoudre. Elle seroit discutée par les passions et jugée tour à tour par deux ou plusieurs partis, elle resteroit indécise. Ce n'est pas dans l'intérêt et pour la cause de Bonaparte que j'exprime des doutes à ce sujet, c'est seulement dans l'intérêt et la cause de la nation et du roi. Il ne peut pas s'en former sur la nature du pouvoir repris par Bonaparte qui, sans autre motif que sa volonté, a violé la foi des traités envers toutes les puissances de l'Europe, le droit des nations et des souverains envers la France et son roi. Mais il n'est pas moins juste de reconnoître dans cette chambre tout ce qu'il falloit de courage, de pa-

triotisme, pour modérer l'enthousiasme dans les
derniers rangs de l'armée et du peuple, sauver la
patrie, et faire respecter l'autorité par les provocateurs mêmes de l'anarchie. Il n'est pas moins vrai
qu'elle a, durant ce court interrègne, préparé,
assuré à la liberté la victoire sur le despotisme
militaire, prêt à peser de nouveau sur nous. Depuis sa première jusqu'à sa dernière séance, nous
l'avons vue repousser toutes les mesures qui pouvoient accroître les prétentions de Napoléon, et,
pour ainsi dire, annuller de fait le droit d'initiative qu'il s'étoit exclusivement arrogé. Comme
si elle avoit pressenti la secrète pensée de Napoléon, nous l'avons vue, invariable dans son indépendance, ramener à ses vrais élémens le
gouvernement représentatif et tracer le cercle
dans lequel doit se renfermer la royauté constitutionnelle; cercle où elle déploie, sans obstacle
et sous la garantie d'un ministère responsable,
toute sa puissante activité, où chaque ministre
exerce l'action propre à son administration,
où de la séparation et de la correspondance de
leurs mouvemens naissent l'ordre politique et la
vie sociale, foible, mais sensible image du cours
harmonieux des astres, roulans et pressés dans
leur éternel orbite.

Pour exprimer la puissance et les bornes de l'intelligence humaine, on dit que les deux extrêmes

se touchent : cette moralité est surtout applicable
à Bonaparte. Ce héros superbe que vous avez vu
se pavaner avec une insupportable fierté, au plus
léger sourire de la fortune, insulter aux peuples et aux rois, tandis qu'elle lui fut prospère ;
voyez-le, au moindre revers, déchoir, s'éclip-
ser, laisser à nu l'homme foible et se soumettre
aux conditions les plus humiliantes. Quel lustre,
que de titres sont effacés par cette rétrogradation
volontaire de l'orgueil à la pusillanimité ? Reste-
t-il maître d'un champ de bataille, il chausse le
cothurne, prescrit leur marche aux événemens,
veut des choses, des hommes et des temps im-
possibles, et, comme Dieu aux flots soulevés
par la tempête, il dit au torrent qui se précipite du nord sur la France : « Je plante mon
aigle sur ce monceau de sable, et tu t'arrêteras
là ». Lui-même, ne se défiant pas d'un premier
succès, ne sait pas s'arrêter sur le champ de
bataille de Fleurus ; le bulletin qui l'annonce,
dicté dans un moment d'ivresse et de ce ton de
forfanterie dont la loyauté française eut si souvent à rougir, décèle l'impatience d'un partisan
plus que la vaillance d'un héros, plus que l'expérience et l'habileté d'un grand capitaine ; on y
trouve moins encore la raison éclairée d'un souverain. Il s'étourdit sur la possibilité des défaites
et des revers, comme s'il n'en eût jamais fait

l'épreuve, comme si les désastres de trois campagnes étoient effacés de sa mémoire. A Waterloo, rien ne manque à son armée, si ce n'est le génie qui l'avoit conduite à Marengo, à Austerlitz, à Friedland. Jamais, comme dans cette journée, les Français n'ont mérité de vaincre ; jamais vainqueurs n'ont plus chèrement payé leur triomphe. D'abord le désordre ne fut que dans la tête de Napoléon ; il ressembloit à ces guerriers de la forêt enchantée, trompés par des prestiges, poursuivant des fantômes ; il n'en fallut pas moins pour égarer l'expérience de nos généraux et la valeur de nos soldats, pour donner à ses habiles adversaires le temps et les moyens d'arracher aux Français une victoire presque gagnée. Malgré l'avantage de ses positions, l'ennemi eut besoin de l'extrême supériorité numérique de ses troupes et de ses canons ; mais, de part et d'autre, le dévouement fut sublime. La réponse de Cambrone à Wellington a pris place parmi ces choses consacrées que les âges vénèrent. « Rendez-vous, épargnez le sang de vos braves. » « La garde meurt et ne se rend pas. » Ces mots peignent l'action, et mettent de niveau la valeur qui succombe, et la valeur qui triomphe.

On attribue à plusieurs causes la perte de cette journée. On rapporte à une seule la fuite

de Napoléon, l'abandon qu'il fait de son armée, la perte de nos dernières espérances, et
celle de son propre honneur. Ici sa raison seule
n'est pas en défaut, le cœur est coupable. Faut-
il une quatrième fois l'absoudre d'une défection,
qui, reproduite dans notre situation la plus
désespérée, atteste à l'univers qu'il n'eut du
courage que pour les succès, et que son génie
tenoit au pouvoir de bouleverser et de détruire.
En effet, dans la guerre, Bonaparte fut souvent
un héros de parade ; il n'eut jamais peut-être ni
la pensée ni le sentiment d'un héroïsme vertueux. Durant sa magistrature consulaire, il
prouva qu'il pourroit être un grand homme.
Il n'eut pas la force de modérer la plus fou-
gueuse de ses passions ; et nous ne vîmes bientôt
en lui qu'un jongleur hypocrite, cachant son
ambition sous le costume républicain. Sur le
trône impérial, c'est un despote qui exhale la
haine de toute loi fondamentale et positive,
qui, malgré le contraste que présentent son origine et son rang, affecte de mépriser les hommes, les emploie ou les rejette comme de vils
instrumens. S'il appeloit et souffroit plus ou
moins près de lui quelques personnages, distingués par la sagesse et les vertus, il cédoit à
la nécessité : c'étoit une manière obligée de
composer avec l'opinion publique, qui, tou-

jours inspirée par l'intérêt général et par un
invincible sentiment d'ordre et de justice,
cherche les hommes de bien et les hommes
éclairés où il lui importe de les voir, c'est-à-
dire, autour du trône, et dans les premières
charges de l'état. Les nobles fonctions, le ma-
niement des grandes affaires étoient au contraire
réservés par l'empereur à des hommes dont, par
vanité servile ou par corruption, l'esprit, les
talens, les principes s'abaisseroient à servir aveuglément sa politique. Ceux-ci savoient d'avance
qu'il n'en falloit pas remarquer la perversité :
c'est pourquoi l'estime nationale venoit s'offrir
en compensation d'une disgrâce méritée ; c'est
pourquoi son système général de gouvernement
et d'administration portoit sur un premier système de corruption ; c'est pourquoi l'or fut
l'agent principal de sa politique. Il le mit avant
tout, ou l'allia à tout, même à l'honneur, pour
ne laisser aucun élément pur dans notre harmonie sociale. De cet art corrupteur résultèrent
les plus graves conséquences, la dissolution des
mœurs, la versatilité des principes, les récompenses du dévouement à la patrie, décernées
aux esclaves de cour. Il est encore un danger
plus inévitable pour les princes qui n'admettent
auprès d'eux que des serviteurs infidèles à l'honneur, à la vertu, à la patrie ; c'est d'en ren-

contrer qui soient plus avancés, qu'il ne le faut
à leurs desseins, dans la science de Machiavel, et
qui, capables de jouer un double rôle, se ven-
dront à lui avec l'intention de le jouer lui-même.
Quand cette espèce de marché est ouvert, qui
peut fixer une borne à la vénalité? Quand le
corrupteur se présente au nom du prince,
qui peut dire où s'arrêtera la corruption? Napoléon a employé dans d'importans ministères
de confiance et d'honneur des hommes tout
préparés à se couvrir de cette espèce d'infamie.
Des écrits font foi qu'ils s'étoïent formés à la
meilleure école. Leur zèle hypocrite peut également surprendre la confiance du meilleur
prince et celle du tyran le plus odieux. Malheur aux peuples dont les gouvernemens sou-
doient ces ministres de mensonge et d'intrigues!
Malheur aux gouvernemens eux-mêmes qui re-
cherchent des hommes dignes de semblables ministères (1)!

_____

(1) L'histoire d'une certaine ambassade, récemment
publiée, donnera lieu à bien d'autres qu'à moi de faire
ces mêmes réflexions; elle apprend aux princes à ne pas
hasarder leur confiance. Un critique judicieux, mais aussi
modéré, dans les reproches qu'il adresse à l'auteur, que
celui-ci est âpre dans l'expression vive, animée, et presque poétique, de ses ressentimens, a exposé au blâme
des ames nobles et élevées cette œuvre inspirée par la

Le bruit se répandoit à Paris que les armées des alliés, complétement battues, étoient en pleine retraite, et que l'empereur occupoit avec son état-major la capitale de là Belgique, lorsque tout-à-coup on apprend son retour et nos pertes. Il en est d'irréparables. Sa mort, s'il eût su mourir, eût été du moins le terme de nos malheurs. Il revient au milieu de nous, et la haine qui le poursuit se déploiera, s'appesantira sur nous. Il n'y a plus d'armée, dit-il, pour ne pas dire qu'il a abandonné l'armée et livré lui-même ses drapeaux au vainqueur (1). Il assemble son

———————————————————

haine, et, pour ainsi dire, à la vue du cadavre de l'ennemi.

Cet historien, dit-on, a bien choisi ses victimes. Aucune d'elles ne peut se défendre; mais une d'elles lui répond par les bienfaits dont elle l'a comblé, par la confiance dont il a joui près d'elle pendant dix ans, par l'espèce d'apothéose qu'il lui a décernée dans la chaire évangélique.

Ce scandale ne s'est pas renfermé dans la France. Les ennemis de Bonaparte le publient.

On a observé, avec raison, que ce pamphlet, décoré du titre d'histoire, attaque des hommes dont l'auteur a caressé la puissance; qu'il satisfait de petites vengeances, après s'être montré devant eux, dévoré d'une grande ambition; et qu'il révèle des erreurs fatales ou des œuvres iniques, quand leur effet est produit.

(1) Bonaparte avoit abandonné la bataille avant d'aban-

conseil, et fait proposer aux chambres de fortes
levées d'hommes et d'argent ; de leur côté, les
chambres lui demandent une prompte abdication, résolues, sur son refus, de décréter sa déchéance. Bonaparte délibère, menace, négocie,
abdique enfin en faveur de son fils. Induites par
de fausses communications à croire que la condition seroit accueillie par les puissances alliées,
et motivant leur condescendance sur les affections

donner l'armée ; pendant cinq heures, et tout n'étoit pas
encore désespéré, il se tint loin de la mêlée, comme
Achille sur ses vaisseaux. Les généraux se succédoient
auprès de lui, sollicitoient sa présence, en lui rendant
compte des progrès de l'ennemi ; on l'eût dit frappé de la
tête de Méduse ; il ne donnoit aucun signe de douleur ou
de méditation profonde ; mais, atteint d'une sorte de stu-
pidité, il paroissoit étranger à l'action qui décidoit de son
sort et de celui de la France.

On le presse enfin de quitter ce poste de déshonneur et
de danger ; et , s'étant arrêté sous le hangar d'une grange,
il voit passer un de ses lieutenans-généraux (1). Il l'appelle : « Où en est l'affaire, demande-t-il. — Tout est
perdu, lui répond ce brave général, accablé de douleur.
— Voilà pourtant, réplique Napoléon, comment on joue
les empires. »

Si déjà cet homme n'eût pas été jugé, il le seroit par
cette seule réflexion.

(1) Le général Nègre.

paternelles, sur les intérêts politiques qui protègent le fils de Marie-Louise, les chambres
elles-mêmes accueillent cette abdication condi-
tionnelle et proclament Napoléon second, empereur des Français : erreur de sentiment que
le public éclairé ne partagea pas. Déjà les princes,
sans exception, ont reconnu Louis xviii à
Gand, comme ils l'avoient reconnu au congrès
de Vienne dans la personne de son plénipotentiaire. Cependant les débris de notre armée
se rallient à Laon ; et c'est là qu'au milieu de
traditions diverses ou contradictoires, on assigne
une sorte de terreur panique pour principale
cause du désordre et de la déroute qui lui ont
arraché la victoire ; c'est aussi là que l'on reconnoît que le nombre des morts et des prisonniers a été prodigieusement exagéré ; la perte
du matériel ne pouvoit pas l'être.

Dans cet état de consternation générale, les
chambres composent un gouvernement provisoire. Je m'interdis tout jugement sur ses opérations ; sa conduite politique est écrite dans ses
registres. Mais les opinions sur les mesures qu'il
a prises, sur l'influence de chacun de ses membres
dans l'adoption de ces mesures, sont très-diverses.
C'est un grand procès, suspendu par un procès
plus présent, plus universel, mais qui bientôt
sortira du milieu de nos ruines, et sera porté

au tribunal de l'opinion publique. Cette cause, ainsi que bien d'autres, attend, pour être équitablement jugée, l'oubli du passé et le calme des passions.

Les armées victorieuses poursuivent leur marche et leurs succès. Elles paroissent regarder comme le plus important l'occupation de la capitale. Des plénipotentiaires avoient été envoyés par le gouvernement provisoire pour négocier la paix. La chambre des représentans avoit sollicité, par une députation, une suspension d'armes; ces députés et ces plénipotentiaires revenoient à la suite de l'armée, et comme prisonniers, sans avoir été reçus par les monarques alliés. Ce procédé, indice certain des dispositions les plus hostiles, dissipe toutes les préventions de générosité, de magnanime désintéressement, d'intervention conciliatrice entre la nation et son roi, que les proclamations des princes nous avoient fait concevoir. Qu'avoient-ils annoncé? que la nation française étoit étrangère à leurs immenses armemens; qu'ils avoient pour objet et pour dernier terme le renversement de Napoléon. Qu'ont-ils promis à l'Europe, au monde? la paix, la paix universelle. Jamais promesse fut-elle plus volontaire, plus unanime, plus solennelle? Il y avoit autant de grandeur que de justice à déclarer

qu'une seule victime suffiroit au plus juste ressentiment, à l'indignation des peuples, à la
vengeance des rois. Les négociateurs avoient
été investis de pouvoirs illimités; et par cette
illimitation, tout étoit sagement prévu. Ils pouvoient écarter toutes les difficultés, même celle
qui naîtroit de la reconnoissance de Napoléon II, comme successeur de son père.

Je n'entreprendrai pas de décrire les combats
partiels dont la plaine de Saint-Denis, Versailles
et ses environs furent le théâtre; il m'appartient
moins encore de présumer quels eussent été le
succès et les conséquences de la bataille qui étoit
prête à s'engager dans la plaine d'Issy et de Vau-
girard, quand une capitulation fut négociée et
signée par les généraux en chef des armées respectives; mais je dirai, avec la franchise d'un
citoyen jaloux de l'honneur de sa nation, que l'esprit et les termes de cette capitulation prescri-
voient aux alliés une toute autre conduite que
celle qu'ils ont tenue; qu'elle devoit être le préliminaire de la paix, l'époque de la réconciliation
des puissances et des réparations que se devoient
les peuples, non un signal de désastres, de violences, d'abus de la force, que les lois de la guerre
et le droit de conquête interdisent aux peuples
policés; et c'est l'armée qui, ce jour-là, fut sauvée
par cet acte (on peut en croire ses propres chefs),

qui médite cette insigne iniquité, qui assume sur
elle tout ce que la violation préméditée des traités, l'outrage ajouté au malheur, le pillage, les
dévastations, les attentats sur un sexe que ne
protégent ni l'innocence virginale ni le titre sacré
de mère, présentent d'odieux et d'abominable à
l'esprit et aux mœurs des nations européennes.
Félicitons les hordes sauvages de leur ignorance ;
chez ces enfans de la nature, les haines finissent
avec le combat ; la vengeance, satisfaite, expire
dans leurs cœurs. Et, parce que nous avons fait
de la guerre une science, de la destruction un
art, nous sommes de grandes nations, et nous
méprisons ces peuplades hospitalières ! La terre
américaine seroit encore vierge des crimes qui
souillent l'ancien continent, si les Espagnols n'en
eussent pas découvert le chemin. Vous cher-
cheriez en vain, dans les annales des premiers
hommes du nord, des peuples vaincus, des villes
enlevées après une longue résistance, qui aient
éprouvé de la part d'une soldatesque barbare,
tout ce qu'éprouvent de la part de nos *généreux*
vainqueurs les habitans des villes et des campagnes, depuis les Alpes jusques au Rhin, surtout
dans les départemens qui environnent Paris.

Si l'on objecte à l'historien le droit de représailles, et les barbaries qui ont souillé l'invasion
de l'Espagne, le philosophe n'est que plus fondé

à réprouver les résultats de l'art et de la science, d'autant plus funestes à l'humanité, que les nations sont plus civilisées et plus rapprochées entre elles par de communs intérêts.

Bonaparte disparoît comme un fugitif qui craint de rencontrer un regard ; il passe à travers des milliers de Français indifférens sur sa destinée ; et l'armée, modèle d'obéissance, comme elle le fut toujours de bravoure et de fidélité, emporte au-delà de la Loire les témoignages touchans de notre admiration et de notre reconnoissance. Sa marche lente et désordonnée ; son lugubre silence, les douleurs concentrées du soldat et des chefs, la consternation d'un peuple nombreux, image sensible du deuil de la patrie, telles sont les couleurs principales du tableau qui s'est tout-à-coup, après la capitulation, offert à notre vue.

Le roi fit sa rentrée dans sa capitale, et ce jour même furent dissous le gouvernement provisoire et les chambres. Celle des représentans de la nation illustra sa fin par cette sorte de courage que les seules vertus patriotiques inspirent. Sa dernière cession l'a placée à la hauteur où les premières de l'assemblée nationale constituante élevèrent nos premiers législateurs. Prête à céder à la force qui l'environne, elle consacre, par un acte solennel, les droits du peuple français,

21.

et, dans ces droits, ceux de tous les peuples. D'une main, elle lui présente ce pur hommage de ses sentimens, dépôt sacré qu'elle confie au temps et à la nation elle-même; et, l'autre main tendue vers son roi, chaque représentant se dévoue à lui par l'obéissance, le respect et la sainteté du serment. Ainsi, tous les devoirs seront satisfaits et tous les vœux seront accomplis.

L'interrègne dont j'ai tracé l'esquisse à grands traits, dernière, mais long-temps douloureuse période de notre révolution, terminera cet ouvrage.

Puisse le règne de Louis XVIII recommencer sous les auspices de la paix de la France avec tous les peuples; de l'union de tous les Français entre eux, et de leur dévouement pour le roi et la patrie!

FIN.

TABLE

CHRONOLOGIQUE

Des événemens les plus importans de la vie militaire et politique, du gouvernement consulaire et du règne impérial de Napoléon Bonaparte, jusqu'à son départ pour l'île Sainte-Hélène.

1769.

(15 *Août*). — NAPOLÉON BONAPARTE naquit dans l'île de Corse le 15 août 1769. Sa famille, originaire d'Italie, étoit noble, mais pauvre. Il eut pour parrain le célèbre Paoli, et pour protecteur constant, le comte de Marbœuf. Madame Bonaparte étoit jeune et belle.

1777.

Le jeune Bonaparte fut admis cette année, 1777, à l'école militaire de Brienne en Champagne. Son caractère s'y développa d'une manière effrayante pour quiconque savoit, dans l'adolescent, pressentir l'homme. Un trait le peint : Il n'eut pas d'amis de collége, et ne connut pas les jeux de l'enfance. Il est impossible de trouver à peu près à la même époque deux ames semblables, comme le furent, dans le premier âge de la vie, celles de Saint-Just et de Bonaparte.

Encore enfant, il conçut le dessein de rendre la liberté à la Corse.

Il cultiva, par raison, toutes les sciences, par goût l'histoire. Il vivoit seul, parce qu'il étoit absolu, entier dans ses opinions, dédaigneux même pour ses maîtres. Tout, dans ses rapports avec les autres élèves, annonçoit la passion des combats et des conquêtes.

1784.

Bonaparte est compris dans la promotion des élèves qui passent à l'école de Paris. Après des examens brillans, il est nommé lieutenant d'artillerie au régiment la Ferre.

1788 et 1789.

Bonaparte se trouvoit tout préparé pour la révolution. Mon ami, M. Lab....., son capitaine, m'a dit avoir recueilli ces paroles de son jeune lieutenant : « Les révolutions sont un bon temps pour les militaires qui ont de l'esprit et du courage ». Il se prononça ouvertement pour le parti qui promettoit davantage à son ambition.

Il revint dans la Corse avec le général Paoli. Il y resta trois ans sous ses ordres; il les passa à étudier à fond la théorie de l'art militaire.

1792 (an II).

Bonaparte se fit distinguer par les représentans du peuple dans toutes les affaires qui eurent lieu dans la ville et le port de Toulon, livrés aux Anglais. Il contribua beaucoup, par sa valeur et le service de l'artillerie confiée à ses soins, à la retraite des troupes ennemies et à la reprise de Toulon. C'est là que commença cette grande réputation, qui s'accrut ensuite avec tant de rapidité.

1793 (an ii).

Élevé au grade de général de brigade à Toulon, il se rendit à Nice, où il fut arrêté comme terroriste; artilleur du premier ordre, on l'appela, dans son grade, au service de l'infanterie. Il réclama vainement contre cette injustice, tandis que le représentant Aubri dirigea la partie militaire dans le comité de salut public.

Bonaparte n'a, dans sa jeunesse, exprimé que des pensées grandes, fortes et élevées; jamais aucune dans le sens des affections humaines et d'une modération conforme aux moyens ordinaires. A la place de Cromwel, il ne fût pas mort avec le titre de protecteur. A la place de César, il eût prévenu la conjuration de Brutus. Qu'il médite aujourd'hui sur ce qu'il eût dû faire lui-même pour éviter la borne où il a touché, après tant de moissons de lauriers, après de si brillans triomphes, après être devenu le plus puissant, et presque le seul puissant parmi les maîtres de la terre!

Jeune encore, il entendoit blâmer Turenne d'avoir brûlé le Palatinat. «Qu'importe, dit Bonaparte, si cet incendie étoit nécessaire à sa gloire»! Cette répartie peint toute son ame, et présageoit sa vie militaire.

1793 (an iii).

Bonaparte, le 13 vendémiaire an iii., défendit la convention sous les ordres du directeur

Barras, qui, depuis, n'a cessé d'être son protecteur que pour être sa constante victime.

1794 (an IV).

Il est nommé, âgé de vingt-six ans, général en chef de l'armée d'Italie.

1796 (an IV).

23 *Février.* (4 *ventose*). — Le général Bonaparte est nommé pour remplacer le général Schérer dans le commandement en chef de l'armée d'Italie. Il étoit alors âgé de vingt-sept ans.

21 *Mars* (1er *germinal*). — Le général Bonaparte prend à Nice le commandement de l'armée d'Italie, qu'il trouve dans le plus grand dénûment. En peu de jours, elle fut pourvue d'habillemens et de subsistances.

11 *Avril* (22 *germinal*) *et jours suivans.* — Le général Bonaparte bat et met en pleine déroute les Autrichiens à Montenotte et à Millésimo, commandés par les généraux Dargenteau et Beaulieu ; là se montra avec le plus grand éclat la bravoure dont le maréchal Lannes a depuis donné tant de preuves.

15 *Avril* (26 *germinal*). — Combat de Dégo et déroute de l'armée autrichienne.

17 *Avril* (28 *germinal*). — Combat de la Céra, dont le résultat fut le même.

21, 22 *Avril* (10, 11 *germinal*). — Le général Bonaparte illustre ses armes par les journées de Vico et de Mondovi ; le résultat de ces batailles est l'occupation, par les troupes françaises, des forteresses de Coni, de Tortone et de la Céra.

6 *Mai* (17 *floréal*). — Le général Bonaparte demande au directoire des artistes pour recueillir les monumens des arts que les conquêtes mettent à la disposition du gouvernement français.

7, 8 *Mai* (18, 19 *floréal*). — Les troupes françaises passent le Pô, et livrent le combat de Lodugno où le général Laharpe est tué. Bonaparte effectue ce passage sans inconvénient, en donnant le change à l'ennemi.

9 *Mai* (20 *floréal*). — Le général Bonaparte accorde une amnistie au duc de Parme qui se soumet à livrer vingt tableaux de prix et à une contribution militaire en argent et en subsistances.

10 *Mai* (21 *floréal*). — L'armée d'Italie gagne sur les Autrichiens la fameuse bataille du pont de Lodi ; dans cette affaire se distinguèrent avec éclat les généraux Berthier, Masséna, Dallemagne et Lannes.

11 *Mai* (22 *floréal*). Prise de Crémone.

21 *Mai* (2 *prairial*). — Le général Bonaparte calme, par sa présence, une insurrection qui venoit d'éclater à Milan. Partout il encourage les sciences et les arts. Il consolide ses conquêtes par la prise du château de Milan et celle de Mantoue.

13 *Juin* (25 *prairial*). — Le général écrit au directoire qu'il est maître de Vérone.

19 *Juin* (1er *messidor*). Il arrive à Paris plusieurs tableaux précieux, parmi lesquels est un saint Jérôme et la sainte Cécile de Raphaël.

29 *Juin* (11 *messidor*). — Capitulation du château de Milan.

29 *Juillet* (11 *thermidor*). — Le général en chef de l'armée d'Italie réunit rapidement ses forces, et marche contre de fortes colonnes au-

trichiennes, qui se portent sur Solo, Brescia
et Cassano; et, par différentes manœuvres, il
les bat et gagne la bataille de Lonado. Le même
jour, à la tête de douze cents hommes, il fait
mettre bas les armes à une colonne forte de
quatre mille hommes, commandée par le général Wurmser. Le même jour, il gagne sur
le même général la bataille de Castiglione. Cette
suite rapide d'affaires est nommée, par les
hommes du métier, le campagne de cinq jours.
Le 7 août, plusieurs divisions de l'armée d'Italie
passent une seconde fois le Mincio.

4 *Septembre* (18 *fructidor*). — Bataille de
Rovérédo, où le général Bonaparte a sous ses
ordres les généraux Masséna et Augereau. C'est
une des plus glorieuses de la campagne.

8 *Septembre* (22 *fructidor*). — Dans ce jour,
après les combats de Primolun et de Conrédo,
le général en chef force les gorges de la Brenta,
culbute l'ennemi et le met en pleine déroute,
avec une perte de quatre mille prisonniers.

14, 15 *Septembre* (28, 29 *fructidor*). — Sortie
infructueuse de la garnison de Mantoue; elle
perd trois mille hommes et vingt pièces de
canon.

1796 (an v).

5 *Novembre* (15 *brumaire*). — Le duc de
Parme signe un traité de paix par lequel il s'en-
gage à accorder un libre passage aux troupes
françaises par ses états.

15 *Novembre* (25 *brumaire*). — Bataille
d'Arcole; elle dure trois jours. Le général en
chef Bonaparte est puissamment secondé dans
cette affaire par les généraux Masséna, Auge-

reau et Lannes. Elle décide du sort de l'Italie.

27 *Décembre* (7 *nivose*). — Le général Bonaparte s'empare du château de Bergame, contre les Vénitiens qui contrarient ses opérations.

1797 (an v).

14 *Janvier* (25 *nivose*). — Bataille de Rivoli. Les Autrichiens sont mis en pleine déroute; le général Alvinzy se sauve avec peine.

15, 26 *Janvier* (26, 27 *nivose*). — Le général Bonaparte gagne les batailles de Saint-Georges et de Lafavorite sur les Autrichiens, qui vouloient s'introduire dans Mantoue; sept mille hommes mettent bas les armes, et les dépouilles en tout genre sont immenses.

26 *Janvier* (7 *pluviose*). — Le gouvernement donne, à titre de récompense, aux généraux Bonaparte et Augereau, les drapeaux pris par ces généraux à la bataille d'Arcole, sur les bataillons ennemis.

12 *Février* (24 *pluviôse*). — Le pape Pie vi demande la paix au général Bonaparte.

19 *Février* (1er *ventose*). Ce traité est conclu à Tolentino. Le pape renonce à ses prétentions sur le comtat Vénessain, et cède à perpétuité à la république française Bologne, Ferrare et la Romagne, rétablit l'école française à Rome, et paie treize millions en argent ou en effets précieux.

26 *Février* (8 *ventose*). — Le général en chef envoie au corps législatif les trophées de Mantoue.

16 *Mars* (26 *ventose*). — Il gagne la bataille du Tagliamento contre le prince Charles.

Le territoire vénitien et la libre entrée dans le Tyrol sont le fruit de cette victoire.

31 *Mars* (11 *germinal*). — Après de nombreux et brillans succès, le général Bonaparte invite le prince Charles à s'unir à lui pour arrêter le fléau de la guerre.

5 *Avril* (16 *germinal*). — Traité d'alliance offensive et défensive entre la république française et le roi de Sardaigne.

7 *Avril* (18 *germinal*). — Suspension d'armes, de ce jour jusqu'au treize, conclue entre le général Bonaparte et le prince Charles. Alors l'armée française n'était qu'à trente lieues de Vienne.

A cette même époque, des scènes sanglantes s'exécutent dans les Etats Vénitiens. Le général Bonaparte, dont l'absence encourageoit cette fanatique insurrection, ne donne que vingt-quatre heures au doge pour la paix ou la guerre. Le sénat de Venise désavoue tout, et les Français continuent d'être poignardés.

13 *Avril* (24 *germinal*) — Jour où expire l'armistice, le général Bonaparte enveloppe l'armée du prince Charles.

18 *Avril* (29 *germinal*). Le général en chef Bonaparte, au nom de la république française, et les généraux Bellegarde et Nubbewed, au nom de l'empereur, signent à Léoben les préliminaires de la paix.

24 *Avril* (5 *floréal*). — Véronne se rend au général Bonaparte, qui pardonne la révolte sanglante dont les habitans s'étoient rendus coupables.

3 *Mai* (14 *floréal*). — Le général Bonaparte expose dans un manifeste la conduite du gouvernement vénitien, et lui déclare la guerre.

11 *Mai* (22 *floréal*). — L'armée française étant campée sous les murs de Venise, la noblesse prend la fuite, le doge abdique, et la démocratie y est rétablie, comme elle existoit avant la révolution de 1296. Cet exemple gagne toute l'Italie ; à Gênes, le gouvernemant démocratique commence sous le nom de république ligurienne. Cette révolution est opérée par Philippe Doria.

3 *Juin* (5 *prairial*). — Le général en chef Bonaparte envoie au directoire, par le général Serrurier, vingt-deux drapeaux pris dans les dernières affaires, en Italie, notamment sur les Vénitiens.

6 *Juin* (18 *prairial*). — Convention de Montebello entre le général Bonaparte et les députés de Gênes.

9 *Juillet* (21 *messidor*). — La république cisalpine est instituée sous l'influence du général Bonaparte.

25 *Juillet* (6 *thermidor*). — Il réunit la Romagne à la république cisalpine.

9 *Août* (22 *thermidor*). — Le général en chef charge le général Bernadotte de présenter au directoire un grand nombre de drapeaux. Dans sa lettre, il l'annonce comme un excellent général, qui, ayant fait sa première réputation sur les rives du Rhin, est un des premiers officiers de l'armée d'Italie, et des plus nécessaires à sa gloire.

1797 (an vi).

17 *Octobre* (16 *vendémiaire*). — Traité de Campo-Formio. L'empereur d'Allemagne renonce à tous ses droits sur les Pays-Bas autri-

chiens en faveur de la république, et sur les pays qui font partie de la république cisalpine, dont il reconnoît l'indépendance. La république française, de son côté, consent à ce que l'empereur possède l'Istrie, la Dalmatie, Venise, etc. etc.

26 *Octobre* (5 *brumaire*). — Par arrêté du directoire, *une armée d'Angleterre* est formée sur les côtes de l'Océan. Le commandement en est donné au général Bonaparte, et provisoirement au général Desaix.

8 *Novembre* (18 *brumaire*). — Le pape reconnoît la république cisalpine; et le général Bonaparte, satisfait sur ce point, part de Milan le 15 du même mois, et va présider au congrès de Rastadt la légation française.

1er *Décembre* (11 *frimaire*). — Convention militaire, signée à Rastadt entre le général Bonaparte et le comte de Cobentzel. Les évacuations respectives que doivent faire les deux armées sont arrêtées par cet acte.

5 *Décembre* (15 *frimaire*). — Le général Bonaparte arrive à Paris. La reconnoissance et l'admiration éclatent partout où se montre le vainqueur de l'Italie.

9 *Décembre* (19 *frimaire*). — Il est de nouveau appelé au commandement de l'armée d'Angleterre après avoir rempli sa mission diplomatique à Rastadt.

10 *Décembre* (20 *frimaire*). — Le général Bonaparte présente au directoire le traité de Campo-Formio; cette présentation solennelle donne lieu à une fête brillante dont le gouvernement fait les frais.

25 *Décembre* (5 *nivose*). — Il est nommé membre de l'institut national.

On remarque dans sa lettre de remercîment ces paroles , qui devroient être écrites dans le cœur de tous les rois : « Les vraies conquêtes, les seules qui ne donnent aucun regret , sont celles qu'on fait sur l'ignorance. » Combien il a démenti cette belle maxime , et que de regrets devroient empoisonner son existence !

1798 (an VII).

5 Mars (15 ventose). — La députation française à Rastadt informe le directoire que celle de l'empereur a reconnu toute la rive gauche du Rhin pour limite de la république française. Le roi de Prusse accède à cette convention.

2 Avril (13 germinal). — Le directoire arrête que le général Bonaparte se rendra à Brest, en toute diligence, pour y prendre le commandement de l'armée d'Angleterre.

24 Avril (5 floréal). — On reçoit en France, comme un monument précieux des victoires du général Bonaparte, les quatre chevaux antiques qui décoroient, à Venise, l'église de Saint-Marc. Les têtes en sont admirables : on cite les statuaires Polychte ou Myron comme auteurs de ces ouvrages. Ils compteroient, dans ce cas, deux mille deux cent soixante ans au moins d'ancienneté. De Corinthe, ils furent transportés à Constantinople sous Théodose II; et de Constantinople à Venise en 1204. Ils étoient échus en partage aux Vénitiens, après la prise de Constantinople par les croisés.

4 Mai (15 floréal). — Le général Bonaparte se rend à Toulon. Une escadre de treize vaisseaux et quatre cents bâtimens , portant quarante

mille hommes , appareillent le 19 sous les ordres
de ce général et de l'amiral Brueys. Un grand
nombre de savans et d'artistes en tout genre font
partie de cette expédition.

9 *Juin* (21 *prairial*). — La flotte de Toulon
se montre devant Malte. Le 12 , le grand-maître
et les chevaliers capitulent, et ce rocher impre-
nable est enlevé par un coup de main ; mais cette
conquête causa un emploi de temps nuisible au
but ultérieur de l'expédition.

30 *Juin* (12 *messidor*). — Elle arrive à la
vue d'Alexandrie le 1ᵉʳ juillet. Les troupes
débarquent , attaquent la ville et s'en emparent
le 5.

10 *Juillet* (19 *messidor*). — Elles battent les
mamelouks à Rahmanié.

13 *Juillet* (22 *messidor*). — La cavalerie des
beys et la flottille des mamelouks sont détruites à
Chebresse.

19 *Juillet* (1ᵉʳ *thermidor*). — L'armée française arrive à la pointe du Delta. Mourad-Bey
est retranché à la hauteur du Caire avec six mille
mamelouks, un grand nombre d'Arabes et de
paysans. Elle a en vue les fameuses pyramides ,
le Nil, le Caire , les champs de l'ancienne Mem-
phis. Dans ce cadre est placé et se déploie en
bataille la brillante troupe de Mourad-Bey.

21 *Juillet* (3 *thermidor*). — Le général Bonaparte livre la bataille des pyramides ; l'attaque
des mamelouks, impétueuse et terrible, ne soutient pas le choc de l'infanterie française. Ils se
retirent en désordre avec une grande perte de
canons et de chameaux.

23 *Juillet* (5 *thermidor*). L'armée entre au
Caire.

2 *Août* (15 *thermidor*). — Combat naval d'Aboukir ; notre escadre de treize vaisseaux est détruite par une escadre anglaise de quatorze vaisseaux, commandée par l'amiral Nelson. L'amiral Brueys y fut tué. Le général en chef lui avoit écrit d'entrer dans le port d'Alexandrie où la flotte eût été en sûreté.

21 *Octobre* (30 *vendémiaire*). — Une violente insurrection éclate dans la ville du Caire ; les sages dispositions et l'énergie du général en chef rétablissent l'ordre et le calme : elle a pour prétexte la religion, et pour motif réel le refus de payer des contributions.

1799 (an VII).

4 *Février* (16 *pluviose*). — Le général Bonaparte se porte sur la Syrie ; le 10 il défait les Beys au combat d'El-Arich. Le 25 il s'empare de Gaza, le 28 il prend Jaffa d'assaut, la garnison est passée au fil de l'épée.

16 *Avril* (27 *germinal*). — Il gagne la bataille du Mont-Thabor sur les Mameloucks.

20 *Mai* (1er *prairial*). — L'armée française lève le siége de Saint-Jean d'Acre, après soixante-un jours de tranchée ouverte. Ici, nos affaires d'Orient commencent à changer de face.

15 *Juillet* (27 *messidor*). — De nombreuses forces ottomanes débarquent à Aboukir. Le général Bonaparte s'avance à grandes journées pour les combattre ; le 25, les Turcs sont complétement battus, ils perdent tout le matériel de leur armée ; le pacha de Natolie est fait prisonnier avec tous ses officiers. La gloire de cette journée est principalement due au général Murat.

24 *Août* (7 *fructidor*). Retour du général Bonaparte en Europe et en France; il a laissé le commandement de l'armée au général Kléber.

1799 (an VIII).

1er *Octobre* (9 *vendémiaire*). — Il débarque à Ajaccio où il demeure sept jours; le 9 à Fréjus : il est accompagné des généraux Berthier, Murat, Lannes, Andréossy et Marmont, et des savans Monge et Bertholet. Il arrive le 16 à Paris, à six heures du matin.

9 *Novembre* (18 *brumaire*). — Journée du 18 brumaire; les deux conseils se réunissent à Saint-Cloud; le conseil des cinq-cents jure de maintenir la constitution de l'an III : Bonaparte paroît dans l'assemblée, il y court de grands dangers; il sort : la-salle est évacuée par la force armée. Ceux qui restent des deux conseils se rallient sous la présidence de Lucien Bonaparte. Cette assemblée supprime le directoire déjà dissous, nomme une commission consulaire et s'ajourne au 1er janvier 1800. Bonaparte général, Syès et Roger-Ducos, ex-directeurs, composent la commission et le gouvernement provisoire.

22 *Novembre* (1er *frimaire*). — Le gouvernement provisoire rappelle M. Talleyrand-Périgord au ministère des relations extérieures.

13 *Décembre* (22 *frimaire*). — La constitution de l'an VIII est proposée à l'acceptation du peuple : pour en connoître les dispositions, voyez le chapitre II.

24 *Décembre* (3 *nivose*). — Elle est mise en activité. Organisation du sénat-conservateur; on lisoit, dans la liste des sénateurs, des noms chers

aux sciences et aux arts, et l'on conçut des espérances qui ne se sont pas réalisées. Loi portant
que le sénat et les consuls entreront en fonctions
le 25 (4 nivose), et que les conseils seront dissous de fait, après la nomination du tribunal et
du corps législatif.

25 *Décembre* (4 *nivose*). — Loi qui règle le
mode et la nature des récompenses à accorder
aux militaires qui se sont distingués ou se dis-
tingueront par des actions d'éclat.

26 *Décembre* (5 *nivose*). — Le premier consul
fait connaître au roi d'Angleterre, sa nomination
à la première magistrature de la république; et
le vœu de la France pour la paix. La réponse
est évasive.

27 *Décembre* (6 *nivose*). — Guyton Morveau,
administrateur des monnoies. On remarque que
Newton avoit occupé la même place en Angleterre.

29 *Décembre* (8 *nivose*). — Les consuls in-
vitent, par une proclamation, les habitans de
l'Ouest à rentrer dans leurs foyers. De nombreux
citoyens sont ramenés à leurs travaux agricoles.

1800 (an VIII).

1er *Janvier* (11 *nivose*). — Première séance
du tribunal et du corps législatif.

5 *Janvier* (15 *nivose*). — Création d'un premier inspecteur général du génie.

23 *Janvier* (3 *pluviose*). — Etablissement de
la banque de France.

12 *Février* (23 *pluviose*). — Soumission des
chouans du département du Morbihan.

19 *Février* (30 *pluviose*). — Le gouvernement
consulaire s'installe dans le palais des Tuileries.

22.

8. *Mars* (17 *ventose*). — Le consul arrête qu'il sera formé, à Dijon, une armée de réserve de soixante mille conscrits.

13 *Mars* (22 *ventose*). — L'évêque d'Imola, cardinal Chiaramonte, est élu pape à Venise. On a dit qu'il avoit préludé au souverain pontificat par une profession de foi républicaine, et qu'en conséquence, un ordre du jour du général Bonaparte avoit dispensé le Saint-Esprit de descendre et de souffler dans l'oreille des membres du conclave.

2 *Avril* (12 *germinal*). — Le premier consul nomme le général Carnot pour remplacer, au ministère de la guerre, le général Berthier, appelé au commandement en chef de l'armée de réserve.

6 *Mai* (16 *floréal*). — Le premier consul part de Paris pour commander en personne l'armée d'Italie.

15 *Mai* (25 *floréal*). — Il nomme premier grenadier des armées de la république le brave Latour d'Auvergne, qui se refuse à tout avancement.

17 *Mai* (27 *floréal*). — Après avoir battu l'ennemi à Châtillon, le consul et l'armée se trouvent au pied des grandes Alpes. Le passage du mont Saint-Bernard est franchi en quatre jours ; le 21, l'armée, les bagages, l'artillerie, tout est passé ; le 22 les Français entrent de vive force dans Suze et dans le château de la Brunette ; le 24 ils se rendent maîtres de la ville et de la citadelle d'Ivrée. Les 25, 26, 27 sont marqués par de grands avantages qu'obtiennent les généraux Lannes, Murat, etc.

29 *Mai* (9 *prairial*). — Le général Mélas

sort de Nice en désordre ; l'armée passe le Tessin.

2 *Juin* (13 *prairial*). — Le consul entre dans Milan et rétablit la république Cisalpine.

3 *Juin* (14 *prairial*). — Prise de Pavie par le général Lannes. On recueille dans cette ville une immense quantité d'armes et de munitions.

5 *Juin* (16 *prairial*). — Le général Masséna, après la plus belle défense, et manquant de vivres, est forcé de capituler. La garnison sort de Gênes et retourne en France.

6 *Juin* (17 *prairial*). — Le général Lannes passe le Pô, et, malgré tous les efforts de l'ennemi, occupe la position de Stradella. Le 7, le général Murat passe ce fleuve à Nocetta ; et le 8, il cerne, devant le château de Plaisance, et fait prisonnier un corps ennemi.

9 *Juin* (20 *prairial*). — L'armée de réserve gagne la bataille de Montebello. Les partisans de la maison d'Autriche, en Italie, sont consternés.

14 *Juin* (25 *prairial*). — Célèbre bataille de Marengo, gagnée par l'armée de réserve commandée par le consul. Elle coûte, aux Autrichiens, quinze mille hommes, quarante pièces de canon, quinze drapeaux ; à la France le général Desaix. Cette journée décide du sort de l'Italie. Chose remarquable : le même jour, à la même heure, l'armée d'Egypte perdoit son général (Kléber) par un assassinat.

16 *Juin* (27 *prairial*). — Capitulation du château de Plaisance. Armistice en vertu duquel les principales places de l'Italie sont livrées aux Français.

18 *Juin* (29 *prairial*). — Le consul forme à Milan une *consulta* chargée de réorganiser la

république Cisalpine. (C'est ainsi qu'il dispose de loin la *consulta* qui le nommera à Lyon roi d'Italie).

23 *Juin* (4 *messidor*). — Il rétablit l'université de Pavie.

26 *Juin* (7 *messidor*). — Réunion de l'armée de réserve à l'armée d'Italie. Translation du corps de Desaix au couvent du mont Saint-Bernard.

29 *Juin* (10 *messidor*). — Le consul pose à Lyon la première pierre de la place Belle-cour.

3 *Juillet* (14 *messidor*). — Son retour à Paris. Le 22, on y annonce officiellement la cessation des hostilités en Allemagne comme en Italie. Le 28, les préliminaires de la paix sont signés à Paris entre la France et l'Autriche. Cette dernière puissance refuse de les ratifier.

25 *Août* (7 *fructidor*). — Le consul organise le conseil-d'état, et nomme les conseillers. (Cet établissement présage la suppression du tribunat).

3 *Septembre* (16 *fructidor*). — Convention d'amitié et de commerce entre la république des Etats-Unis et la république française.

20 *Septembre* (5e *jour complémentaire*). — Nouvel armistice entre l'Autriche et la France: on indique Lunéville pour le lieu du congrès. Le général Clarke est commandant extraordinaire de cette place.

Même jour. — Inauguration du prytanée de Saint-Cyr; translation solennelle des cendres de Turenne au temple de Mars (l'église des Invalides) : on y voit l'épée du grand homme et le boulet qui l'a frappé.

1800 (an IX).

6 *Octobre* (14 *vendémiaire*). — Les Français entrent dans la Toscane et en prennent possession.

8 *Octobre* (16 *vendémiaire*). — Le consul nomme le général Berthier, ministre de la guerre.

10 *Octobre* (18 *vendémiaire*). — La police fait arrêter, dans les couloirs de la salle de l'Opéra, quelques hommes soupçonnés de vouloir attenter à la vie du consul.

11 *Octobre* (19 *vendémiaire*). — Joseph Bonaparte est nommé plénipotentiaire pour traiter de la paix au congrès de Lunéville.

16 *Octobre* (27 *vendémiaire*). — L'expédition commandée par le capitaine Baudin part du Havre.

27 *Octobre* (5 *brumaire*). — Les armées d'Allemagne et d'Italie se préparent à la reprise des hostilités, le comte de Cobentzal ayant déclaré qu'il ne pouvoit traiter de la paix qu'en présence des plénipotentiaires anglais.

5 *Décembre* (12 *frimaire*). — Le général Moreau gagne, sur les Autrichiens, la glorieuse bataille de Hohenlinden. Cette journée est décisive.

9 *Décembre* (18 *frimaire*). — Le général Lecourbe passe l'Inn en présence de l'ennemi; l'armée du Rhin, sous ses ordres, pousse ses avantages jusqu'à Salzbourg, où elle entre le 15.

18 *Décembre* (27 *frimaire*). — Bataille de Nuremberg et combat de Walsbruck. Plusieurs places en Autriche sont enlevées par les Français; l'ennemi est toujours en pleine retraite;

depuis la reprise des hostilités, il a perdu cent vingt pièces de canon.

24 *Décembre* (3 *nivose*). — Explosion d'une machine infernale dirigée contre la personne du premier consul, qui se rendoit à l'Opéra par la rue Saint-Nicaise. Il dut son salut à l'adresse de son cocher, qui tourna la charrette sur laquelle étoit la machine, au lieu de faire débarrasser le passage : c'est sur cela que comptoient les conspirateurs, qui causèrent beaucoup de dommages sans remplir leur intention.

31 *Décembre* (10 *nivose*). Le comte de Cobentzel ayant déclaré qu'il étoit autorisé à traiter sans le concours des Anglais, l'ouverture du congrès de Lunéville a lieu le 1er janvier.

1801 (an ix).

1er *Janvier* (11 *nivose*). — Découverte d'une nouvelle planète, par l'astronome Piazzi, placée entre Mars et Jupiter; elle fait sa révolution en quatre ans sept mois douze jours.

11 *Janvier* (21 *nivose*). — Création de tribunaux criminels spéciaux ; le gouvernement en établira selon qu'il le jugera convenable. Débats à cette occasion, qui font résoudre la suppression du tribunat.

17 *Janvier* (27 *nivose*). — Rétablissement de la compagnie d'Afrique. Le général Tureau est chargé par le consul de confectionner la belle route d'Italie par le Simplon.

9 *Février* (20 *pluviose*). — Le traité de paix est conclu à Lunéville; *voyez* le chap. iv. Cet acte est présenté au consul par le général Bellavène.

4 *Mars* (13 *ventose*). — Arrêté des consuls qui ordonne qu'il sera fait chaque année, du 17 au 22 septembre, une exposition des produits de l'industrie française.

9 *Mars* (18 *ventose*). — Réunion à la république du territoire entre Rhin et Meuse, entre Rhin et Moselle ; il-forme quatre départemens.

19 *Mars* (28 *ventose*). — Le gouvernement est autorisé par une loi à établir des bourses de commerce. — *Le même jour*, par un traité entre la république et le roi d'Espagne, le duché de Parme est cédé à la France, et la Toscane au prince de Parme, avec le titre de roi d'Etrurie.

25 *Mars* (4 *germinal*). — Les consuls ordonnent la construction de trois nouveaux ponts sur la Seine : un devant le jardin des Plantes, le deuxième dans la cité, le troisième devant le Louvre.

28 *Mars* (7 *germinal*). — Traité de paix conclu entre le premier consul et le roi des Deux-Siciles : Porto-Longone, l'île d'Elbe et la principauté de Piombino, etc., sont cédés à la France.

1er *Mai* (11 *floréal*). — Ouverture d'un Opéra-Buffa à Paris ; le 9, celle du théâtre Louvois, sous la direction de Picard, bon comique comme acteur, plus célèbre comme auteur.

8 *Mai* (18 *floréal*). — La société de la charité maternelle est définitivement organisée.

21 *Mai* (1er *prairial*). — L'institut présente au premier consul son projet de travail pour la continuation du dictionnaire de la langue française.

5 *Juillet* (16 *messidor*). — Combat naval d'Algesiras contre des forces anglaises supé-

rieures ; le contre-amiral Linois se rend maître du vaisseau anglais *l'Annibal.*

15 *Juillet* (26 *messidor*). — Concordat entre le premier consul et le pape Pie vii. Les évêques et archevêques , nommés par le premier consul, recevront du pape l'institution canonique.

4 *Août* (16 *thermidor*) — L'amiral Nelson se présente devant Boulogne, à la tête de trente vaisseaux ; il disparoît le lendemain , après avoir essuyé un feu qui lui causa des dommages.

15 *Août* (27 *thermidor*). — Il fait un second essai qui lui fut bien plus funeste.

24 *Août* (6 *fructidor*). — Traité de paix et d'amitié entre les plénipotentiaires du gouvernement français et ceux du roi de Bavière.

30 *Août* (12 *fructidor*). — Evacuation de l'Egypte par les troupes françaises , dont les puissances ennemies s'obligent à effectuer l'embarquement deux jours après la signature du traité.

1801 (an x).

29 *Septembre* (7 *vendémiaire*). — La paix est signée à Madrid entre la république et le Portugal.

1er *Octobre* (9 *vendémiaire*). — Préliminaires de paix , signés à Londres entre la France et l'Angleterre ; les plénipotentiaires des deux puissances se rendront à Amiens pour la rédaction définitive du traité.

8 *Octobre* (16 *vendémiaire*). — La paix est signée à Paris entre la France et la Russie ; le 9 , entre la France et la Sublime Porte.

12 *Novembre* (21 *brumaire*). — *Consulta* législative de la république cisalpine ; le premier

consul est invité à y assister : il s'y rend le 8 janvier. Le 25, cédant au vœu de la *consulta*, le consul accepte le titre de président de la république italienne.

1802 (an x).

4 *Mars* (13 *ventose*). — Un arrêté des consuls ordonne qu'il leur soit présenté un tableau général des progrès et de l'état des sciences, des lettres et des arts, depuis 1789 jusqu'au 23 septembre 1802, 1er vendémiaire an x. Cet acte a pour objet de les encourager par toutes sortes de secours, et de perfectionner les méthodes employées pour l'enseignement public.

25 *Mars* (4 *germinal*). — Traité de paix conclu à Amiens entre la république française, la Grande-Bretagne, l'Espagne et la république batave (*voyez ses dispositions, chap.* iv).

3 *Avril* (13 *germinal*). — Le président de la république italienne convoque le corps législatif pour le 24 juin 1804 (an xii).

26 *Avril* (6. *floréal*). — Loi d'amnistie en faveur de tout prévenu d'émigration non radié, sous la condition du serment de fidélité au gouvernement et à la constitution.

1er *Mai* (11 *floréal*). — Création des écoles primaires, secondaires et spéciales ou lycées, aux frais du trésor public.

19 *Mai* (29 *floréal*). — Loi qui institue la légion d'honneur. Elle a pour objet de récompenser les services civils et militaires, comme également utiles à l'état.

21 *Mai* (1er *prairial*). — Nouvelle constitution de la république ligurienne.

10 *Juin* (21 *prairial*). — Toussaint-Louver-

ture est envoyé en France par le général Leclerc qui commande l'armée de Saint-Domingue.

15 *Juin* (26 *prairial*). Le premier consul fonde un prix , une médaille d'or de 3,000 fr. , pour encourager les savans à des expériences sur l'électricité et le galvanisme ; l'institut est juge des découvertes qui seront soumises à son examen. Société galvanique à Paris.

25 *Juin* (6 *messidor*). — Traité de paix entre la république française et la Porte Ottomane , qui confirme tous les traités antérieurs.

2 *Août* (14 *thermidor*). — Un sénatus-consulte , interprétant le vœu du peuple français , proclame Napoléon Bonaparte , premier consul à vie ; le 4 un sénatus-consulte organique accorde aux autres consuls cette même prorogation de pouvoir , et la présidence du sénat dont ils seront membres.

2 *Septembre* (15 *fructidor*). — Le sénat helvétique réclame la médiation du premier consul.

11 *Septembre* (24 *fructidor*). — Réunion du Piémont à la France. Il est divisé en six départemens , le Pô , la Doire , la Sesia , la Stura , le Tanaro , Marengo.

1802 (an xi).

4 *Octobre* (12 *vendémiaire*). — Formation d'une garde municipale soldée , pour le service de la ville de Paris. Elle consiste en deux mille cent cinquante-quatre hommes à pied , cent quatre-vingt à cheval. Le même jour les diverses écoles d'artillerie et de génie sont réunies à Metz.

18 *Octobre* (26 *vendémiaire*). — Un sénatus-consulte invite les étrangers à former , en France,

des établissemens utiles : un an de domicile suf-
fira pour acquérir le titre de citoyen français.

24 *Décembre* (3 *nivose*). — Formation de
chambres de commerce dans les principale villes
de la république, en vertu d'un arrêté des consuls.

1803 (an xi).

4 *Janvier* (14 *nivose*). — Sénatus-consulte
qui crée une sénatorerie par département avec une
dotation de 25,000 fr. en domaines nationaux.

23 *Janvier* (3 *pluviose*). — Nouvelle organisation de l'institut de France ; il est divisé
en quatre classes : première, des sciences ;
deuxième, de la langue et de littérature ; troisième d'histoire et de littérature ancienne ; quatrième, des beaux-arts.

28 *Janvier* (8 *pluviose*) — Organisation de
l'école spéciale militaire ; elle est établie à Fontainebleau.

19 *Février* (30 *pluviose*). — En sa qualité de
médiateur, le premier consul termine les différens qui se sont élevés entre les cantons suisses.
La Suisse est divisée en dix-neuf cantons dont
chacun a sa propre constitution.

25 *Février* (6 *ventose*). — Une école spéciale
des arts et métiers est organisée à Compiègne.

30 *Avril* (10 *floréal*). — La France fait cession de la Louisiane aux États-Unis.

13 *Mai* (23 *floréal*). — *Ultimatum* impérieux
et contraire au traité d'Amiens, énoncé par lord
Whitworth. Le roi d'Angleterre exige la possession de l'île de Campadosa et celle de Malte,
pendant dix ans ; en outre, l'évacuation de la
Hollande. Le 17 il ordonne un embargo sur les

bâtimens français et bataves. Le 22, la France déclare la guerre à l'Angleterre.

30 *Mai* (10 *prairial*). Organisation de l'administration des monnoies.

1ᵉʳ et 2 *Juin* (11 et 12 *prairial*). — L'électorat de Hanovre est envahi par les Français. Les troupes hanovriennes sont repoussées et battues. Occupation du Hanovre en vertu d'une convention entre le général Mortier et la Régence.

7 *Juin* (18 *prairial*). — La ville de Rouen, et d'autres villes, à son exemple, vote la construction, à ses frais, d'un vaisseau de guerre.

21 *Juin* (2 *messidor*). — Envoi, à l'institut, de minéraux du Pérou et du Mexique, par le savant voyageur Humboldt.

2 *Juillet* (13 *messidor*). — Le consul visite Dunkerque, Anvers, etc. Il ordonne le 28 la réunion du Rhin, de la Meuse et de l'Escaut par un grand canal de navigation.

11 *Août* (23 *thermidor*). — On a des détails très-intéressans sur l'expédition du capitaine Baudin ; il faut les lire dans les nᵒˢ 327 et 352 du Moniteur.

19 *Août* (1ᵉʳ *fructidor*). — L'Angleterre refuse la médiation de la Russie proposée par le premier consul.

1803 (an xii).

24 *Septembre* (1ᵉʳ *vendémiaire*). — Le Pont des Arts, remarquable par son élégante construction, est ouvert au public.

13 *Octobre* (20 *vendémiaire*). — Grande alarme à Torbay, qui se propage dans tout le royaume à l'apparition prétendue d'une flotte qui ne répond pas aux signaux.

16 *Novembre* (24 *brumaire*). Le consul visite le port et les flottilles à Boulogne.

20 *Décembre* (28 *frimaire*). — Sénatus-consulte qui détermine la nouvelle organisation du corps législatif. (On peut dire qu'il fut désorganisé par cet acte, et réduit à une condition servile).

1804 (an XII).

25 *Janvier* (4 *pluviose*). — Le gouvernement anglais prend à sa solde les officiers français de tout grade, émigrés, qui voudront servir contre la France. Cette proclamation, dit-on, ne fut pas sans effet.

28 *Février* (8 *ventose*). — Le général Pichegru est arrêté à Paris ; le 9 mars, Georges Cadoudal l'est aussi : les rapports officiels lui font avouer le dessein d'assassiner le premier consul. Plusieurs autres personnes sont arrêtées comme complices de Georges.

13 *Mars* (22 *ventose*). — Par décret des consuls, des écoles de droit sont instituées dans toutes les grandes villes de la république.

26 *Mars* (5 *germinal*). — Loi qui organise la régie des droits-réunis, et la place dans les attributions du ministre des finances.

4 *Avril* (14 *germinal*). — Des savans forment une société pour la propagation de la vaccine : on y compte Delaplace, Lacépède, Fourcroy, Corvisart, Cuvier, Delambre, etc.

23 *Avril* (3 *floréal*). — On reçoit à Paris le dernier convoi d'objets d'art : le pape y joint une magnifique pendule dont le cadre représente l'arc-de-triomphe de Septime-Sévère.

2 *Mai* (12 *floréal*). —Les membres du corps

législatif, réunis dans la salle de la questure, émettent le vœu que Napoléon Bonaparte soit déclaré empereur ; que la dignité impériale soit héréditaire dans sa famille ; que le système représentatif soit affermi sur des bases inébranlables, etc., etc. (Vaines réserves quand elles ne sont garanties que par les promesses d'un conquérant).

EMPIRE FRANÇAIS.

1804.

18 *Mai* (28 *floréal*). — Sénatus-consulte organique qui défère, au premier consul, le titre d'empereur, et qui établit l'hérédité de la dignité impériale dans sa famille. Les colléges électoraux, la haute cour impériale, les grandes dignités de l'empire sont établis par le même acte. Le même jour, l'empereur nomme les grands officiers de la couronne, Joseph Bonaparte, grand électeur ; Louis Bonaparte, connétable ; le consul Cambacérès, archi-chancelier de l'empire ; le consul Lebrun, archi-trésorier.

19 *Mai* (29 *floréal*). — L'empereur crée maréchaux de l'empire les généraux, ses compagnons d'armes : Alexandre Berthier, Murat, Moncey, Jourdan, Masséna, Augereau, Bernadotte, Soult, Brune, Lannes, Mortier, Ney, Davoust, Bessières, Kellermann, Lefèvre, Pérignon, Serrurier.

6 *Juin* (17 *prairial*). — Procédés inventés par Guyton-Morveau, pour la désinfection de l'air ; ils consistent dans des fumigations d'acides

muriatiques oxigénés. Ce bienfait de la chimie est surtout applicable aux grands hôpitaux.

10 *Juin* (21 *prairial*). — Le général Moreau est condamné à deux ans de détention ; sa peine est commuée en un exil perpétuel. Il passe aux États-Unis.

12 *Juin* (23 *prairial*). — Réglement sur les inhumations. — *Le 22 juin*, le trésor de Charlemagne est transporté de Paderborn à Aix-la-Chapelle.

10 *Juillet* (21 *messidor*). — Un décret impérial rétablit le ministère de la police générale dans ses premières attributions. — *Le même jour*, la forme de la décoration de la légion-d'honneur est réglée par un décret de l'empereur.

16 *Juillet* (27 *messidor*). — Organisation de l'école impériale polytechnique.

19 *Juillet* (30 *messidor*). — L'empereur se rend à Boulogne. Il passe la journée du 1er août au camp d'Ambleteuse ; le 5, il arrive à Calais, dont il visite le port et les fortifications ; le 9, il visite la rade de Dunkerque, et part pour Ostende ; le 15, après avoir visité Furnes, Nieuport, Ostende, il retourne à Boulogne ; le 16, grande fête militaire au camp de la Tour-d'ordre. Il reçoit le serment des troupes, et distribue des étoiles d'honneur.

25 *Août* (7 *fructidor*). — Décret impérial qui organise sur de nouvelles bases le corps des ingénieurs des ponts et chaussées.

26, 27 *Août* (8 et 9 *fructidor*). — Engagemens de la flottille contre des forces anglaises supérieures ; elles se retirent avec perte.

3 *Septembre* (16 *fructidor*). — L'empereur arrive à Aix-la-Chapelle.

3. 23

4 *Septembre* (17 *fructidor*). — Sourding découvre une planète qui fait sa révolution en
quatre ans quatre mois.

10 *Septembre* (23 *fructidor*). — Institution
d'un grand prix décennaire, le jour correspon-
dant au 18 brumaire. (Elle est restée sans effet).

1804 (an XIII).

2 *Octobre* (10 *vendémiaire*). — Vaine ten-
tative de l'escadre anglaise pour incendier la
flottille de Boulogne.

8 *Octobre* (16 *vendémiaire*). — Saint-Domingue, sous le nom de royaume d'Haïti, reconnoît pour roi Dessalines, homme de couleur.

25 *Novembre* (4 *frimaire*). — Le pape,
parti de Rome le 2, arrive le 29 à Paris.

2 *Décembre* (11 *frimaire*). — L'empereur
et l'impératrice Joséphine sont sacrés à Notre-
Dame par le pape Pie VII.

3 *Décembre* (12 *frimaire*). — Distribution
des aigles, au Champ-de-Mars ; les troupes, en
les recevant, prêtent serment à l'empereur.

La fin de cette année est marquée par les affreux ravages que la fièvre a faits en Espagne.
Plus de trente mille personnes et toute la garnison de Gibraltar en ont été les victimes.

1805 (an XIII).

1er *Janvier* (11 *nivose*). — Tentatives de Napoléon auprès du roi d'Angleterre pour procurer
au monde la paix générale ; le 14, il reçoit une
réponse vague et qui ne promet aucune détermi-
nation positive.

29 *Janvier* (9 *pluviose*). — Le gouvernement

adopte le plan d'une ville dans la Vendée, sous le nom de Napoléon-Ville.

1ᵉʳ *Février* (12 *pluviose*). — Création de la charge de grand-amiral et d'archichancelier d'état et de l'empire; la première est conférée au maréchal Mura t; la deuxième à Eugène de Beauharnais, adopté par l'empereur.

Du 20 février au 9 mars (1ᵉʳ *au* 18 *ventose*): — Expéditions maritimes de l'amiral Missiessi.

13 *Mars* (22 *ventose*). — Solennelle députation des colléges et corps constitués de la république italienne. Ils portent au pied du trône de Napoléon le vœu de leur nation et le proclament roi d'Italie. Le 18., il *daigne* accepter la couronne de fer en présence du sénat de France. Dans cette même séance, il cède à sa sœur Eliza, en toute propriété, le duché de Piombino. Cette cession fut un trait de lumière; mais tous les yeux étaient fascinés.

2 *Avril* (12 *germinal*). — L'empereur part pour l'Italie, et le pape pour Rome.

8 *Mai* (18 *floréal*). — Il pose sur le champ de bataille de Marengo la première pierre d'un monument consacré aux braves qui y sont morts; le 8, il fait son entrée dans Milan; le 26, il est couronné roi d'Italie.

6 *Juin* (17 *prairial*). — D'après le vœu de la république ligurienne, elle est réunie à l'empire français.

17 *Juin* (28 *prairial*) — L'empereur fonde à Milan l'ordre de la couronne de fer. Il organise le même jour l'université de Turin.

23 *Juin* (4 *messidor*). — Réunion de la république de Lucques à la principauté de Piombino.

23.

17 *Juillet* (28 *messidor*) *et jours suivans.*
— L'Autriche prend, dans le Tyrol, en Italie et dans tous ses états, l'attitude la plus hostile.

2 *Août* (14 *thermidor*). — L'empereur part de Paris, et visite les camps qui bordent les côtes.

9 *Août* (21 *thermidor*). L'empereur François accède à la coalition: Le 16, quatre-vingt-dix mille Français sont rassemblés sur les frontières de l'Autriche.

31 *Août* (13 *fructidor*). — Le prytanée de Saint-Cyr est érigé en prytanée militaire français.

7 *Septembre* (20 *fructidor*). — L'empereur d'Autriche, sans déclaration de guerre, envahit la Bavière.

9 *Septembre* (22 *fructidor*). — Sénatus-consulte qui remet en usage le calendrier grégorien pour le 1er janvier 1806.

1805 (an XIV.)

23 *Septembre* (1er *vendémiaire*). — Séance solennelle au sénat. L'empereur y expose la conduite hostile de l'Autriche, et annonce qu'il va commander ses armées en personne. Le sénat décrète une levée de quatre-vingt mille conscrits. Un second décret ordonne la réorganisation de la garde nationale pour la défense des côtes.

24 *Septembre* (2 *vendémiaire*.). — L'empereur part de Paris; les maréchaux, le prince Murat, Bernadotte, Davoust, Soult, Ney, Lannes et Marmont, commandent sous ses ordres.

1er *Octobre* (9 *vendémiaire*). — Il passe le Rhin et harangue l'armée.

6 *Octobre* (14 *vendémiaire*). — Les posi-

tions des divers corps tendent à investir l'ennemi dans tous les sens. (*Voyez le premier bulletin de la grande armée.*)

8 *Octobre* (16 *vendémiaire*). — Journée de Verlingen. Le 9, combat de Gunsbourg; il coûta un officier de très-grande espérance, le colonel Gérard Lacuée.

10 *Octobre* (18 *vendémiaire*). — L'empereur établit son quartier-général à Augsbourg.

11 *Octobre* (19 *vendémiaire*). — Six mille Français, sous les ordres du général Dupont, culbutent vingt-cinq mille Autrichiens. Le 21, le maréchal Bernadotte entre à Munich. Jusqu'à la fin d'octobre, chaque jour est marqué par de brillans succès.

21 *Octobre* (29 *vendémiaire*). — Décret impérial qui ordonne que le mois depuis le 23 septembre jusqu'au 22 octobre soit compté pour une campagne à toute l'armée. (*Voyez les dix premiers bulletins de la grande armée.*) — *Le même jour*, combat naval à la hauteur de Trafalgar, entre la flotte combinée d'Espagne et de France, forte de trente-trois vaisseaux de ligne, cinq frégates, trois corvettes, commandée par les vices-amiraux Villeneuve et Gravina, et une flotte anglaise de vingt-sept vaisseaux de ligne, plusieures frégates et corvettes, commandée par l'amiral Nelson. L'une et l'autre flotte firent de grandes pertes. Nelson et Gravina furent tués. Villeneuve se donna la mort à Rennes, où il apprit qu'il étoit accusé d'avoir, par de grandes fautes, fait perdre la bataille.

24 *Octobre* (2 *brumaire*). — L'empereur entre dans Munich. Le 25, on apprend que l'empereur Alexandre s'est rendu à Berlin pour en-

gager le roi de Prusse à prendre part à la coalition.

27 et 28 *Octobre* (5 et 6 *brumaire*). — Passage de l'Inn sur plusieurs points. Le 30, l'empereur établit son quartier-général à Braunau. Combat de Mehrenbach. Le 30, le maréchal Bernadotte entre à Salzbourg; le même jour, l'armée d'Italie bat les Autrichiens.

1ᵉʳ *Novembre* (10 *brumaire*). — La réserve de cavalerie entre dans Lintz. Le 2, six mille Autrichiens sont faits prisonniers aux portes de Véronne. Le 4, les Bavarois, commandés par le général Deroi, battent complètement cinq régimens autrichiens à Lovers. Le maréchal Ney s'empare du Tyrol qu'abandonne l'archiduc Jean.

8 *Novembre* (17 *brumaire*). Combat de Marienzel; le 9, le quartier général de l'empereur est à Molck (*seize lieues de Vienne*). (Molk était un port principal des Romains, sur le Danube.)

10 *Novembre* (19 *brumaire*). — Combat de Diernstein, un des plus mémorables de cette mémorable campagne. Le général Mortier se couvre de gloire.

13 *Novembre* (22 *brumaire*). — L'armée française fait son entrée dans Vienne; l'empereur et la cour de Vienne se retirent en Moravie. Le général Milhaud a pris à l'ennemi dix-neuf pièces de canon. Toutes les colonnes se dirigent sur la Moravie.

15 *Novembre* (24 *brumaire*). — Le général Clarke est nommé gouverneur de la Haute et Basse-Autriche; le conseiller-d'état Daru, intendant général. Neutralité de la Hongrie. (*Voyez le vingt-cinquième bulletin.*)

16 *Novembre* (25 *brumaire*). Défaite des Russes à Jüntersdorf. Le 17 , le maréchal Ney s'empare de Clœuzen et de Bautzen, et fait un grand nombre de prisonniers. Le 18, le prince Murat entre dans Brünn, capitale de la Moravie. Quartier-général de Napoléon à Porlitz. L'empereur d'Autriche se retire à Olmutz.

20 *Novembre* (29 *brumaire*). L'empereur entre à Brünn. Le prince Murat met en déroute un corps russe. L'empereur François quitte Olmutz.

28 *Novembre* (7 *frimaire*). — L'empereur de Russie s'établit à Vischau , et l'armée russe prend position derrière cette ville. Napoléon charge le général Savary d'aller complimenter Alexandre. En même temps il donne l'ordre d'une retraite pour tromper l'ennemi. Alexandre envoie à Napoléon le prince d'Olgoroucki qui traverse le camp, et qui juge, à la contenance de notre armée, qu'elle sera battue.

1ᵉʳ *Décembre* (10 *frimaire*). — Les Russes manœuvrent pour tourner l'armée française.

2 *Décembre* (11 *frimaire*). — Célèbre bataille d'Austerlitz (*Voyez-en les résultats dans le trentre-troisième bulletin de la grande armée.*) Elle mit deux empereurs à la discrétion de Napoléon.

3 *Décembre* (12 *frimaire*). — Le maréchal Augereau fait mettre bas les armes à un corps d'armée autrichien dans le Voramberg. Sur le territoire vénitien, le prince de Rohan est fait prisonnier avec un corps dé six cents hommes, par le général Saint-Cyr.

4 *Décembre* (13 *frimaire*). — Entrevue des empereurs Napoléon et François. Capitulation.

Elle est apportée à l'empereur de Russie par le général Savary.

6 *Décembre* (15 *frimaire*). — Armistice conclu à Austerlitz. L'empereur Alexandre prend la route de Pétersbourg.

7 *Décembre* (16 *frimaire*). — Décret en faveur des veuves et des enfans des militaires de tout grade, morts à cette bataille. Les plénipotentiaires pour la paix se réunissent à Presbourg.

25 *Décembre* (4 *nivose*). — Traité de paix signé à Presbourg, entre l'empereur des Français et celui d'Autriche. (*Voyez les clauses de ce traité dans le texte, chapitre* VIII.)

1806 (an XIV).

1ᵉʳ *Janvier* (11 *nivose*). — Le pont d'Austerlitz est ouvert aux gens de pied. Maximilien-Joseph est proclamé roi de Bavière en présence de l'empereur Napoléon et de l'impératrice.

13, 14 *Janvier* (23, 24 *nivose*). — Le roi de Bavière donne sa fille en mariage au prince Eugène; l'empereur et l'impératrice assistent à cette solennité. — *Le même jour,* la communication en est faite au sénat par l'archichancelier qui informe en même temps le sénat, que sa majesté a adopté pour son fils le prince Eugène, et l'appelle à lui succéder comme roi d'Italie.

22 *Janvier* (2 *pluviose*). — Mort du ministre M. Pitt, à jamais célèbre par ses haines et ses projets sinistres contre la France.

26 *Janvier* (6 *pluviose*) — Retour de l'empereur à Paris ; il reçoit les complimens des différens corps de l'état.

3 *Février* (14 *pluviose*). — Le cap de

Bonne-Espérance est pris par une escadre anglaise.

8 *Février* (19 *pluviose*). — Entrée des troupes françaises dans le royaume de Naples ; reddition de plusieurs places. Le 15, le prince Joseph est reçu à Naples. — *Le même jour*, le roi de Prusse accepte le Hanovre, en échange des provinces qu'il a cédées à la France.

20 *Février* (1ᵉʳ *ventose*). — L'église de Sainte-Geneviève est rendue au culte ; elle conserve néanmoins la destination qu'elle a reçue de l'assemblée constituante.

28 *Février* (9 *ventose*). — Institution d'une chaire de belles-lettres à l'école polytechnique. M. Andrieux est nommé professeur.

2 *Mars* (11 *ventose*). — L'empereur fait l'ouverture du corps législatif.

4 *Mars* (13 *ventose*). — Adoption par l'empereur de la princesse Stéphanie, nièce de l'impératrice, et mariage de cette princesse avec le prince héréditaire de Bade.

12 *Mars* (21 *ventose*). — Dispositions pour le rétablissement ou l'ouverture de canaux et de grandes routes.

13 *Mars* (22 *ventose*). — On apprend que le vaisseau *le Marengo* et la frégate *la Belle-Poule*, si long-temps funestes au commerce des Anglais dans l'Inde, sous les ordres du contre-amiral Linois, ont été pris par l'escadre de l'amiral Warens à la hauteur du cap Vert. — *Le même jour*, l'empereur crée le prince Murat, grand-duc de Clèves et de Berg.

26 *Mars* (5 *germinal*). — Négociations de paix entamées par MM. Fox et Talleyrand.

30 *Mars* (9 *germinal*). — Statut en forme

de loi qui fixe l'état des princes et princesses de la famille impériale. — *Le même jour*, les états de Venise sont-réunis au royaume d'Italie. Il y érige, ainsi que dans les états de Parme, de grands fiefs et de grands duchés; il dispose du royaume de Naples et de Sicile en faveur de son frère Joseph, et du duché de Guastalla en faveur de la princesse Pauline et de son mari le prince Borghèze, de la principauté de Neufchâtel en faveur du maréchal Berthier.

22 *Avril* (2 *floréal*). — Loi qui proroge à vingt-cinq ans le privilége de quinze années, accordé à la banque de France.

2 *Mai* (12 *floréal*). — Décret qui ordonne la construction de quinze nouvelles fontaines à Paris.

10 *Mai* (20 *floréal*). — Loi qui institue l'université impériale.

5 *Juin* (16 *prairial*). — Une ambassade des états de Hollande demande à l'empereur le prince Louis-Napoléon pour roi; l'empereur adhère au vœu des états. — *Le même jour,* M. de Talleyrand est élevé à la dignité de prince de Bénévent, et M. le maréchal Bernadotte à la principauté de Ponte-Corvo.

11 *Juin* (22 *prairial*). — Organisation du conseil d'état; ses attributions (*Voyez le bulletin des lois, n°* 98).

16 *Juin* (27 *prairial*) — Institution à l'école d'Alfort d'une chaire d'économie rurale.

24 *Juin* (5 *messidor*). — Suppression des maisons de jeu dans tout l'empire.

4 *Juillet* (15 *messidor*). — Loi qui organise les haras dans tous les départemens, et nomme les chefs de ces établissemens.

17 *Juillet* (28 *messidor*). — Un traité solennel établit la confédération du Rhin. Cet acte change l'état politique de l'Europe, et tend à une pacification plus durable.

20 *Juillet* (1er *thermidor*). — Traité de paix entre la France et la Russie. L'influence de l'Angleterre empêche qu'il soit ratifié par cette dernière puissance.

26 *Juillet* (7 *thermidor*). — En vertu du décret du 30 mai, des députés de la religion juive se réunissent à Paris.

5 *Août* (17 *thermidor*). — Lord Lauderlale remplace, à Paris, M. Fox. Le 6, l'empereur d'Autriche renonce au titre d'empereur d'Allemagne.

10 *Août* (22 *thermidor*) — L'ambassadeur de France reçoit, à Constantinople, l'accueil le plus distingué. La Prusse projette une confédération dans le nord pour balancer l'influence de celle du Rhin.

14 *Août* (26 *thermidor*). — Mort de M. Fox, un des plus célèbres défenseurs de la liberté britannique. Il étoit né le 13 janvier 1749. Parvenu au ministère, il donna tous ses soins à terminer l'éternelle lutte qui divise la France et l'Angleterre.

20 *Septembre* (3me *jour complém.*) — L'empereur réclame, contre la Prusse, des princes liés par la confédération du Rhin, le contingent auquel chacun s'est obligé, dans le cas de guerre.

25 *Septembre.* — L'empereur part de Saint-Cloud et va se mettre à la tête des armées ; c'est la quatrième coalition. Le 28, il arrive à Mayence.

30 *Septembre.* — L'amiral russe Siniavin retarde la remise des bouches du Cattaro, informé

de la rupture de la paix entre la France et la Prusse.

3 *Octobre*. — La guerre contre la Prusse est annoncée au sénat. Déjà les armées française et prussienne sont en présence. Le départ de la réserve, formée de conscrits, est ordonné.

7 *Octobre*. — Pamphlet du roi de Prusse. (*Voyez le premier bulletin de la grande armée.*) Le centre de l'armée ouvre la campagne sous les ordres du grand-duc de Berg, du prince de Ponte-Corvo, et du maréchal Davoust.

8 *Octobre*. — L'empereur part de Bamberg ; le 9, combat de Schleitz, et enlèvement des magasins de l'ennemi à Hoff; le 10, combat de Saalfeld livré par le maréchal Lannes. Le prince Ferdinand de Prusse y est tué. (2ᵉ *bulletin*.)

12 *Octobre*. — Singulière position des armées. Celle de l'empereur borde la Saale, tournant le dos à l'Elbe, et celle du roi de Prusse a derrière elle le Rhin.

13 *Octobre*. — Les armées sont en présence. L'empereur écrit au roi de Prusse pour prévenir l'effusion du sang et la perte assurée de la bataille.

14 *Octobre*. — Fameuse bataille d'Iéna. L'armée prussienne essuie une déroute complète, ou plutôt elle est anéantie, tant en hommes que sous le rapport du matériel. (5ᵉ *bulletin*.)

Belle conduite de l'empereur à l'égard des Saxons faits prisonniers à Iéna. Le 16, capitulation d'Erfurt. Le général Clarke en est nommé gouverneur. Le roi de Prusse demande un armistice, il est refusé. Le 17, combat de Halle. (11ᵉ *bulletin*.)

18 *Octobre*. — Le maréchal Davoust prend

possession de Léipsick. L'empereur visite le champ de Rosbach, fait enlever et porter à Paris la colonne élevée par Frédéric II, pour consacrer la mémoire de son triomphe.

21 *Octobre.* — Après une série de succès, Magdebourg est intercepté à l'ennemi, et le quartier général est à Dessaw. Le duc de Brunswick met ses états sous la protection de l'empereur.

24 *Octobre.* — Le maréchal Lannes entre dans Postdam, demeure ordinaire du roi de Prusse. L'empereur y établit le 25 son quartier - général; le 25, capitulation de Spandau. Le corps d'armée du maréchal Davoust entre à Berlin; le 26, celui du maréchal Augéreau. Le corps du maréchal Ney bloque Magdebourg; celui du maréchal Soult poursuit l'ennemi sur Stettin. (*Voyez le 17ᵉ et 18ᵉ bulletin.*) Le 25, l'empereur a visité le tombeau de Frédéric II. Jusqu'au 27 le grand duc de Berg obtient chaque jour de grands avantages par les mouvemens rapides de sa cavalerie.

27 *Octobre.* — L'empereur fait son entrée à Berlin. Acte mémorable de l'empereur envers la femme du prince d'Hazfeld, gouverneur de cette capitale.

28 *Octobre.* — Victoire complette sur le prince de Höhenlohe par le grand-duc de Berg. Le 29, le roi de Prusse passe la Vistule. Stettin capitule. Le 1ᵉʳ novembre, Custrin se rend au maréchal Davoust.

6 *et* 7 *Novembre.* — Bataille de Lubeck. Après des faits d'armes inouis, onze généraux, à la tête desquels sont Blucher et le prince de Brunswick-Oels; cinq cents dix-huit officiers, quatre

mille chevaux, plus de vingt mille hommes , soixante drapeaux restent à la disposition de l'empereur. La bataille de Lubeck et la capitulation de Magdebourg terminent la campagne de Prusse , et cependant la guerre n'est pas finie.

10 *Novembre.* — Les troupes russes paroissent à Prag. Elles entrent le 12 à Varsovie. Suspension d'armes entre l'empereur et le roi de Prusse. Elle est sans effet.

19 *Novembre.* — L'empereur reçoit à Berlin une députation du sénat. Occupation d'Hambourg. Obligation imposée à toutes les villes occupées par les Français de déclarer les marchandises et propriétés anglaises. Le 20, capitulation d'Hameln. Le 25 , celle de Niembourg.

25 *Novembre.* — Décret impérial qui déclare, toutes les îles britanniques en état de blocus. — *Le même jour* , l'empereur quitte Berlin et se rend à Posen. Le 26, combat de Lowien où, le général russe Benigsen est battu. Le 28, le général Michaud prend possession du Mecklembourg, au nom de l'empereur. (41e *bulletin.*) Le grand-duc de Berg entre à Varsovie.

1er *et* 2 *Décembre.* — Proclamations des empereurs Napoléon et Alexandre à leurs soldats. Décret qui ordonne qu'un monument soit élevé aux armées, sur l'emplacement qu'occupoit l'église de la Madeleine. Les Turcs occupent la Valachie. Capitulation de Glogau ; cette place est remplie de provisions de bouche, d'armes et de munitions.

4 *Décembre.* — Une levée de quatre-vingt mille conscrits est ordonnée par un sénatus-consulte.

11 *Décembre.* — Traité de paix et d'alliance

entre l'empereur Napoléon et l'électeur de Saxe, qui accède à la confédération du Rhin et prend le titre de roi de Saxe. Son contingent, en cas de guerre, est de vingt mille hommes.

15 *Décembre*. — Plusieurs princes d'Allemagne accèdent à la confédération du Rhin. En Silésie, le siège de Breslaw donne lieu à l'incendie des faubourgs. Grands ouvrages établis sur la Vistule et la Narew.

16 *Décembre*. — L'empereur part de Posen, et le 19 il entre dans Varsovie.

20 *Décembre*. — Il visite les travaux de Prag. Les divisions de l'armée ont passé la Vistule. Le 23, quinze mille Russes sont mis en déroute à Czarnovo. Le 24, le général Kamenskoi est battu à Nasielsk.

26 *Décembre*. — Trois grands combats sont livrés et gagnés par les généraux français. (*Voyez le 47ᵉ bulletin*).

29 *Décembre*. — La légation russe quitte Constantinople. Le 30, la Porte déclare la guerre à la Russie.

1807.

5 *Janvier*. — Capitulation de Breslaw. L'armée russe se dirige sur Grodno.

6 *Janvier*. — Le roi de Prusse se retire à Memel ; il ne lui reste plus qu'environ trente mille hommes. Jusqu'au 9 février ; tous les jours sont marqués par des avantages en tout genre sur l'ennemi.

9 *Février*. — Bataille d'Eylau gagnée par l'empereur Napoléon sur l'armée russe, forte de quatre-vingt mille hommes : sept mille Russes restent sur le champ de bataille, quinze mille

sont faits prisonniers, seize mille blessés sont portés à Kœnigsberg; dix-huit drapeaux, quarante-cinq pièces de canon tombent au pouvoir des Français, dont la perte est évaluée à environ huit mille hommes.

9 *Février.* — Première séance de l'institut, au palais des sciences et arts.

16 *Février.* — Envoi à Paris des drapeaux pris à Eylau. Les canons qui en proviennent seront fondus par ordre de l'empereur pour en faire la statue du général d'Hautpoult, tué dans cette bataille.

5 *Mars.* — Le pont d'Austerlitz est ouvert au passage des voitures.

6 *Mars.* — Décret qui met en état de siège les ports de Brest et d'Anvers; le premier est sous les ordres du général sénateur Aboville, le second est commandé par le sénateur Férino.

7 *Avril.* — Sénatus-consulte qui appelle la conscription de 1808. Le 9, deux vaisseaux de 74, le *Charlemagne* et le *Commerce de Lyon*, sont lancés à la mer dans le port d'Anvers.

25 *Avril.* — L'empereur établit son quartier-général à Finkenstein. Réglement concernant les théâtres de Paris; ils sont divisés en grands théâtres et en théâtres secondaires. — *Le même jour*, dispositions de l'empereur de Russie et du roi de Prusse pour secourir Dantzick. Napoléon connoît leur projet, et fait marcher sur Marienbourg le maréchal Lannes, avec la réserve de l'armée.

20 *Mai.* — Dantzick se rend au maréchal Lefèvre, après cinquante-un jours de tranchée ouverte. (*Pour les articles de la capitulation, voyez le* 77e *bulletin.*)

1ᵉʳ *Juin.* — L'empereur visite Dantzick. Jusqu'au 14 Juin des combats sont livrés presque chaque jour, dont l'avantage reste aux Français. (*Voyez le* 78ᵉ *bulletin.*)

14 *Juin.* — Bataille de Friedland, gagnée par l'empereur Napoléon sur l'armée russe qui perdit plus de soixante mille hommes tués, blessés et prisonniers; elle décida de la campagne. C'est avec raison qu'elle est mise au rang des batailles de Marengo, d'Austerlitz, d'Iéna. La déroute est complète. Pour assurer la retraite de ses débris, l'armée russe coupe tous les ponts derrière elle.

16 *Juin.* — La bataille de Friedland ouvre au maréchal Soult la porte de Kœnigsberg.

17 *Juin.* — L'empereur établit son quartier-général à Tilsitt.

21 *Juin.* — Armistice conclu entre les deux empereurs. L'un et l'autre désirent la paix.

25 *Juin.* — Leur entrevue sur le Niémen; Alexandre, Napoléon et le roi de Prusse, passent deux heures dans un pavillon. La moitié de la ville est déclarée neutre pour la facilité des communications.

8 *Juillet.* — Traité de paix entre les deux empereurs. Par cet acte, le roi de Prusse recouvre toutes ses provinces, excepté celles de Pologne, spécifiées dans le traité, qui seront possédées en toute souveraineté par le roi de Saxe. (*Pour connoître toutes les clauses de ce traité, lisez le Moniteur, n.* 206.)

9 *Juillet.* — Traité de paix conclu entre l'empereur Napoléon et le roi de Prusse, basé sur les clauses du précédent. Le même jour, Alexandre part pour ses états, et Napoléon pour Kœnigsberg.

3. 24

13 *Juillet*. Les hostilités recommencent entre la France et la Suède.

28 *Juillet*. — Retour de l'empereur à Paris. Le 1er août il approuve le statut constitutionnel du duché de Varsovie.

6 *Août*. — Paraît le premier volume des Mémoires de la savante société de chimie et de physique.

8 *au* 19 *Août*. — Les hostilités contre le Danemark et le bombardement de Copenhague par la flotte anglaise. (*Lisez-en les horribles détails dans les n°s 130 et 139 du Moniteur.*)

19 *Août*. — Un sénatus-consulte détermine la nouvelle organisation du corps législatif, plus conforme aux vues despotiques de Napoléon.

Les Français s'emparent de Stralsund.

22 *Août*. — Acte de mariage entre Jérôme-Napoléon Bonaparte et la princesse, fille du roi de Wurtemberg.

7 *Septembre*. — Capitulation de Copenhague. Indignation de toutes les puissances contre l'Angleterre.

20 *Septembre*. — On observe à Marseille une superbe comète.

28 *Septembre*. — Décret impérial qui institue et organise une cour des comptes.

12 *Octobre*. — Sénatus-consulte portant que les provisions ne seront expédiées aux juges qu'après cinq ans d'exercice. (Le but de cette restriction est sensible.)

14 *Octobre*. — Exposition au musée des objets d'art conquis par les armées.

26 *Octobre*. — L'empereur de Russie rompt toute communication politique et commerciale avec l'Angleterre, et promet de venger le Dane-

mark , s'il n'obtient pas une juste satisfaction.

29 *Octobre.* — Un décret impérial admet gratuitement dans les lycées neuf cents nouveaux élèves, fils de militaires et de fonctionnaires publics.

6 *Novembre.* — Le comte Tolstoi , ambassadeur de Russie , présente ses lettres de créance à l'empereur.

8 *Novembre.* — L'ambassadeur de Perse arrive à Paris. Il est porteur de magnifiques présens pour l'empereur. Les plus remarquables sont les sabres de Tamerlan et de Thamas-Kouly-Kan.

10 *Novembre.* — Dispositions relatives aux halles , marchés et rues de Paris.

16 *Novembre.* — L'empereur va visiter ses états d'Italie. Le 21 , son entrée à Milan.

25 *Novembre.* — Entrée triomphale, à Paris, des corps de la garde impériale.

26 *Novembre.* — L'empereur arrive à Venise. Le même jour, une armée arrive à Abrantès , dans le Portugal. Le 28, le prince régent de Portugal s'embarque pour ses états du Brésil. Le 30 , occupation de Lisbonne par les Français.

1er *Septembre.* — Le roi de Prusse interdit toute communication politique ou commerciale entre ses états et l'Angleterre.

4 *Décembre.* — Arrivée de l'ambassadeur de France , le général Gardanne, à la cour de Perse. Il est reçu avec des distinctions inusitées.

17 *Décembre.* — L'empereur déclare *dénationalisé* tout bâtiment qui se soumettra aux dispositions de l'ordonnance rendue par le roi d'Angleterre. (*Voyez le Moniteur , n.* 259.)

26 *Décembre.* — Le ministre de l'intérieur
24.

pose la première pierre d'un grenier d'abondance à Paris.

1808.

1ᵉʳ *Janvier*. — Retour de l'empereur dans sa
capitale.

16 *Janvier*. — Statuts définitifs de la banque
de France.

27 *Janvier*. — Le port de Flessingue et ses
dépendances réunis à l'empire français.

2 *Février*. — Sénatus-consulte qui érige en
grande dignité impériale le gouvernement des
départemens situés au-delà des Alpes. Le prince
Borghèse, gouverneur général.

3 *Février*. — Une somme de 130,000 francs
est portée sur le budjet du ministre des cultes,
pour les dépenses annuelles des hospices.

6 *Février*. — Rapport à l'empereur, par la
classe des sciences physiques et mathématiques,
sur le progrès de ces sciences, depuis 1789.

19 *Février*. — Autre rapport de la classe
d'histoire et de littérature ancienne, sur les progrès des sciences, des lettres et des arts, depuis 1789.

22 *Février*. — Invasion de la Finlande par
une armée russe. — *Le même jour*, la classe de
la langue et de la littérature française est présentée à l'empereur, en son conseil. Rapport de
Chénier sur le progrès des lettres dans le dix-
huitième siècle, etc. Le 5 mars, la quatrième
classe de l'Institut est également présentée à
l'empereur, en son conseil. (*Moniteur*, n°. 67.)

11 *Mars*. — Sénatus-consulte sur un décret impérial qui institue des titres héréditaires. (*Voyez*

*les détails de cet acte, qui fut jugé ultrà-mo-
narchique, dans le 74ᵉ nᵒ du Moniteur.*)

16 *Mars.* — Création de juges auditeurs auprès
des cours d'appel.

17 *Mars.* — Université impériale et académie
dans chaque ville où siège une cour d'appel. M.
Fontane, grand-maître de l'université impériale.

17 *et* 18 *Mars.* — Grande révolution en Espagne. Le peuple menace les jours du prince
de la Paix; le roi le dépouille de toutes ses dignités. Le 19, le roi Charles IV abdique en faveur
de son fils, le prince des Asturies (Ferdinand VII).

18 *Avril.* — L'empereur arrive à Bayonne ;
il s'établit au château de Marrac. Le 20, le prince
des Asturies et dom Carlos, son frère, se rendent
auprès de l'empereur. Le 28, le roi, la reine
d'Espagne et le prince de la Paix arrivent à
Bayonne, où l'empereur leur fait une visite.

23 *Avril.* — Le grand-duc de Berg entre
dans Madrid à la tête d'une armée française.

3 *Mai.* — Insurrection à Madrid. La junte
suprême du gouvernement espagnol se réunit à
Madrid; elle est présidée par le grand-duc de
Berg. Le 6, soumission du prince des Asturies
envers le roi son père.

8 *Mai.* — Cession par le roi Charles IV à son
allié *et ami* Napoléon, de tous ses droits sur les
Espagnes : adhésion des enfans du roi à cet
acte, qui est officiellement annoncé au conseil
suprême de Castille et à celui de l'Inquisition.
Le 13, la junte demande pour roi Joseph Napoléon, frère de l'empereur. Les 15 et 22, la ville
de Madrid manifeste le même vœu. Le roi et la
reine d'Espagne se retirent en France; Compiègne est désigné pour leur séjour; les princes

sont envoyés au château de Valençai, département d'Indre-et-Loire. Ainsi se termina cette
scène tragi-comique, la plus inconcevable par la
hardiesse et la bassesse des acteurs.

24 *Mai.* — Sénatus-consulte qui réunit à l'empire français les duchés de Parme et de Plaisance
et le duché de Toscane. (*Voyez le n° 156 du
Moniteur.*)

25 *Mai.* — Junte générale convoquée à
Bayonne pour le 15 juin.

6 *Juin.* — L'empereur proclame son frère
Joseph Napoléon roi des Espagnes et des Indes,
et lui garantit l'intégrité de ses états. Le 7, le
nouveau roi reçoit les hommages des grands
d'Espagne, des conseils, etc. Le 15, ouverture
à Bayonne de la junte espagnole.

15 *Juin.* — Les comédiens de l'impératrice,
ayant M. Picard pour directeur, s'établissent au
théâtre de l'Odéon.

3 *Juillet.* — Décrets relatifs à l'institution des
majorats. (Ce mois est rempli en grande partie
par les travaux de la junte espagnole réunie à
Bayonne.)

7 *Juillet.* — L'acte constitutionnel est rédigé
par la junte. Le roi prête serment à la nation,
représentée par le président. (*Voyez le texte de
cet acte dans le 198ᵉ n° du Moniteur.*)

13 *Juillet.* — Le bureau des longitudes de
Paris publie ses observations sur la continuation
de sa méridienne en Espagne, jusqu'aux îles
Baléares.

Le même jour. — Constitution de l'Espagne
rédigée sous les yeux de l'empereur Napoléon.

15 *Juillet.* — Le grand-duc de Berg proclamé roi de Naples et de Sicile.

20 *Juillet*. — L'ambassadeur de Perse , As-kér-Chan , est arrivé à Paris avec une suite nombreuse.

22 *Juillet*. — L'empereur part de Marrac.

30 *Juillet*. — Décret qui adjoint un très-grand nombre d'officiers de tout grade et de soldats légionnaires aux colléges de département et d'arrondissement.

Les journaux du mois d'août rendent principalement compte du voyage de l'empereur et de l'impératrice dans les départemens méri dionaux.

9 *Août*. — Décrets impériaux qui ordonnent des établissemens publics dans tous les départemens que l'empereur a visités, à son retour de Bayonne.

12 *Août*. — L'histoire de Churchill Malborougk , traduite de l'anglais , et annoncée au public comme imprimée par l'ordre de l'empereur. (*Sans trop de malveillance on put croire que cette attention avoit pour but d'abaisser Louis* xiv *et les grands capitaines de son règne*).

13 *Août*. — Par d'autres décrets du mois de juillet l'empereur ordonne l'ouverture d'une route de Paris à Madrid , et de grands travaux publics dans plusieurs départemens.

15 *Août*. — Retour de l'empereur à St-Cloud.

21 *Août*. — L'empereur reçoit M. le comte Tolstoi , ambassadeur de Russie. Exposition aux Tuileries des présens envoyés par l'empereur Alexandre à l'empereur Napoléon.

27 *Août*. — Jugement de plusieurs savans sur le poème de J. Delille : *Les trois règnes de la nature.* (*Voyez le Moniteur, n°* 240 *et suivans.*)

1ᵉʳ *Septembre*. — Décrets par lesquels l'empereur ordonne des établissemens publics en tout genre dans les départemens qui ont été le théâtre des guerres civiles.

6, 7 *Septembre*. — Communication au sénat du rapport du ministre des relations extérieures, M. Champagni, à sa majesté l'empereur, et des traités qui mettent à sa disposition la couronne d'Espagne. (*Monument historique très-remarquable.*)

8 *Septembre*. — Traité qui termine tous les différends entre le gouvernement français et celui de Prusse.

10 *Septembre*. — Sénatus-consulte qui ordonne la levée de quatre-vingt mille conscrits : elle a pour objet la soumission des Espagnols. (*Guerre atroce ; exemple unique dans l'histoire des peuples civilisés.*)

12 *Septembre*. — Compte rendu par la société d'industrie nationale sur ses progrès en inventions et perfectionnemens.

Séance du sénat dans laquelle le ministre des relations extérieures établit les motifs des mesures prises par l'empereur relativement à l'Espagne. (*Il faut lire toutes les pièces pour se faire une juste idée de la politique de Napoléon et de l'abnégation du ministre.*)

13 *Septembre*. — Décret qui convoque le corps législatif pour le 25 octobre prochain.

17 *Septembre*. — Décret d'organisation de l'université impériale. Le grand-maître prêtera serment entre les mains de l'empereur.

22 *Septembre*. — La municipalité et le préfet de Paris reçoivent à la barrière le premier corps de la grande armée, commandé par le maréchal Victor.

23 *Séptembre*. — Décret impérial relatif au culte grec, professé dans la Dalmatie.

28 *Septembre* — Les divers corps de lá grande armée arrivent successivement à Paris.

6 *Octobre*. — Les empereurs Napoléon et Alexandre sont à Erfurt. Suspension d'armes entre l'Angleterre et la France, relativement au Portugal ; et par suite, évacuation de ce royaume par les armées françaises.

22 *Octobre*. — L'empereur et l'impératrice visitent le musée Napoléon ; tous les artistes sont présens.

23 *Octobre*. — Nouveau cérémonial pour l'ouverture du corps législatif ; elle est faite par l'empereur, le 26 suivant. Le 27, M. Fontanes est nommé, par l'empereur, président du corps législatif.

2 *Novembre*. — Exposé sur la situation de l'empire, par M. Cretet, ministre de l'intérieur, dans la séance du corps législatif.

7 *Novembre*. — Le conseiller-d'état, M. Treilhard, présente à la séance du jour le premier volume du code d'instruction criminelle.

16 *Novembre*. — Premier bulletin de l'armée d'Espagne. (*Moniteur*, n. 321.)

18 *Novembre*. — Deuxième bulletin de l'armée d'Espagne. (*Moniteur*, n. 324.). Victoire de Burgos.

20 *Novembre*. — Troisième bulletin de l'armée d'Espagne. (*Moniteur*, n. 327.)

24 *Novembre*. — Cinquième bulletin de l'armée d'Espagne.

26 *Novembre*. — Budjet converti en loi pour l'année 1809. Sixième bulletin de l'armée d'Espagne. (*Moniteur*, n. 331.)

29 *Décembre.* Vingtième bulletin de l'armée d'Espagne.

1809.

1ᵉʳ *Janvier.* — Décret impérial qui fixe la clôture du corps législatif au 31 du présent mois.

4 *Janvier.* — Décret qui crée un dépôt de mendicité pour le département de la Seine.

8 *Janvier.* — Résultat de l'enquête sur la bataille de Trafalgar.

25 *Janvier.* — L'empereur, de retour à Paris de son voyage en Espagne, reçoit le sénat et successivement toutes les autorités.

Nota. Les ouvrages de sciences et d'arts, et les bulletins de l'armée d'Espagne occupent presque tous les Moniteurs de ce mois.

1ᵉʳ *Février.* — Décret qui nomme M. le cardinal Fesch, archevêque de Paris.

4 *Février.* — Suite des bulletins de l'armée d'Espagne.

7 *Février.* — L'empereur reçoit l'Institut au château des Tuileries.

17 *Février.* — Décrets, en matière administrative, datés du camp impérial de Madrid.

Nota. L'inaction de la diplomatie et le repos du canon, qui ne sont interrompus que sur le point de la péninsule espagnole, ont laissé la place presque entière dans les journaux aux ouvrages de science, de littérature et d'arts.

2 *Mars.* — Bulletin de l'armée d'Espagne ; relation sur le trop fameux siége de Sarragosse.

4 *Mars.* — Message au sénat ; présentation de candidats pour deux places vacantes.

5 *Mars.* — Décret et sénatus-consulte portant

création d'un gouvernement général pour les départemens situés au-delà des Alpes.

6 et jours suivans. — Le Moniteur rapporte, d'après les papiers anglais, les débats du parlement sur le procès du duc d'Yorck.

11 *Mars.* — Décret et sénatus-consulte qui transporte, sur la tête de Napoléon-Louis, neveu de l'empereur, le duché de Berg et de Clèves.

Autre qui confère à la sœur de l'empereur, Elisa, le gouvernement de la Toscane.

22 *Mars.* — Plusieurs décrets pour l'établissement de dépôts de mendicité.

24 *Mars.* — Décret relatif aux sœurs hospitalières.

26 *Mars.* — Nomination de quatre sénateurs pour les départemens de l'Arno, du Taro, de la Méditerranée, de l'Ombrone.

27 *Mars.* — L'empereur reçoit plusieurs députations de colléges électoraux.

Nota. Les débats du parlement d'Angleterre remplissent presque toutes les pages du Moniteur pendant ce mois.

2 *Avril.* — Décret impérial qui institue des maisons d'éducation pour les filles des membres de la légion d'honneur.

7 *Avril.* — Situation déplorable de la ville de Cadix. Décret relatif aux Français qui auront porté les armes contre leur patrie.

8 *Avril.* — Décret de ce jour qui établit une école militaire à Saint-Germain.

10 *Avril.* — Décret d'organisation administrative pour la ci-devant Toscane.

14 *Avril.* — L'empereur part pour Strasbourg; il y arrive le 17 avec l'impératrice.

18 *Avril.* — Lettre de l'archiduc Charles.

au général français : déclaration de guerrre.

19 *Avril*. — Marche des troupes autrichiennes (*Moniteur de ce jour.*)

24 *Avril*. — Rapport du minstre des relations extérieures et pièces officielles concernant l'Autriche.

28 *Avril*. — Bataille de Ratisbonne gagnée le 23 sur le prince Charles.

3 *Mai*. — Premier et deuxième bulletins de la grande armée, qui annoncent le combat de Pfoffenhoffen ; batailles de Tann, d'Abensberg, combat et prise de Landshut, bataille d'Eckmülh, combat et prise de Ratisbonne.

8 *Mai*. — *Te Deum* dans la métropole à l'occasion des victoires remportées à Ratisbonne.

9 *Mai*. — Bulletin daté du quartier-général de Braunau. Marche et dispositions de l'armée.

15 *Mai*. — Sixième bulletin : situation de l'armée.

19 *Mai*. — Proclamation de l'empereur à son armée.

21 *Mai*. — Entrée des Français à Vienne. Proclamations et autres pièces relatives à cet événement.

23 *Mai*. — Huitième bulletin : décrets de l'empereur. (*Moniteur de ce jour.*)

27 *Mai*. — Neuvième bulletin : pièces importantes.

31 *Mai*. — Dixième et onzième bulletins; bataille d'Esling, combat d'Urfor.

1ᵉʳ *Juin*. — Nouvelles d'Italie. Les Autrichiens y sont battus dans plusieurs combats par le vice-roi. (Douzième bulletin de la grande armée.)

3 *Juin*. — Proclamation de l'empereur à l'ar-

au public. Solennité religieuse dans l'église de Notre-Dame.

21 *Août.* — Ouverture des négociations pour la paix entre la France et l'Autriche.

22 *Août* — Le Moniteur de ce jour contient des pièces très-intéressantes sur la guerre de 1809.

23 *Août.* — Correspondance relative à la communication faite au sénat par le prince archi-chancelier, le 14 du présent mois. (*Voyez le Moniteur de ce jour.*)

(*Nota.* La guerre d'Espagne a été active pendant ce dernier mois. Nos généraux la font; le roi fait mine de la diriger.)

5 *et 6 Septembre.* — Ordre du jour du maréchal Bernadotte relatif à l'expédition des Anglais contre la ville d'Anvers.

11 *Septembre.* — Rapport concernant les opérations militaires sur l'Escaut.

12 *Septembre.* — Décret qui nomme le maréchal Serrurier commandant-général de la garde nationale de Paris.

14 *Septembre.* — Lettre de l'empereur au ministre de la guerre ordonnant de poursuivre le commandant de la place de Flessingues. Suite des opérations militaires sur l'Escaut.

15 *Septembre.* — Plusieurs décrets pour l'établissement de dépôts de mendicité.

19 *Septembre.* — Situation de l'Europe, extraite du journal anglais *le Globe.* (*Voyez le Moniteur de ce jour.*)

27 *Septembre.* — Rapport au roi d'Espagne, par le maréchal duc de Dalmatie, sur les opérations militaires de l'armée française.

30 *Septembre.* — Retour de l'expédition anglaise sur l'Escaut.

l'ouverture du corps législatif pour l'année 1809 au 1er décembre prochain.

10 *Novembre*. — Décret impérial qui confirme l'institut. et les réglemens des sœurs hospitalières.

14 *Novembre*. — Convocation, par décret du 10, des collégés électoraux.

15 *Novembre*. — On annonce l'arrivée du roi de Saxe à Paris.

17 *Novembre*. — Le sénat et toutes les autorités constituées sont admis à complimenter l'empereur sur la paix glorieuse qu'il vient de conclure. Il reçoit aussi une députation de Rome et de Florence.

20 *Novembre*. — Une députation du Synode grec de Dalmatie fut présentée hier à l'empereur.

22, 23 *Novembre*. — Nouvelles d'Espagne.

1er. *Décembre*. — Arrivée du roi de Naples à Paris. Programme de la fête qui aura lieu à Paris à l'occasion de la paix. Arrivée du roi de Hollande et de Wurtemberg à Paris.

8 *Décembre*. — Reddition de Flessingue, et décret de l'empereur.

10 *Décembre*. — Le prince vice-roi d'Italie arrive à Paris.

13 *Décembre*. — Décrets présentés au corps législatif, et relatifs à son organisation.

14 *Décembre*. — Exposé de la situation de l'empire au 1er décembre 1809 ; et lu dans la séance du corps législatif.

16 *Décembre*. — Nomination des sénateurs Delaville, Pastoret et Villemanzi annoncée au corps législatif.

17 *Décembre*. — Décrets et sénatus-consultes relatifs à la dissolution du mariage de l'empereur

3. 25

avec l'impératrine Joséphine ; tout est remarquable dans cette séance : le fonds et la forme.

poléon avec Joséphine est reconnue par l'officia-
lité de Paris. (*Rien de plus officieux*)

16 *Janvier.* — Budjet et projet de loi, converti en loi, pour l'an 1810.

20 *Janvier.* — Le corps législatif est informé,
par le ministre secrétaire-d'état, que la clôture
de sa session est fixée au 22.

51 *Janvier.* — Le Moniteur de ce jour contient
le discours d'ouverture du parlement d'Angleterre par le régent, avec des notes remarquables.

2 *Février.* — Décret et sénatus-consulte qui
fixe la dotation de la couronne.

3 *Février.* — Session du corps législatif pour
1810; M. de Montesquiou, président.

5 *Février.* — Suite des pièces relatives à l'Espagne. Traité avec le roi et son fils, le prince des
Asturies.

8 *Février.* — Décrets impériaux; celui sur la
direction de la librairie et de l'imprimerie, daté
du 5 février, fixera l'attention des amis de la
liberté de la presse. Code des délits et des peines
présenté au corps législatif.

10 *Février.* — Programme des honneurs fu-
nèbres décernés au duc de Montebello.

14 *Février.* — Rapport du ministre de la marine. La mort du brave général Ferrand entraîne
la réddition de la partie espagnole de Saint-Domingue.

18 *Février.* — Sénatus-consulte qui réunit
Rome et l'état romain à l'empire.

19 *Février.* — Le code des délits et des peines
est converti en loi.

23 *Février.* — Etat des pertes que les Anglais
ont faites dans leur expédition contre l'île de
Walcheren.

25.

24 *Février.* — Texte du traité de paix avec la Suède. (*Moniteur de ce jour*).

28 *Février.* — Message au sénat, annonçant la demande, par l'empereur, de la main de Marie-Louise. L'entier code des délits et des peines est converti en loi.

1er *Mars.* — L'empereur déclare, par son décret du 28 février, loi générale de l'empire, la déclaration faite par le clergé de France, 1682, sur la puissance ecclésiastique.

2 *Mars.* — Questions proposées à un conseil d'évêques que l'empereur a réunis à Paris. (*Ces vétilles politiques manquent de dignité et de bonne foi.*)

4 *Mars.* — Message au sénat. Création du grand-duché de Francfort en faveur du prince primat.

Décret impérial sur l'institution des majorats.

5 *Mars.* — Adresse de remercîment par le sénat, au message de l'empereur sur la conclusion de son mariage.

10 *Mars.* — Décret sur les prisons et les prisonniers d'état. Texte de la loi sur l'expropriation pour cause d'utilité publique.

19 *et* 20 *Mars.* — Dépêche télégraphique annonçant que le mariage de Marie-Louise a été célébré à Vienne le 11; pièces relatives à cet événement.

28 *Mars.* — Décret impérial portant divers actes de bienfaisance; l'empereur veut par là marquer l'époque de son mariage.

31 *Mars.* — Programme et dispositions relatives à la célébration du mariage de l'empereur et de Marie-Louise.

Nota. Les Moniteurs de ce mois (Mars) rapportent toutes les pièces communiquées au parlement d'Angleterre sur l'expédition de l'Escaut.

1er *et* 2 *Avril.* — Programme d'une grande fête à Paris à l'occasion du mariage de l'empereur ; mariage civil : emploi de tous les arts, de tous les talens pour signaler ce grand jour (*Moniteur, n°s 92 et suivans.*)

4 *Avril.* — L'empereur et l'impératrice reçoivent le sénat français, la députation du sénat italien ; discours, adresses, hymnes, etc. Nouvelles d'Espagne.

8 *Avril.* — Les journaux font grand bruit d'un ouvrage intitulé *les Martyrs*, sujet renouvelé, non des Grecs, mais des âges barbares et des peuples ignorans.

10 *Avril.* — Détails sur les fêtes consacrées à l'avénement du mariage de Napoléon et de Marie-Louise (*Moniteur, n° 100*).

11 *Avril.* — Présentation du budjet pour 1811 au corps législatif.

14 *Avril.* — Le Moniteur fait connoître, d'après les papiers anglais, les suites tumultueuses de l'arrestation de sir Burdett.

19 *Avril.* — Plusieurs projets de loi ont été présentés au corps législatif.

21 *Avril.* — Le corps législatif convertit en loi le projet concernant le budjet de 1811 et celui sur l'administration de la justice par les cours impériales, d'assises, etc., etc.

22 *Avril.* — Décret impérial qui fixe au 31 avril la clôture du corps législatif. Cette séance est remarquable par le discours du conseil-d'état, Renaud de Saint-Jean d'Angely. C'est un amas de brillantes déceptions, but propre à amuser les cours, surtout le cabinet de Vienne.

donnée le 10 par la ville de Paris.—L'empereur et l'impératrice l'ont honoré de leur présence.

15 *Juin.* — Ordre du jour du général Vandamme qui dénonce le général Sarrazin comme traître à sa patrie.

22 *Juin.* — Rapports intéressans sur les opérations de l'armée française en Espagne.

24 *Juin.* — Grande fête au Champ-de-Mars, donnée par la garde impériale, à l'occasion du mariage de l'empereur.

27 *Juin.*—Création d'un conseil de commerce et de manufactures, près le ministre de l'intérieur..

28 *Juin.* — Décret qui ordonne la construction d'un port devant Bordeaux.

3 *Juillet.* — Fête du prince de Schwarzenberg. Affreux événement par lequel elle a été troublée.

4 *Juillet.* — Rapport à l'empereur, par le ministre de la guerre, concernant le général Sarrazin.

Décret qui accorde des récompenses aux personnes qui découvriront des plantes indigènes propres à remplacer l'indigo.

11 *Juillet.* — Décret portant la formation et l'organisation des cours impériales..

20 *Juillet.* — Création de six maisons d'éducation, dites *Orphelines*, pour des filles de militaires morts au champ d'honneur.

27 *et* 29 *Juillet.* — Rapports du maréchal Masséna sur la guerre d'Espagne.

Nota. Les Moniteurs de ce mois et du précédent contiennent les rapports du jury formé pour la distribution des prix décennaux. On sait que cette libérale institution est restée sans effet.

17 *Septembre*. — Formation d'une compagnie d'assurance contre les incendies.

27 *Septembre*. — Notice sur la vie et les ouvrages de M. Luce de Lancival, mort dans le mois précédent. — *Le même jour*, formation d'écoles spéciales de marine dans les ports de Brest et de Toulon.

30 *Septembre*. — Entrée des armées françaises à Coïmbre (Portugal).

14 *et* 15 *Octobre*. — Les princes de la confédération du Rhin se conforment au système du blocus continental, et ordonnent la mise en vigueur du nouveau tarif sur les denrées coloniales. (*Paris*, *Moniteur du* 26.)

18 *Octobre*. — Décret qui ordonne l'établissement des cours prévôtales des douanes. — *Le même jour*, décret contenant réglement général pour l'organisation des départemens de la Hollande.

22 *Octobre*. — Nouvelles d'Espagne. Succès des Français dans l'Estramadure, l'Andalousie, Grenade, la Manche, la Catalogne, les Asturies et la Vieille-Castille.

18 *Novembre*. — Réunion du Valais à l'empire français, sous le nom du département du *Simplon*. — *Le même jour*, nouvelles d'Espagne; mort, devant Cadix, du général de division Sénarmont, commandant en chef l'artillerie de l'armée.

1er *Décembre*. — Analyse des dépêches qui ont eu lieu entre la France et les États-Unis, la France et l'Angleterre. (*Moniteur, n.* 355.)

2 *Décembre*. — Anniversaire du couronnement de l'empereur.

6 *Décembre*. — Etablissement de quinze nouvelles fontaines à Paris.

Autres décrets tendant à restreindre la liberté de là presse.

Le même jour. — Décret qui étend dans tout l'empire le bienfaisant établissement de la société maternelle.

25 *Décembre.* — Révocation des décrets de Berlin et de Milan concernant les neutres. Cette révocation est faite en faveur des Etats-Unis.

26 *Décembre.* — Décret impérial sur l'administration générale de l'empire.

1811.

1ᵉʳ *Janvier* —Décret concernant les débiteurs des rentes constituées en argent, des rentes foncières et autres redevances, dans les départemens de Rome et du Trasimène. Autre décret concernant les grades de docteurs en droit et en médecine des ci-devant universités de Pise et de Sienne.

Le même jour. — Décret de réglement sur la compétence et le mode de procéder dans les affaires relatives aux contributions dans les départemens de la Hollande.

Le même jour. — Décret concernant l'imprimerie et la librairie dans les départemens de la Hollande.

2 *Janvier.* — Diverses adresses de chambres consultatives de commerce. Décret relatif aux rentes viagères sur l'état, dont la préjouissance est dévolue au trésor public comme subrogé aux droits d'un émigré.

Le même jour. — Décret qui crée un dépôt de mendicité pour le département de la Haute-Loire. Ce dépôt sera placé dans les bâtimens et dépendances de monastères, qui seront mis en état de recevoir deux cents mendians de l'un et l'autre sexe.

3 *Janvier*. — Décret augmentant de six cent mille francs les dotations du sénat, à raison de la nomination des sénateurs pour les départemens de l'Escaut et des Alpes.

. 4 *Janvier*. — Décret concernant la nomination des présidens des colléges électoraux de plusieurs départemens.

7 *Janvier*. — Adresse d'adhésion du chapitre métropolitain de Paris aux quatre propositions de 1682.

Décret qui soumet à la régie des droits réunis l'exploitation des tabacs.

8 *Janvier*. — Décrets pour la nomination de plusieurs conseillers à la cour impériale de Paris, et organisation du tribunal de première instance du département de la Seine.

Le même jour. — Décret concernant les costumes des cours et tribunaux, des députations admises devant l'empereur, et des costumes de cour.

13 *Janvier*. — Décret concernant l'impôt de consommation qui doit se payer en Hollande à l'importation, tant des autres départemens de l'empire que de l'étranger.

Le même jour. — Décrets sur l'administration, l'entretien et la possession des *polders*, en Hollande.

Le même jour. — Décret qui ordonne que toutes les créances existantes sur les couvens et corporations religieuses supprimées seront liquidées par les préfets.

14 *Janvier*. — Décret relatif à l'administration spéciale des tabacs.

15 *Janvier*. — Décret relatif à la reprise des poursuites des anciennes saisies réelles, et du délai accordé pour faire procéder à l'adjudication définitive des biens saisis.

18 *Janvier*. — Divers rapports sur les différentes armées en Espagne. Prise de Tortose par l'armée d'Aragon, sous les ordres du maréchal Suchet.

20 *Janvier*. — Décret relatif à l'institution du fonds des veuves en Hollande, et à celle de la marine d'Amsterdam, ainsi qu'à l'école d'Enckuysen.

Le même jour. — Décret concernant les enfans dont l'éducation est confiée à la charité publique.

23 *Janvier*. — Décret relatif à l'établissement d'une taxe pour l'entretien de la route du Mont-Cénis.

Le même jour. — Décret qui crée un dépôt de mendicité dans le département d'Indre-et-Loire.

27 *Janvier*. — Nouvelles d'Espagne. Prise du fort de Marbello par le général Sébastiani (armée du Midi). Opérations devant Cadix. Succès partiels obtenus par les autres armées.

Le même jour. — Décret impérial concernant le recouvrement de l'arriéré des dotations des quatrième, cinquième et sixième classes.

28 *Janvier*. — Décret impérial qui ordonne que le bref du pape, donné à Savonne le 30 novembre 1810, et adressé au vicaire capitulaire et au chapitre de l'église métropolitaine de Florence, commençant par ces mots : *dilecte fili salutem*, et finissant par ceux-ci : *dictionem permanentem impertinius*, soit rejeté comme

contraire aux lois de l'empire et à la discipline ecclésiastique.

30 *Janvier.* — Décret qui ordonne que le garde-meuble de la couronne n'achetera ni n'emploira désormais aucune toile ou objets quelconques où le coton entrerait pour matière première.

Le même jour. — Décret concernant les impositions pour confection de travaux de ponts et chaussées.

Le même jour. — Autre décret qui porte à trois, outre le premier président, le nombre des présidens de la cour de cassation.

2 *Février.* — Décrets qui ordonnent une année de prime d'un franc par kilogramme de coton recueilli dans les départemens du Tibre et du Trasimène : sur le même objet, concernant les départemens du Golo et du Liamone, qui met un droit de soixante francs par quintal métrique sur les cotons du royaume de Naples, à leur entrée en France.

Le même jour. — Décret fixant les dépenses des cours impériales.

4 *Février.* — Décret concernant la mise en activité de quatre-vingt mille conscrits sur la levée de cent vingt mille hommes, dont l'appel est autorisé par le sénatus-consulte du 13 décembre 1810. Autres décrets concernant un appel de deux mille trois cent soixante-cinq conscrits sur la classe de 1810, dans les départemens de la Méditerranée et de Lombrone, et un appel de mille conscrits sur la même classe, dans les départemens de Rome et du Trasimène.

Le même jour. — Autre décret ordonnant un appel de six cents conscrits sur la classe de

1808 dans les départemens des Bouches-du-Rhin et des Bouches-de-l'Escaut, et dans l'arrondissement de Breda réuni au département des Deux-Nettes.

Le même jour. — Décret qui ordonne un appel de trois mille conscrits dans les départemens de la Hollande, sur la classe de 1808.

Le même jour. — Décret qui établit à Plaisance une commission centrale sous le nom de magistrat du Pô.

7 *Février.* — Décret concernant les brevets à délivrer aux imprimeurs.

10 *Février.* — Décret relatif à la naturalisation des Juifs de Livourne.

11 *Février.* — Rapport sur la situation de l'armée en Portugal, à l'époque du 20 janvier 1811.

Le même jour. — Adresse de l'évêque de Novarre au vice-roi d'Italie, par laquelle il donne son adhésion et reconnoît les principes posés dans l'adresse présentée le 6 janvier 1811 par le chapitre métropolitain de Paris. Même adresse de l'archevêque d'Udine.

12 *Février.* — Décret concernant l'organisation des tribunaux de première instance de plusieurs arrondissemens de la Hollande.

Le même jour. — Décret qui crée un dépôt de mendicité dans le département de Haute-Garonne.

21 *Février.* — Décrets du sénat concernant les conscrits des arrondissemens maritimes.

22 *Février.* — M. de Châteaubriand, élu membre de l'institut à la place vacante par la mort de M. Chénier.

Le même jour. — Décret concernant l'établissement des maisons des orphelines.

24 *Février* — Message de l'empereur au sénat pour faire connoître les nominations de MM. Alexandre Buonacorsi, Colonna d'Avella, Joseph Spada, aux places de sénateurs.

Le même jour — Décret du sénat qui nomme les députés que doivent fournir les départemens de Rome et du Trasimène. Autre décret qui nomme le sieur de Golin, de Munster, député pour le département de l'Yssel-Supérieur.

Nota. Dans ce mois on remarque beaucoup d'adresses des chapitres italiens, et plusieurs adresses des colléges électoraux des départemens.

1er *Mars.* — Avantages remportés par l'armée de Catalogne sur les Espagnols.

Décret impérial ordonnant que les paiemens des arrérages de la dette hollandaise dus aux habitans de la Zélande, du Brabant, jusqu'au 1er juillet 1809, seront payés intégralement sur le produit provenant des contributions arriérées de 1809 et années antérieures, qui a été versé au trésor public. Le surplus appartiendra à la caisse du syndicat de Hollande.

Décret impérial ayant pour but de faire travailler les prisonniers de guerre aux ponts et chaussées.

3 *Mars.* — Décret impérial relatif aux communes qui ont des receveurs de deniers municipaux, autres que les percepteurs des contributions directes. Ces receurs seront tenus dans les treize mois de la publication du présent de se faire connoître à notre ministre du trésor, et de justifier qu'ils ont rempli leur cautionnement, pour être par lui confirmés, s'il y a lieu, dans

l'exercice de leurs fonctions où être pourvu à leur remplacement.

5 Mars.—Décret impérial ordonnant la translation des hypothèques des maisons urbaines des hospices de Paris sur leurs biens ruraux.

Le même jour. — Réglement concernant le logement et les honneurs dus aux présidens des cours d'assises.

9 Mars.—Décret impérial concernant les emplois dans les administrations civiles auxquels peuvent être appelés les militaires admis à la retraite, ou réformés par suite d'infirmités ou de blessures.

15 Mars. — Décret impérial concernant les mesures relatives à l'amélioration des races de bêtes à laine.

16 Mars. — Prix remporté par M. Victorin Fabre, déjà couronné cinq fois par l'académie : le sujet du prix étoit : *les Embellissemens de Paris.*

20 Mars. — Naissance du roi de Rome à 9 heures 20 minutes du matin.

24 Mars. — Décret impérial créant deux nouvelles places d'officiers de l'empire ; l'une sous le titre d'inspecteur-général des côtes de la Ligurie, et l'autre sous celui d'inspecteur-général des côtes de la mer du Nord ; M. le vice-amiral de Winter est nommé à cette dernière place.

25 Mars. — Décret impérial qui établit trois écoles pratiques de marine.

28 Mars. — Décret impérial concernant la dotation des invalides.

30 Mars.—Prise d'assaut du fort Pardalleras. Bataille de la Gébora. Capitulation de la place de Badajoz.

3. 26

1er *Mai*. — Nouvelle officielle de l'armée d'Espagne. Figuières reprise par les Espagnols. Affaires partielles et succès au midi, au centre, au nord de l'Espagne, dans l'Aragon et le Portugal.

10 *Mai*. — Commerce de la France avec le Levant, par les provinces illyriennes.

12 *Mai*. — Décret du 15 avril 1811, concernant l'organisation de l'Illyrie.

13 *Mai*. — Décret du 6. Réglement relatif à l'assiette des redevances fixes et proportionnelles sur les mines.

14 *Mai*. — Population des départemens des bouches de l'Elbe, du Weser et de l'Ems-Supérieur, 1,118,964.

16 *Mai*. — Du 25 avril. Lettre de sa majesté aux évêques de l'empire, qui les appelle à Paris, pour la tenue d'un concile national, dans le but principal de pourvoir au remplacement des évêques, notamment d'Allemagne, et de maintenir les principes et les libertés de l'église gallicane.

19 *Mai*. — Emprunt de 12,000,000 de francs pour le roi de Saxe, ouvert à Paris, par MM. Péregaux, Lafite et compagnie, avec l'autorisation de sa majesté.

21 *Mai*. — Nouvelles des armées d'Espagne et de Portugal.

22 *et* 23 *Mai*. — Nomination des membres des cours impériales de Bordeaux, Caen, Besançon et Poitiers.

1er *Juin*. — Fortifications d'Almeïda ruinées. Décret du 25 dudit mois, ordonnant qu'un canal de Caen à la mer soit creusé.

6 *Juin*. Décrets qui créent les cours im-

26.

périales de Montpellier, Limoges et Gênes.

8 *Juin*. — Programme des fêtes qui auront lieu à l'occasion de la naissance du roi de Rome. Fête à l'hôtel de ville.

12 *Juin*. — Décrets du 6 relatifs aux travaux à faire à Cherbourg, Alençon, etc.

13 *Juin*.—Bataille de Solano gagnée le 15 mai par le maréchal Soult sur les armées anglo-espagnoles.

14 *Juin*. — Le 13, les cendres du général Sénarmont, tué en Espagne, sont transférées au Panthéon.

17 *Juin*. — L'empereur, le 16, ouvre la session du corps législatif. Discours de sa majesté.

18 *Juin*. — Le siége de Tarragone se poursuit avec vigueur; prise du fort d'Oliva, attenant à la place de Tarragone; 900 prisonniers, 70 officiers, 5 drapeaux, 47 bouches à feu, 50,000 sacs à terre, 10 milliers de poudre, 130,000 cartouches tombent en notre pouvoir.—*Le même jour*, décret contenant réglement pour l'administration de la justice, en matières criminelle, de police correctionnelle, de simple police, et tarif général des frais.

19 *Juin*. — Fête donnée le 18 par le préfet et les membres du conseil municipal de Paris, aux maires des bonnes villes de l'empire et du royaume d'Italie.

22 *Juin*. — Le 20 juin, première congrégation générale du concile national. Repas donné le même jour par les maires et députés des bonnes villes de l'empire au ministre de l'intérieur, etc.

23 *Juin*.—Du 19, le cardinal Fesch est nommé président du concile.

25 *Juin.* — Détail de la fête donnée à Saint-Cloud, le 23, par ordre de l'empereur.

Nota. Les Moniteurs de ce mois sont remplis de détails sur les fêtes qui ont eu lieu à l'occasion du baptême du roi de Rome.

1er *Juillet.* — Exposé de la situation de l'empire présenté au corps législatif, le 29 juin, par le ministre de l'intérieur.

2 *Juillet.* — Adresse du corps législatif à sa majesté, et réponse de sa majesté.

8 *Juillet.* — Nouvelles d'Espagne. Levée du siége de Badajoz par les Anglais. Blocus de Figuières. Siége de Tarragone.

9 *Juillet.* — Détails officiels de la prise de Tarragone. Badajoz dégagée. Jonction des armées du Midi et du Portugal.

10 *Juillet.* — Le général Suchet, par décret impérial, est nommé maréchal d'empire. Décret qui crée la cour royale d'Ajaccio.

11 *Juillet.* — Projet de loi sur les finances, présenté par les orateurs du conseil d'état au corps législatif.

12 *Juillet.* — Projet de loi sur l'aliénation des maisons urbaines appartenant aux hospices.

16 *Juillet.* — Rapport à S. M. par le conseil d'enquête chargé de connoître les causes et circonstance de la capitulation de l'Isle-de-France du 3 décembre 1810. Projet de loi sur les finances, discuté et converti en loi.

20 *Juillet.* — Décret qui ordonne la production des pièces justificatives des versemens en deniers, fournitures, pour lesquels on a délivré aux porteurs des titres de créance de Saint-Domingue sur la marine, les traites, récépissés ou ordonnances dont ils réclament le paiement.

gainville, plus renommé comme savant navigateur que par ses autres titres.

13 *Septembre.* — Rapport du ministre de l'intérieur sur la fabrication du sucre, et décret d'encouragement.

3 *Octobre.* — Divers décrets d'administration intérieure.

4 *Octobre.* — Décret sur la composition et l'organisation du corps des sapeurs-pompiers.

5 *Octobre.* — Rapport à l'empereur sur la gestion de l'octroi d'Anvers.

7 *Octobre.* — Leurs majestés impériales sont arrivées à Anvers.

13 *Octobre.* — Décret sur les feuilles périodiques, journaux, annonces, qui pourront circuler dans les départemens; et désignation des villes où ces papiers publics pourront être imprimés.

14 *Octobre.* — L'empereur et l'impératrice à Amsterdam. Décrets impériaux.

18 *Octobre.* — Décret sur l'administration de la justice dans les provinces illyriennes.

23 *Octobre.* — Nouvelles officielles des armées françaises en Espagne.

26 *Octobre.* — Décrets rendus à bord du *Charlemagne*.

1er *Novembre.* — Décret impérial concernant les circonscriptions des départemens, des arrondissemens, des cantons et des communes de la Hollande.

Décret impérial concernant les contributions de l'empire dans les départemens de Zuiderzée, des Bouches-de-la-Meuse, des Bouches-de-'Yssel, etc.

2 *Novembre.* — Décret impérial concernant

.la classification des routes et des péages qui s'y perçoivent. ·

Décret impérial créant dans les départemens de la Hollande deux académies impériale.

Décret impérial élevant la ville de La Haye au rang des bonnes villes, dont les maires ont droit d'assister au couronnement.

7 *Novembre.* — Décret impérial concernant les mesures relatives aux Français qui se réfugient en France après avoir commis un crime sur le territoire d'une puissance étrangère.

Décret impérial. Attributions respectives du conseil du sceau des titres et de l'intendant-général du domaine extraordinaire relativement aux majorats et dotations.

13 *Novembre.* — Rapport du maréchal Suchet à son altesse le prince de Neufchâtel et de Wagram, concernant la prise de Sagonte.

17 *Novembre.* — Décret impérial concernant le régime de l'université.

23 *Novembre.* — Décret impérial ordonnant qu'il soit créé un dépôt de mendicité dans le département du Léman.

Autre décret portant même établissement pour le département de l'Allier.

24 *Novembre.* — Rapport du ministre de la marine à sa majesté l'empereur.

30 *Novembre.* — Décret impérial relatif aux bains et sources minérales d'Aix-la-Chapelle.

7 *Décembre.* — Décret réglant le tarif pour les monnoies étrangères dans les départemens réunis.

Le même jour. — Par décret du 29 novembre, sa majesté crée un dépôt de mendicité pour le département de l'Ombrone.

11 *Décembre.* — Nouvelles de l'armée d'Espagne. Rapport du maréchal Suchet annonçant la prise des faubourgs de Valence, et l'entière défaite de quelques insurgés qui avoient surpris la ville de Balaguères.

Le même jour. — Nouvelles de l'armée de Catalogne. Prise de Mataro par le général Maurice Mathieu.

Le même jour. — Rapport du duc de Dalmatie au prince de Wagram, major-général, annonçant la dispersion des troupes du général des insurgés, Castanos.

Le même jour. — Lettre du duc de Dalmatie au major-général concernant le rapport du comte d'Erlon, commandant le cinquième corps contre le général Girard.

Le même jour. — Rapport du général Dorsenne, commandant en chef l'armée du Nord en Espagne, à son altesse le prince de Wagram, major-général, qui annonce la perte du général Regnaud, qui s'est laissé prendre en sortant imprudemment de la ville de Ciudad-Rodrigo.

Le même jour. — Succès du général Bonet sur les insurgés. Occupation d'Oviédo, du camp de Gratio, etc.

Le même jour. — Décret impérial ordonnant l'exemption du droit d'aubaine à l'égard des sujets de sa majesté le roi de Prusse; même ornance de sa majesté le roi de Prusse, en faveur des Français.

12 *Décembre.* — Tableau des individus réformés du service d'Angleterre et jetés sur les côtes du continent.

15 *Décembre.* — Société d'encouragement pour l'industrie nationale. Rapport sur le prix

proposé pour la construction d'une machine à
pétrir le pain.

16 *Décembre.* — Décret concernant les bâtimens et clôtures dans les environs des places de
guerre.

17 *Décembre.* — Décret portant abolition de
la féodalité des Bouches-de-l'Elbe, des Bouches-
du-Wéser et de l'Ems-Supérieur.

Décret impérial pour réglement de police des
polders dans les départemens de l'Escaut, des
Bouches-de-l'Escaut, de la Lys, des Deux-
Nèthes, des Bouches-du-Rhin et de la Roër.

21 *Décembre.* — Décret impérial et sénatus-
consulte qui mettent à la disposition du ministre
de la guerre cent vingt mille hommes de la conscription de 1812, pour le recrutement de l'armée.

Le même jour. — Décret impérial pour réglement d'administration et d'entretien des routes.

25 *Décembre.* — Nouvelles de l'armée d'Espagne. Rapport du général Girard sur l'affaire
d'Aragon

29 *Décembre.* — Société d'industrie nationale.
Programme des prix proposés par la société
dans sa séance du 4 septembre 1811, pour être
décernés en 1812, 1813, 1814, 1815.

31 *Décembre.* — Par décret du 19 décembre
1811, sa majesté crée deux dépôts de mendicité
pour le département de Rome.

1812.

2 *Janvier.* — Décret impérial portant organisation et service des états-majors des places.

8 *Janvier.* — Rapports sur la culture du sucre;
ses résultats présumables.

17 *Janvier*. — Décret impérial, établissement d'écoles pour la fabrication du sucre.

19 *Janvier*. — Décret impérial qui applique la jurisprudence de l'empire au grand-duché de Berg.

22 *Janvier*. — Décrets et sénatus-consulte qui instituent l'ordre de la réunion.

24 *Janvier*. — Nouvelles officielles d'Espagne. Décret qui établit un ministère de commerce, etc.

Nota. On trouve dans les Moniteurs de ce mois l'état des individus étrangers qui ont servi en Angleterre et qui ont été rejetés sur les côtes.

2 *Février*. — Décret impérial relatif aux hospices civils de Turin.

8 *Février*. — Décret relatif aux départemens nouvellement réunis.

11 *Février*. — Nouvelles officielles des armées françaises en Espagne.

14 *Février*. Décret impérial sur l'habillement des troupes à cheval.

15 *Février*. — Autre, portant réglement sur l'administration des octrois de bienfaisance.

19 *Février*. — Décret concernant l'universalité des poids et mesures.

23 *Février*. — Adresse du sénat du royaume d'Italie à sa majesté l'empereur et roi.

26 *Février*. — Décret relatif à la ville de Hambourg.

1er *Mars*. — Décret relatif aux départemens de la Hollande.

18 *Mars*. — Décret qui supprime l'ordre de Hollande.

25 *Mars*. — Instruction sur la culture et la préparation du pastel.

27 *Mars*. — Décret impérial. Projet d'un édi-

fice entre le pont d'Iéna et celui de la Concorde ; sur la rive gauche de la Seine , destiné à recevoir les archives de l'empire.

Distribution de secours dans tous les départemens.

résidoit à Marseille avec sa famille, a témoigné
le désir d'habiter Rome dont le climat est plus
semblable à celui d'Espagne. Il se rend, en conséquence, dans la capitale du monde chrétien.

30 *Juin.* — On apprend que les Etats-Unis
usent de représailles envers les navires et propriétés anglaises.

(*Le mois de juin 1812 est remarquable par
le nombre et le mérite des ouvrages de littérature, de sciences et d'arts dont les journaux
ont rendu compte.*)

2 *Juillet.* — Plusieurs décrets datés de Dresde.

3 *Juillet.* — Autres décrets datés de Kœnisg-
berg.

4 *Juillet.* — Communication donnée au sénat, en vertu d'un décret impérial, de deux
traités d'alliance offensive et défensive, l'un
entre l'empereur des Français et celui d'Autriche, l'autre entre la France et la Prusse.

5 *Juillet.* — Plusieurs décrets en matière d'administration, datés de Kœnigsberg. Autres, datés de Gunbinnen.

17 *Juillet.* — On apprend qu'il s'est tenu, à
Varsovie, une diète générale de la Pologne, à
la suite de laquelle un acte de confédération a
été signé.

19 *Juillet.* — Retour de sa majesté l'impératrice à Paris.

1er *Août.* — L'empereur Napoléon reçoit
l'hommage du peuple de la Lithuanie, réuni à
Wilna par députations.

Décrets impériaux datés de Wilna.

2 et 3 *Août.* — Autres décrets sur l'administration intérieure.

22 *Août.* — Pose des premières pierres du

palais de l'université, des beaux-arts, et de celui des archives par le ministre de l'intérieur. Inscriptions en l'honneur de Napoléon.

30 *Août.* — Décrets impériaux datés de Witepsk.

Nota. L'espace que laissent dans les journaux, la politique et la guerre, est rempli dans ce mois par des décrets sur des objets d'administration.

7 *Septembre.* — Décrets impériaux datés du quartier-général de Witepsk.

9 *Septembre.* — Les travaux relatifs à la coupole de la halle aux blés attirent l'attention des savans.

10 *Septembre.* — Autres décrets impériaux, envoyés du quartier-général de Witepsk.

11 *Septembre.* — Un décret daté de Slavkodvo nomme le général Gouvion-Saint-Cyr, maréchal d'empire.

19 *et* 20 *Septembre.* — Plusieurs décrets en matière d'admistration, datés du quartier-général de Smolensk.

21 *Septembre.* — Autres décrets impériaux, envoyés du même quartier-général.

29 *Septembre.* — Rapport sur la situation de l'armée du Midi, en Espagne. (*Moniteur,* *n°* 273.)

1ᵉʳ *Octobre.* — Des lettres reçues du quartier-général annoncent que l'empereur et l'armée sont entrés à Moscou le 14 septembre.

(*Cet événement est célébré par des actions de grâces dans toutes les églises, les temples et les synagogues.*)

11 *Octobre.* — On reçoit à Paris des pièces et des lettres intéressantes sur les affaires qui ont

précédé l'entrée de l'armée française à Moscou.

28 *Octobre.* — (*Le silence des journaux depuis l'entrée des Français à Moscou est le sombre présage d'une affreuse catastrophe.*)
Décret qui crée une commission extraordinaire pour juger les incendiaires de la ville de Moscou.

31 *Octobre.* — Rapport au ministre de la guerre sur la guerre d'Espagne, en Catalogne, par M. le duc d'Albuféra.

3 *Novembre.* — On remarque la plus grande activité dans les travaux d'utilité, et même dans ceux qui ont pour objet l'embellissement de Paris.

11 *Novembre.* — Rapport sur les opérations de l'armée d'Espagne.

20 *Novembre.* — Rapport au ministre de la guerre sur les opérations de l'armée de Catalogne par le général Décaen.

22 *Novembre.* — Nouvelles officielles des armées d'Espagne (*Voyez le n° 303 du Moniteur.*)

6 *Décembre.* — On célèbre, dans les diverses églises, l'anniversaire du couronnement.

7 *et* 8 *Décembre.* — Plusieurs décrets d'administration intérieure, datés du quartier-général de Moscou.

11, 12 *et* 13 *Décembre.* — Affaires d'Espagne.

25 *Décembre.* — Pièces relatives à la conspiration du général Malet, et à la destitution du préfet, M. Frochot.

26 *Décembre.* — L'empereur reçoit la cour de cassation, la cour des comptes, etc. Discours des présidens. Réponse de l'empereur.

28 *Décembre.* — Discours du président de la cour impériale et du maire de Rome. (*Dans tous ces discours, le retour de Napoléon est*

à la fois un miracle et un triomphe. Pauvre humanité !)

1813.

Nota. Les Moniteurs de ce mois et du mois suivant se font remarquer par les témoignages unanimes et empressés de dévoûment, de la part des cohortes nouvellement organisées, de toutes les bonnes villes et de tous les pays soumis à la domination de l'empereur.

6 *Février*. — Sénatus-consulte qui établit la régence de l'empire, dans les cas prévus par les constitutions; discours, rapports, décrets relatifs à cet objet.

9 *Février*. — Rapports du ministre de la marine sur les constructions navales.

10 *Février*. — Décret d'organisation de nouveaux polders, dans le département de la Roër.

15 *Février*. — Hier l'empereur a fait, en personne, l'ouverture de la session législative.

18 *Février*. — Première séance du corps législatif. Présentation d'une liste de cinq candidats pour la présidence.

21 *Février*. — M. de Montesquiou est nommé président. Erection en principauté du château de Rivoli, en faveur du maréchal Ney, duc d'Elchingen.

27 *Février*. — Exposé de la situation de l'empire, présenté au corps législatif par le ministre de l'intérieur.

4 *Mars*. — Adresse du sénat d'Italie à l'empereur et roi.

7 *Mars*. — Décret sur les rachats des droits seigneuriaux, dans les départemens de Rome et de Trazimène.

11 *Mars*. — Nouvelles des armées de Portugal et d'Espagne.

13 *Mars*. — Compte rendu par le ministre, sur l'administration des finances, pour l'an 1811.

18 *Mars*. — Situation des armées dans le nord de l'Europe, au 10 mars.

21 *Mars*. — Décret réglementaire sur les poudres et salpêtres.

irréparable par la mort du sénateur Lagrange.

15 *Avril.* — Départ de l'empereur pour Mayence. Situation des armées françaises dans le nord de l'Allemagne.

20 *Avril.* — Publication d'un décret impérial sur la taxe des frais de justice.

22 *Avril.* — Situation des armées françaises dans le nord au 15 avril.

23 *Avril.* — L'empereur étoit encore à Mayence le 18.

26 *Avril.* — Rapport du duc d'Albufera au ministre de la guerre, sur l'armée d'Aragon.

28 *Avril.* — Dispositions militaires ordonnées par l'empereur pendant son séjour à Mayence.

30 *Avril.* — Décret qui ordonne l'installation des maires et adjoints des municipalités de Paris, renouvelés par décret du 25 mars.

1er *Mai.* — Les muses françaises ont à pleurer le poète Delille.

3 *Mai.* — Nouvelles de la grande armée; sa situation. Capitulation de Thorn.

4 *Mai.* — Nouvelles de la grande armée et de l'armée d'Aragon. (*Moniteur*, n°. 125.)

8 *Mai.* — Situation de l'armée au 1er et au 2 mai. L'empereur informe l'impératrice de la grande victoire qu'il vient de remporter sur les armées russe et prussienne; il écrit du champ de bataille de Lutzen. (*Qui ne déplore pas le sort des nations qui se vantent d'être les plus civilisées, lorsqu'on pense que cent cinquante mille coups de canon ont été tirés dans cette journée: et c'est l'empereur qui nous l'apprend*)!

10 *Mai.* — Des nouvelles de la grande armée font connoître sa situation et les dispositions que l'empereur a faites.

Décret rendu sur le champ de bataille de Wurtchen, pour l'érection d'un monument sur le Mont-Cénis, etc.

14 *Juin*. — Situation de l'armée au 7 du courant. Hier 13, l'impératrice a assisté au *te Deum* qui a été chanté dans l'église de Notre-Dame, à l'occasion de la victoire remportée par l'armée française à Wurtchen.

16 *Juin*. — Situation de la grande armée au 10 juin.

18 *Juin*. — Décrets impériaux du quartier-général de Buntzlau.

20 *Juin*. — Situation de l'armée au 14 juin.

21 *Juin*. — Nouvelles de l'armée d'Espagne. (*Moniteur*, n° 172.)

25 et 26 *Juin*. — Décrets impériaux datés de Dresde.

27 *Juin*. — Situation de la grande armée au 21 juin.

30 *Juin*. — Situation de l'armée au 24 juin.

2 *Juillet*. — Nouvelles de la grande armée ; la situation de ses différens corps. Rapport du général Rapp sur le siège de Dantzick.

3 *Juillet*. — Continuation des rapports de ce commandant.

4 *Juillet*. — Décrets impériaux datés de Dresde.

5 *Juillet*. — Ouverture des conférences sur la paix entre M. le comte de Metternich et le duc de Bassano, à Dresde.

7 *Juillet*. — Décrets impériaux sur divers objets d'administration intérieure, datés du quartier-général de Dresde. Autres décrets rendus par l'impératrice, au nom de l'empereur.

15 *Juillet*. — Décrets impériaux datés de Dresde.

3o *Août*. — Rapport du général Rapp sur la situation de Dantzick.

3 *Septembre*. — Sénatus-consulte qui ordonne la levée de trente mille hommes sur les conscriptions antérieures, dans les départemens méridionaux.

5 *Septembre*. — Retour de l'impératrice de son voyage de Cherbourg. Nouvelles de la grande armée. L'empereur est entré dans Dresde ; les hauteurs des environs de cette capitale sont occupées par les armées ennemies. (*Moniteur*, n°. 25o.)

8 *Septembre*. — Sénatus-consulte qui annulle la déclaration qu'un jury a faite en faveur de quatre accusés, traduits devant la cour d'assise de Bruxelles. (*Cet acte du sénat fut regardé comme attentatoire à l'indépendance de l'institution du jury.*)

9 *Septembre*. — Décrets rendus au nom de l'empereur, par sa majesté l'impératrice régente. Le 11, autres décrets datés de Dresde, sur divers objets d'administration intérieure.

14 *Septembre*. — Nouvelles de l'empereur et de l'armée, datées du 8, et annonçant divers avantages sur l'ennemi.

19 *Septembre*. — Il a été chanté, dans les églises des différens cultes, un *te Deum* pour célébrer les victoires remportées par l'empereur.

20 *Septembre*. — Nouvelles de l'armée jusqu'au 15 octobre. (*Voyez le Moniteur, n°. 263.*)

23 *et* 24 *Septembre*. — Adresses de félicitation à l'impératrice régente.

25 *Septembre*. — Nouvelles de l'armée en date du 13.

3o *Septembre*. — Décrets impériaux rendus

au nom de l'empereur par l'impératrice régente.' Les travaux publics sont conduits avec une grande activité.

1er *Octobre*. — Lettre de l'empereur, datée de Dresde, au ministre de la justice, relative à la déclaration du jury de Bruxelles, du 24 juillet. Discours du conseil-d'état, et rapport du sénateur Chasset. Nouvelles de l'armée d'Aragon.

2 *Octobre*. — Détails sur la situation respective de la grande armée et de l'armée ennemie. Arrivée de l'empereur à Dresde.

4 *Octobre*. — Plusieurs décrets sur des objets d'administration intérieure, du quartier-impérial de Dresde.

5 *Octobre*. — Communication au sénat, par le prince archichancelier, de toutes les pièces relatives à la rupture de l'alliance avec l'Autriche.

6 *Octobre*. — Situation de l'armée; divers avantages qu'elle a obtenus sur l'ennemi.

7 *Octobre*. — Séance solennelle du sénat. L'impératrice régente y prononce un discours tendant à justifier la guerre de la France contre l'Europe coalisée. A la suite de cette séance, un sénatus-consulte ordonne la levée de 280,000 conscrits.

14 *Octobre*. — Décret de l'empereur et sénatus-consulte qui déclarent guerre sans fin à la Suède, jusqu'à ce qu'elle ait restitué à la France la Guadeloupe qu'elle n'a pu ni dû recevoir du gouvernement britannique.

30 *Octobre*. — Nouvelles sur la situation de l'armée jusqu'au 24 octobre.

(*Durant le cours de ce mois, les administrations départementales et municipales ont porté, au pied du trône de l'impératrice ré-*

gente, *des adresses de félicitation et de dé-*
vouement).

5 *Novembre.* — Situation de la grande armée
au 31 octobre.

8 *Novembre.* — Situation de l'armée au 3 novembre. (*Moniteur, n° 312.*)

10 *Novembre.* — Situation de l'armée au 7
novembre.

11 *Novembre.* — Lettre de l'empereur à l'impératrice régente, en lui envoyant onze drapeaux pris sur l'ennemi. — Conseil-d'état tenu à
Saint-Cloud, et présidé par S. M. l'impératrice
régente.

14 *Novembre.* — Réception solennelle du sénat par l'impératrice à Saint-Cloud.

15 *Novembre.* — Le ministre de la guerre
présente à l'impératrice les drapeaux susmen-
tionnés.

18 *Novembre.* — Décrets impériaux du quartier impérial de Mayence.

19 *Novembre.* — Décret impérial sur l'administration des biens du clergé.

20 *Novembre.* — Conseil-d'état, présidé par
l'impératrice régente, qui crée deux armées de
cent mille hommes chacune, formées l'une à
Bordeaux, l'autre à Turin.

24 *Novembre.* — Rapport du maréchal Gou-
vion Saint-Cyr sur son engagement du 17 novembre avec l'armée russe. Convention du 11 novembre en vertu de laquelle ce maréchal rentre
en France avec ses troupes.

1er *Décembre.* — Décret qui fixe l'ouverture
du corps législatif au 19 décembre.

2 *Décembre.* — Fête dans tout l'empire pour
l'anniversaire du couronnement.

2 *Janvier*. — Réception solennelle, dans la salle du trône, du sénat, du corps législatif et de toutes les grandes autorités.

3 *et* 4 *Janvier*. — Décret en faveur des Juifs de Paris. Autres décrets en matière d'administration.

6 *Janvier*. — On apprend qu'un corps d'Autrichiens marche sur Genève.

9 *Janvier*. — Décret qui appelle à un service actif la garde nationale de Paris.

13 *Janvier*. — Attaque sur Huningue par l'armée autrichienne.

18 *Janvier*. — Mouvemens de troupes; préparatifs de défense dans toutes les villes exposées aux entreprises de l'ennemi.

20 *Janvier*. — Le duc de Vicence est parti pour Bâle, où se tient le congrès des puissances alliées.

22 *Janvier*. — Marche des armées françaises sur plusieurs points.

23 *Janvier*. — L'armée anglaise fait de grandes pertes au passage, inutilement tenté, de la Nive et de l'Adour.

24 *Janvier*. — Sa majesté l'impératrice, régente en l'absence de l'empereur.

26 *Janvier*. — L'empereur est parti pour se mettre à la tête de ses armées.

27 *Janvier*. — Sa majesté reçoit les grands dignitaires et les autorités supérieures.

31 *Janvier*. — Des corps de troupes ennemies se répandent sur la Bourgogne.

Nota. Les Moniteurs de ce mois contiennent plusieurs rapports des commissaires extraordinaires.

1er *Février*. — Premier avantage obtenu par l'empereur entre Vitry et Saint-Dizier.

6 *Mars*. — Lettres des villes où sont passées les troupes ennemies, au corps municipal de Paris. (*Tableau effrayant.*)

7 *Mars*. — Le commandant de Soissons est accusé de trahison. Décrets qui ordonnent des représailles, etc.

10 *Mars*. — Bataille de Craone, gagnée par l'empereur.

12 *et* 14 *Mars*. — Situation des armées au 9 et au 13 mars.

15 *Mars*. — Belle affaire de Reims où le corps d'armée de M. de Saint-Priest a été complétement battu.

19 *Mars*. — Attaque sur Compiégne. Les ennemis sont repoussés.

21 *Mars*. — Situation de l'armée au 20 mars. Belle conduite des habitans de Châlons-sur-Marne.

29 *Mars*. — Les Russes sont battus à St.-Dizier. Horreurs commises à St.-Sébastien par les troupes anglaises.

1er *Avril*. — Les armées alliées occupent Paris. Déclaration des souverains. Des mesures sont prises pour la tranquillité de Paris.

2 *Avril*. — Séance extraordinaire du sénat, présidé par le prince de Bénévent. Gouvernement provisoire, composé du prince Talleyrand, des sénateurs Beurnonville, Jaucourt, d'Alberg, M. de Montesquiou, le général Dessoles, commandant en chef la garde nationale de Paris.

3 *Avril*. — Le sénat décrète la déchéance de Napoléon Bonaparte. Adresse du gouvernement provisoire à l'armée.

4 *Avril*. — Nomination du ministère provisoire. Décret du sénat qui délivre le peuple fran-

de la constitution du sénat. Son entrée solennelle dans la capitale, le 3 mai, présage la fin des discordes civiles, le bonheur de la France et la paix de l'Europe.

Nota. L'auteur de l'histoire de Napoléon Bonaparte s'étant interdit d'intercaller la restauration entre l'époque de la déchéance et celle de l'invasion, la table chronologique sera terminée par les événemens relatifs à cette dernière et funeste entreprise.

1815.

26 *Février.* — La garde de Napoléon reçoit l'ordre de se tenir prête à quitter l'île d'Elbe. Le même jour, à quatre heures du soir, onze cents quarante hommes et lui-même sont embarqués. Il avoit laissé pour gouverneur de l'île le général Lapi.

1er *Mars.* — Entrée de la flottille dans le golfe Juan, à trois heures. C'est là que Napoléon rédige deux adresses, l'une à l'armée, l'autre au peuple français. Débarquement, à cinq heures, le même jour.

2 *Mars.* — L'avant-garde, l'empereur à la tête, se met en marche à une heure du matin et arrive à Cannes, de Cannes à Grasse.

3 *Mars.* — Il est à Barême, le 4 à Digne.

5 *Mars.* — Le général Cambrone s'empare de la forteresse de Sistéron. L'empereur se présente en personne à une avant-garde de huit cents hommes qui s'oppose à son passage. « Me voilà; s'il est parmi vous un soldat qui veuille tuer son empereur, il le peut. » *Vive l'empereur* fut la réponse de cette troupe électrisée.

7 *et* 8 *Mars.* — Il couche à Bourgoin. Là,

éclatent les plaintes d'une multitude immense, contre les nobles et les prêtres. L'empereur calme cette effervescence menaçante. Celle des troupes convenoit mieux à ses desseins. Il commence à recueillir dans Grenoble, ensuite à Lyon, les fruits de sa proclamation à l'armée. (*Toutes les pièces citées sont dans le Moniteur.*) Il y a moins d'abandon et de conviction intérieure dans la proclamation aux Français. Il semble qu'il se réservoit de modifier les droits et les principes qu'il reconnoissoit dans cette espèce de charte improvisée.

10.*Mars.* — La nouvelle du débarquement sur la plage de Cannes étoit parvenue à Paris : le 6 jusqu'au 20, différentes mesures soit militaires, soit législatives, sont prises ; le courage du roi ne se démentit pas un seul instant ; il ne céda qu'à la nécessité.

Monsieur, frère du roi, et le maréchal duc de Tarente trouvent la garnison de Lyon disposée à la révolte. Ils sont forcés de revenir auprès du roi.

Napoléon fait son entrée à Lyon où une armée est réunie.

11 *Mars*. — Il rend des décrets administratifs; et dans le même temps le gouvernement, trompé par de fausses nouvelles, semble attendre l'expulsion hors de France ou la prise de l'usurpateur.

. 13 *Mars*. — Divers décrets, connus sous le titre de *décrets de Lyon.* (*On peut les regarder comme la restauration du gouvernement impérial.*) (*Voyez le Moniteur à la date.*)

15 *Mars*. — Napoléon arrive à Autun, d'Autun à Avalon. Il rassure les Bourguignons

que d'imprudens écrits alarmoient sur les propriétés dites nationales.

16 — *Mars*. — Le roi avoit tenu une séance royale ; les princes, les deux chambres, les ministres, les généraux y avoient fait éclater leur zèle ; le roi, la plus haute sagesse ; tous, le plus chaud patriotisme. Mais Napoléon avançoit en grossissant son parti.

17 *Mars*. Il couche à Auxerre où il ordonne la réunion, à Fossart, de tous les corps qui se sont remis sous ses drapeaux. C'est là aussi que se fait la jonction du maréchal Ney et de son armée avec Napoléon.

18 *Mars*. — Séance mémorable de la chambre des députés. Propositions de lois très-sages, mais tardives.

19 *Mars*. — Le roi ordonne la clôture des chambres, tandis que Napoléon arrive sans obstacle à Fontainebleau, après bien des mesures de défense inutilement prises par le gouvernement royal.

20 *Mars*. — L'empereur arrive le matin à Fontainebleau ; le soir, à 9 heures, il entre au palais des Tuileries.

Le départ du roi et le retour de Napoléon produisent dans le même jour, 20, un singulier contraste d'opinions. Des groupes crient *vive le roi*, à côté d'autres groupes qui crient *vive l'empereur*.

21 *Mars*. — Revue des troupes. Harangue de l'empereur. Il flatte également le peuple et le soldat. Il nomme les ministres. (*Voyez le Moniteur de ce jour.*)

21 *Mars et jours suivans*. — L'empereur reçoit les diverses autorités. Toutes, et surtout le

conseil d'état, tiennent un langage d'indépendance et de liberté qu'il n'eût pas souffert avant
sa disgrâce et qu'il autorise par ses propres discours. Il y a bien loin de ces paroles « La nation c'est moi », à celles-ci « les rois sont faits pour
les peuples. »

1er *Avril.* — Décrets par lesquels Napoléon
annulle les ordonnances du roi, relatives aux
théâtres, au conservatoire, à l'hôtel des Invalides, etc., etc.

2 *Avril.* — Abolition de la traite des Noirs.
Plusieurs décrets sur des objets d'administration.
L'institut en corps adresse un discours de félicitation à l'empereur, par l'organe de son président, M. Etienne.

3 *Avril.* — Promotions dans l'armée.

4 *Avril.* — Lettre du ministre de la police
générale à tous les préfets de l'empire. Déclaration du congrès de Vienne. Relation du retour
de Napoléon en France.

5 *Avril.*—Brest, Nantes, Cherbourg, Lille, etc.,
célèbrent avec enthousiasme la rentrée de l'empereur à Paris. (*Moniteur.*)

8 *Avril.* — Décret portant une nouvelle organisation de la police générale de l'empire.
Autre décret concernant la garde nationale.

7 *Avril.* — Conduite du général Clausel à Bordeaux. Décret d'amnistie daté de Lyon, 12 mars.

9 *Avril.* — Décret impérial daté du 25 mars,
relatif à la famille des Bourbons. Correspondances interceptées. (*Moniteur.*)

11 *Avril.* — Les lieutenans-généraux Ber-
trand, Drouot, d'Erlon, Belliard, Gérard, sont
élevés à la dignité de maréchaux de l'empire.
Décret qui rappelle les anciens préfets.

12 *Avril.* — Décret qui ordonne que tout fonctionnaire militaire et civil renouvellera le serment de fidélité à l'empereur. (*Ici commencent les fausses nouvelles et annonces sur les dispositious des puissances.*).

13 *Avril.* — Correspondances interceptées. (*Voyez le Moniteur, proclamation du roi Louis XVIII.*)

14 *Avril.* — Tableau par départemens, des gardes nationales qui doivent protéger les frontières. On apprend que, le 9, le lord Wellington s'est rendu à Gand auprès de Louis xviii.

15 *Avril.* — Rapport du ministre des relations extérieures à l'empereur sur les dispositions hostiles des puissances, sur la rupture des communications entre elles et l'empire français.

16 *Avril.* — Rapport du ministre de la police générale à l'empereur, sur la situation intérieure de la France, et circulaire du même à messieurs les préfets. Pièces trouvées aux Tuileries après le départ de M. de Blacas. (*Moniteur.*)

17 *Avril.* — Le canon des Invalides annonce la pacification dans les départemens insurgés. Correspondance du Midi (*Moniteur du* 16.) Mouvemens de troupes sur les frontières.

18 *Avril.* — Nouvelles du Midi. Lettres interceptées. (*Moniteur.*)

19 *Avril.* — Le maréchal Grouchy annonce que le drapeau tricolore flotte sur les établissemens publics de Marseille. Lettres interceptées. Marche des troupes coalisées vers le Rhin.

21 *Avril.* — Le roi de Naples, que les souverains alliés cessent de reconnoître, défend sa couronne à la tête de ses armées. Il déclare l'indépendance de l'Italie.

28.

(Ce qu'il y a de plus remarquable dans les journaux, ee sont les fausses nouvelles, source d'illusions funestes ; la flatterie, la trahison, la haine secrète contre l'empereur les accréditent à l'envi.)

24 *Avril.* — Acte additionnel aux constitutions de l'empire du 21.

25 *Avril.* Décret impérial du 22, portant convocation à Paris des colléges électoraux, sous le titre d'assemblée du Champ-de-Mai.

27 *Avril.* — Toutes les correspondances du dehors et de l'intérieur annoncent la guerre la plus sanglante, et c'est pour et contre un seul homme que s'allume cet incendie. *Plectuntur Achivi.*

28 *Avril.* — Décret du 22 sur l'organisation des corps francs : aujourd'hui commencent les débats publics sur l'acte constitutionnel.

29 *Avril.* — Déclaration remarquable de haine et de vengeance du roi d'Haïty (Henri), contre la France.

30 *Avril.* — Mouvemens de troupes ennemies. L'empereur a reçu pendant tout ce mois des députations des départemens et des principales villes.

1er *Mai.* — Traité conclu entre les souverains alliés ; observations sur les articles de ce traité. (*Voyez l'Indépendant, n° 1.*)

2 *Mai.* — Le public est inondé d'écrits sur l'acte additionnel ; l'article sur la pairie héréditaire est le plus contrarié. Décret du 30 avril sur le renouvellement des autorités municipales.

4 et 5 *Mai.* — Divers décrets sur des objets d'administration intérieure.

6 *Mai.* — Détails sur l'invasion de la Toscane par le roi de Naples.

7 *Mai.* — Le collége électoral du département

de la Seine, pour la formation de la chambre des représentans, tient sa première séance. Lettre du ministre de la guerre aux préfets, etc.

8 *Mai*. — Le collége électoral de la Seine a terminé ses opérations.

9 *Mai*. — Lucien Bonaparte arrive à Paris. (*On peut déjà remarquer que l'acte adition-nel a prodigieusement affaibli le parti de Bo-naparte et fortifié celui des constitutionnels.*)

11 *Mai*. — Représentations énergiques et res-pectueuses sur l'acte additionnel, etc. (*Voyez l'Indépendant, n° 11.*) Rapport du ministre de la police générale sur la vraie situation de la France, du 7 mai.

12 *Mai*. — Déclaration de Louis xviii, datée de Gand le 7 mai. Les fausses nouvelles se mul-tiplient et s'accréditent.

13 *Mai*. — Mouvement des troupes. Lettres de divers généraux au ministre de la guerre. (*Voyez l'Indépendant, n° 13.*)

15 *Mai*. — Présentation des confédérés de Paris à l'empereur.

16 *Mai*. — Les journaux annoncent les opé-rations des colléges électoraux.

18 *Mai*. — Extrait d'une lettre écrite de Londres; elle est relative à la conduite de lord Castleréagh; elle explique bien des difficultés, et résout bien des doutes. (*Voyez le Moniteur ou l'Indépendant.*)

19 *Mai*. — Les fédérations s'organisent sur plusieurs points, et l'esprit public s'affoiblit dans la même proportion.

20 *Mai*. — A la date du 15 et du 16, les jour-naux anglais dissertent beaucoup sur le long sé-jour de Napoléon à Paris.

de confédération des puissances contre Napoléon.

12 *Juin.* — Troubles dans les départemens de l'Ouest. L'empereur reçoit les adresses des deux chambres. Dans sa réponse, il annonce son départ pour l'armée, dans la nuit suivante.

13 *Juin.* — Départ de l'empereur.

14 *Juin.* — Rapport aux deux chambres sur la situation de l'empire par le ministre de l'intérieur.

18 *Juin.* — Rapport à sa majesté sur la situation de l'empire, par le ministre de la police.

19 *Juin.* — Nouvelles des armées entrées dans la Belgique.

20 *Juin.* — On apprend que l'armée a gagné la bataille de Fleurus.

22 *Juin.* — Que les alliés ont gagné celle du Mont Saint-Jean. Le ministre annonce aux deux chambres le retour de l'empereur. Conseil des ministres.

23 *Juin.* — Séance des pairs. Le maréchal Ney y donne de nombreux détails sur la bataille de Waterloo.

Séance des représentans; on y lit l'acte d'abdication de Napoléon en faveur de son fils. Députation des chambres à l'empereur.

24 *Juin.* — Autres détails sur la bataille du 18, par le général Drouot, pair de France, qui contrarient en tout point ceux du maréchal Ney.

Nomination d'une commission provisoire de gouvernement. Les membres qui la composent sont : le duc d'Otrante, le comte Carnot, le général Grenier, etc. M. le maréchal Masséna est nommé gouverneur de Paris.

25 *Juin.* — Nomination de cinq plénipotentiaires pour aller, près des puissances, traiter de la paix.

. Proclamation du gouvernement provisoire aux Français.

27 *Juin.* — M. Otto, chargé de négociations avec l'Angleterre, part pour Londres.

29 *Juin.* — Tous les bulletins des armées sont alarmans. Les ennemis sont entrés sur le territoire de la France. Lettre très-différemment commentée dans le public et dans les chambres, du duc d'Otrante au lord Wellington.

3o *Juin.* — Différentes mesures proposées et arrêtées dans les deux chambres en faveur de l'empereur.

Les jours suivans, Napoléon se rend à bord de la frégate qui lui est destinée, se proposant de passer aux États-Unis; cerné devant l'île de Ré par des vaisseaux anglais, il se décide à se livrer au gouvernement britannique, qui l'envoie à Sainte-Hélène.

TABLE DES MATIÈRES.

FIN DE LA TABLE DES MATIÈRES.